生育对女性劳动力市场表现的影响研究

Research on the Impact of Fertility on
Female Labor Market Performance

张 琳 著

中国社会科学出版社

图书在版编目（CIP）数据

生育对女性劳动力市场表现的影响研究/张琳著.—北京：中国社会科学出版社，2022.6
ISBN 978-7-5227-0320-6

Ⅰ.①生… Ⅱ.①张… Ⅲ.①生育—影响—女性—劳动力市场—研究—中国 Ⅳ.①F249.212

中国版本图书馆CIP数据核字（2022）第096506号

出 版 人	赵剑英
责任编辑	王莎莎
责任校对	张爱华
责任印制	张雪娇

出　　版	中国社会科学出版社
社　　址	北京鼓楼西大街甲158号
邮　　编	100720
网　　址	http://www.csspw.cn
发 行 部	010-84083685
门 市 部	010-84029450
经　　销	新华书店及其他书店
印　　刷	北京君升印刷有限公司
装　　订	廊坊市广阳区广增装订厂
版　　次	2022年6月第1版
印　　次	2022年6月第1次印刷
开　　本	710×1000　1/16
印　　张	21
插　　页	2
字　　数	303千字
定　　价	128.00元

凡购买中国社会科学出版社图书，如有质量问题请与本社营销中心联系调换
电话:010-84083683
版权所有　侵权必究

出 版 说 明

为进一步加大对哲学社会科学领域青年人才扶持力度，促进优秀青年学者更快更好成长，国家社科基金 2019 年起设立博士论文出版项目，重点资助学术基础扎实、具有创新意识和发展潜力的青年学者。每年评选一次。2020 年经组织申报、专家评审、社会公示，评选出第二批博士论文项目。按照"统一标识、统一封面、统一版式、统一标准"的总体要求，现予出版，以飨读者。

全国哲学社会科学工作办公室

2021 年

前　言

随着我国人口老龄化的快速发展，调整生育政策逐渐成为我国应对人口老龄化挑战的重要选择。为贯彻国家人口发展战略，我国在实施了30多年的"只生一个孩子好"的计划生育政策之后，"单独二孩"政策于2013年开始实施；2015年党的十八届五中全会提出"坚持计划生育基本国策，积极开展应对人口老龄化行动，实施全面二孩政策"；2021年5月31日中共中央政治局召开会议指出，要进一步优化生育政策，实施一对夫妻可以生育三个子女政策及配套支持措施。育龄女性作为社会生育责任承担主体的主力军，是实现生育政策调整目标的关键主体。然而，自生育政策调整以来，却没有出现生育率的大幅提高，预期的生育高峰也没有如期而至。根据国家统计局历年统计公报的数据，在"单独二孩"和"全面二孩"政策实施后，全年出生人口在2016年有显著增长，之后则持续下降。因此，影响我国生育率不是"让不让生"的问题，而是"愿不愿生"的问题。

现代市场经济社会，育龄女性生育意愿不足受制于多方面因素的制约。在传统"男主外，女主内"的观念影响下，现代女性依然是家庭育儿责任最大的期望，导致工作和家庭的兼容性矛盾越来越突出。同时，育龄女性作为独立的社会人，有着自己的社会价值追求和社会贡献，尤其是随着女性自身受教育程度的提高，她们更渴望通过参与社会劳动实现其社会价值。然而，一个不争的事实是，与男性相比，女性在劳动市场中一直处于弱势地位，用人单位出于对劳动强度、用人成本以及生育影响的考虑，往往会优先选择男性，生育政策调整以来女性就业的环境更加不容乐观。可见，女性身上附着的母、职双重负担，是现阶段难以实现生育政策调整目标、维护劳动力市场有效供给的症结所在。因此，深入关注女性生育和就业的关系，对促进生育政策调整目标的实现，以及进一步推进性别平等的劳动力市场环境有重要的现实意义。

本书着眼于生育政策调整的背景，拓展生育的核心要义并以此为主线，研究生育不同阶段对女性劳动力市场表现的影响，概括而言主要分为理论基础、实证检验、政策建议三大部分。

在理论基础部分，第一章旨在开宗明义，揭示生育和女性劳动力市场表现的矛盾是当前我国人口发展和劳动力市场运行有效性面临的关键问题，并对生育、劳动力市场表现的概念进行清晰界定，阐述研究目的及其研究方法。第二章全面梳理了女性劳动力市场表现的研究脉络、生育对女性劳动力市场表现的影响，分析已有研究的空缺与不足，明确本研究重点是从生育行为、生育数量、子女年龄三个视角阐述生育对女性劳动力市场参与、就业稳定性、工资收入等不同劳动力市场表现状况的影响。第三章立足于正在实施的生育政策，梳理并评说新中国成立以来我国人口生育政策的演变历程、调整背景和实施效果，同时探讨当前女性生育的实际状况以及在劳动力市场中的现实表现，让读者从女性生育和劳动力市场表现的客观现实中，认识生育和女性劳动力市场表现的关联及潜在影响。第四章是论证生育对女性劳动力市场表现影响的理论分析基础，包括家庭分工比较优势理论、工作/家庭边界理论、劳动力市场性别歧视理论和人力资本理论。家庭分工比较优势理论指出，女性劳动时间配置在家庭领域、男性劳动时间配置在劳动力市场中能够实现家庭效用的最大化，因此出于"理性经济人"考虑女性往往会因家庭而减少劳动力市场投入；工作家庭边界理论主要关注两个领域的组织渗透性，工作领域的非渗透性强，女性无法将家庭角色承担的事务带入工作领域，且如果肩负的家庭角色责任较多而不能适应工作的组织约束就会发生职业中断等风险；劳动力市场歧视理论是从雇主的视角解释雇佣女性的顾虑，为了减少雇佣女性职工可能带来的损失，从而减少雇佣女性的意愿或降低工资以弥补损失；人力资本理论是从女性个体视角出发，揭示了女性整个生育过程中的工作投入不足以及职业发展中断等，而导致的女性在劳动力市场表现的弱势积累。概而言之，生育对女性劳动力市场表现影响的形成机制是女性生育期间持续脱离岗位，不仅带来自身人力资本积累不足，也使自身传统家庭分工角色凸显，这与用人单位或雇主的根本利益冲突，进而强化雇主或用人单位的性别歧视，加之我国目前在养育子女方面的家庭和社会支持不足，以及关于女性劳动力市场保护方面力度不够，从而使女性因生育而在劳动力市场中面临各种负面影响。

在实证检验部分，分别从女性劳动力市场表现初期阶段的劳动参与、进入劳动力市场后的就业稳定性，以及劳动力市场表现结果的工资收入三个方面，检验和测量生育对女性劳动力市场表现的具体影响，构成了本书的第五、六、七章主要内容。在实证检验中主要采用回归的方法，从是否生育、生育数量、子女年龄等三个不同的生育阶段分别考察对女性劳动力市场表现的影响，同时在尽可能全面选择控制变量的基础上，结合因变量和自变量的特点，采用工具变量、普通最小二乘法和分位数回归等方法，实现回归结果的相对科学性。实证检验部分重点检验生育不同阶段对女性劳动力市场表现的三大方面是否存在影响，并测量影响程度，同时结合户籍不同经济所有制主体的特点和地区经济发展水平的差异，测量生育对女性劳动力市场表现影响的异质性，以期能够全面客观地判定生育对女性劳动力市场表现的具体影响以及核心扰动因素，并为完善我国生育支持配套、促进女性公平就业环境提出合理的政策着眼点。

在政策建议部分，第八章首先对实证研究结论进行归纳，总结发现生育对女性劳动力市场表现的负向影响主要是由于女性劳动力市场保护的规范性不足和儿童托育服务不完善。同时，在梳理和总结国外劳动力市场保护和儿童托育服务相关经验的基础上，结合我国实际国情提出如下几点建议：第一，要转变政策引领思路，构建生育成本社会化分担机制；第二，推进性别反歧视立法，发挥法律先行的基础作用；第三，关注0—3岁儿童照料，支持和引导社会托育服务体系的发展；第四，提供相对宽松的工作环境，帮助缓解女职工的工作/家庭冲突。此外，女性自身也应树立正确的工作家庭观念，理性对待职场和生育行为。

附录部分列举了实证研究各部分详细的回归结果，供读者参考和探讨。希望本书能够全面反映生育政策调整后，生育对育龄女性劳动力市场表现的具体影响。但也限于作者本身的研究水平，书中还存在诸多不足之处，敬请读者批评指正。

摘　　要

自 2013 年开始,"单独两孩""全面两孩"和一对夫妻可以生育三个孩子的生育政策相继实施,这是我国调整人口结构、适应社会经济发展需要的重要人口调控举措。然而,生育政策调整后,实际人口出生状况并未达到预期且相距较远,而且女性在劳动市场表现的弱势地位进一步显现,女性低生育意愿和劳动力市场表现的弱势地位并存,一方面阻碍了我国生育政策调整的实施效果,另一方面也不利于女性人力资源的充分利用和发挥。因此生育和女性劳动力市场表现的矛盾是当前我国人口发展和劳动力市场运行有效性面临的关键问题。

本书以育龄期女性为研究对象,以生育对女性劳动力市场表现的影响为研究范畴,聚焦生育对女性劳动力市场表现的影响,为缓解女性生育和就业矛盾、促进职业女性理想生育意愿的实现和完善女性劳动力市场保护,提供有效的政策干预视角。本书采用理论与实证相结合的研究方法,从理论推理和实证检验两个方面,客观分析生育对女性劳动力市场表现的影响。

在理论基础部分,综合家庭分工比较优势、工作家庭边界、劳动力市场性别歧视、人力资本理论等,阐释生育对女性劳动力市场表现的影响。概而言之,生育对女性劳动力市场表现影响的形成机制是女性生育期间持续地脱离岗位,不仅带来自身人力资本积累不足,也使自身传统家庭分工角色凸显,这与用人单位或雇主的根本利益冲突,进而强化雇主或用人单位的性别歧视,加之我国目前在养育子女方面的家庭和社会支持不足，以及关于女性劳动力市场保护方面力度不够，从而使女性因生育而在劳动力市场中面临各种负面影响。

在实证检验部分，分别从女性劳动力市场参与状况、进入劳动力市场后的就业稳定性，以及劳动力市场表现结果的工资收入三个方面，检验和测量生育对女性劳动力市场表现的具体影响。从劳动参与的角度看，生育会显著阻碍女性参与劳动力市场的概率，且生育数量越多女性劳动参与概率越低，抚养0—3岁孩子使女性劳动参与概率显著下降，农村女性劳动参与概率受0—3岁孩子的负面影响更高。就业稳定性的检验结果显示，生育会提高女性就业中断风险发生的概率，但对男性影响不显著，且私营经济部门的女性就业稳定性更容易受到生育的影响。在不同收入分布水平上，生育数量每增加一个，女性工资收入将显著下降8.11%—9.28%，地区差异进一步显示，在经济较为发达的东部地区，女性面临较大的生育工资"惩罚"效应，而在经济欠发达的西部地区，女性更容易因抚养0—3岁幼儿导致收入水平下降。

可见，生育对女性劳动力市场表现产生负向影响主要是由于女性劳动力市场保护的规范性不足和幼儿托育服务不完善。本研究在梳理和总结国外劳动力市场保护和幼儿托育服务相关经验的基础上，结合我国实际国情提出如下几点建议：第一，要构建生育成本社会化分担机制；第二，反性别歧视立法需要进一步落实；第三，要关注0—3岁儿童照料，支持社会托育服务体系的发展；第四，应提供相对宽松的工作环境，帮助缓解女职工的工作—家庭冲突。

关键词：生育；女性；劳动参与；就业稳定性；工资收入

Abstract

Since 2013, the birth policies of "selective two – child", "universal two – child" and "three – child" have been implemented successively. It is an important population control measure for China to adjust its population structure and meet the needs of social and economic development. However, after the adjustment of the birth policy, the actual birth status of the population did not meet expectations and was far apart, and the weak position of Females in the labor market was further manifested. Females' low fertility willingness and the weak position of the labor market performance coexist, which on the one hand hindered the implementation effect of China's fertility policy adjustment, and on the other hand was not conducive to the full use and exertion of Females' human resources. Therefore, the contradiction between fertility and females labor market performance is a key issue facing the current population development and the effectiveness of the labor market.

This study takes the Females of childbearing age as the research object, and studies the influence of fertility on the performance of Females' labor market. It focusses on the main reasons for the Negative influence of fertility on the females labor market, and provide an effective policy to alleviate the contradiction between Females' birth and employment, so as to promote the ideal fertility willingness of working Females and improve the protection of Females' labor market. This study adopts a research method combining theory and empirical research, and objectively analyzes the impact of fertility on Females' labor market performance from two aspects: theoretical reasoning and empirical testing.

In the theoretical foundation part, the impact of childbirth on Females' labor market performance is explained based on theories such as the comparative advantages of family division of labor, work – family boundaries, gender discrimination in the labor market, and human capital. In a nutshell, the formation mechanism of the impact of childbirth on the performance of the females labor market is that Females continue to leave their jobs during childbirth, which not only brings about insufficient accumulation of their own human capital, but also highlights their traditional roles in the division of labor in the family. These characteristics will strengthen employers' gender discrimination. In addition, inadequate family and social support for raising children and insufficient protection of the females labor market have caused Females to face various negative effects in the labor market due to childbirth.

In the empirical research part, this study examines the impact of fertility on females labor market performance from three aspects: labor participation, career stability, and wage. From the perspective of labor participation, fertility will significantly obstruct the probability of Females' participation in the labor market, and the greater the number of births, the lower the probability of Females' labor participation. The parenting responsibility of children aged 0 – 3 significantly reduces the probability of females labor participation, and the probability of females labor participation in rural areas is more negatively affected by parenting children aged 0 – 3. The results of the test of career stability show that fertility will increase the probability of females employment interruption, but the impact on men is not significant. Moreover, the career stability of Females in the private sector is more susceptible to fertility. At different wage distribution levels, for every increase in the number of births, the females wage will drop significantly by 8.11% - 9.28%. Regional differences further show that in developed eastern regions, Females' wage levels will face a greater "punishment" effect, while in underdeveloped western regions, Females are more likely to have lower wage levels due to raising children aged 0 - 3.

Therefore, it can be seen that the negative impact of childbirth on females labor market performance is mainly due to the lack of normative protection of females labor market protection and imperfect childcare services. On the basis of summarizing the relevant experience of foreign labor market protection and childcare services, this study puts forward the following suggestions in combination with my country's actual national conditions. First, it is necessary to build a social sharing mechanism for childbirth costs; second, anti - sex discrimination legislation needs to be further implemented; third, it is necessary to pay attention to the care of children aged 0 - 3 and support the development of the social childcare service system; fourth, it is necessary to provide a relative relaxed working environment to help alleviate the work - family conflict of females employees.

Key Words: fertility; female; labor participation; employment stability; wage

目　　录

第一章　绪论 …………………………………………………… (1)
　第一节　选题来源 …………………………………………… (1)
　　一　为什么研究女性劳动力市场表现？ ………………… (1)
　　二　为什么选择生育这一影响因素？ …………………… (4)
　　三　研究问题的提出 ……………………………………… (5)
　第二节　研究的理论与实践意义 …………………………… (7)
　　一　理论意义 ……………………………………………… (7)
　　二　实践意义 ……………………………………………… (8)
　第三节　核心概念界定 ……………………………………… (9)
　　一　对女性生育及测量指标的界定 ……………………… (9)
　　二　对女性劳动力市场表现的界定 ……………………… (10)
　第四节　研究内容与逻辑结构 ……………………………… (11)
　第五节　主要研究方法 ……………………………………… (13)
　　一　归纳法与演绎法相结合 ……………………………… (14)
　　二　理论分析与实证分析相结合 ………………………… (14)

第二章　文献综述 ……………………………………………… (16)
　第一节　关于劳动力市场表现的相关文献梳理 …………… (16)
　第二节　关于女性劳动力市场表现的主要议题 …………… (20)
　　一　关于女性劳动参与的相关研究 ……………………… (20)
　　二　关于女性职业发展的相关研究 ……………………… (28)

三　关于女性工资收入的相关研究 …………………………… (32)
　第三节　生育与女性劳动力市场表现的相关文献梳理 ……… (36)
　　一　生育对女性劳动参与决策影响的相关研究 …………… (36)
　　二　生育对女性职业稳定性影响的相关研究 ……………… (39)
　　三　生育对女性劳动收入影响的相关研究 ………………… (41)
　第四节　文献评述 ………………………………………………… (44)

第三章　我国女性生育状况及劳动力市场表现特点 ………… (46)
　第一节　我国生育政策调控及女性生育状况的宏观描述 …… (46)
　　一　生育政策的调控历程：从控制生育到适度放开 ……… (46)
　　二　我国人口数量增长趋缓，二孩出生数量渐超一孩 …… (52)
　　三　女性初育年龄逐渐延后，总和生育率呈下降趋势 …… (55)
　第三节　我国女性劳动力市场表现的宏观描述 ……………… (59)
　　一　女性劳动参与率较高但性别差异大 …………………… (60)
　　二　女性行业聚集特征明显且职业发展稳定性较差 ……… (62)
　　三　女性工资率呈增长态势但性别差异仍然较大 ………… (63)
　第三节　本章小结 ………………………………………………… (65)

第四章　生育对女性劳动力市场表现影响的理论及机制 …… (67)
　第一节　生育对女性劳动力市场表现影响的相关理论 ……… (67)
　　一　家庭分工比较优势理论 ………………………………… (67)
　　二　工作家庭边界理论 ……………………………………… (69)
　　三　劳动力市场性别歧视理论 ……………………………… (70)
　　四　人力资本理论 …………………………………………… (73)
　第二节　生育对女性劳动力市场表现影响的形成机制 ……… (75)
　　一　生育对女性劳动力市场表现影响的机制构建 ………… (76)
　　二　宏观成因：传统性别观念和政策保护的影响 ………… (80)
　　三　中观成因：生育成本和劳动力市场竞争的影响 ……… (83)
　　四　微观成因：家庭分工与个体人力资本积累的影响 …… (87)

第三节　本章小结 …………………………………………… (89)

第五章　生育对女性劳动参与的影响研究 …………………… (91)
第一节　理论假设与实证基础 ………………………………… (91)
　　一　生育对女性劳动参与影响的理论假设 ………………… (91)
　　二　实证基础 ………………………………………………… (95)
第二节　生育对女性劳动参与影响效应的总体探析 ………… (102)
　　一　是否生育对女性劳动参与的影响效应 ………………… (102)
　　二　生育数量对已育女性劳动参与的影响效应 …………… (106)
　　三　子女年龄对已育女性劳动参与的影响效应 …………… (111)
第三节　生育对女性劳动参与影响效应的异质性分析 ……… (116)
　　一　生育对不同户籍女性劳动参与的影响效应 …………… (116)
　　二　生育对劳动参与影响效应的性别比较 ………………… (121)
第四节　本章小结 ……………………………………………… (127)

第六章　生育对女性就业稳定性的影响研究 ………………… (130)
第一节　理论假设与实证基础 ………………………………… (130)
　　一　生育对女性就业稳定性影响的理论假设 ……………… (130)
　　二　实证基础 ………………………………………………… (133)
第二节　生育对女性就业稳定性影响效应的总体探析 ……… (138)
　　一　是否生育对女性就业稳定性的影响效应 ……………… (138)
　　二　生育数量对已育女性就业稳定性的影响效应 ………… (142)
　　三　子女年龄对已育女性就业稳定性的影响效应 ………… (145)
第三节　生育对女性就业稳定性影响效应的异质性分析 …… (150)
　　一　生育对不同所有制部门女性就业稳定性的影响
　　　　效应 ………………………………………………………… (151)
　　二　生育对就业稳定性影响效应的性别比较 ……………… (156)
第四节　本章小结 ……………………………………………… (163)

第七章 生育对女性工资收入的影响研究 (167)
第一节 理论假设与实证基础 (167)
一 生育对女性工资收入影响的理论假设 (167)
二 实证基础 (169)
第二节 生育对女性工资收入影响效应的总体探析 (174)
一 生育数量对女性工资收入的影响效应 (174)
二 子女年龄对已育女性工资收入的影响效应 (181)
第三节 生育对女性工资收入影响效应的异质性分析 (183)
一 生育对不同地区女性工资收入影响效应的比较 (183)
二 生育对工资收入影响效应的性别比较 (187)
第四节 本章小结 (194)

第八章 生育对女性劳动力市场表现影响的再审视及应对举措 (197)
第一节 生育对女性劳动力市场表现影响效应的判定 (197)
一 生育降低女性劳动参与，0—3岁孩子的影响效应突出 (198)
二 生育增加女性就业中断风险，私营部门就业稳定性最差 (198)
三 生育降低工资收入，对女性收入的影响高于男性 (200)
第二节 国外女性劳动力市场保护和生育保障相关政策梳理及评价 (201)
一 部分国家女性劳动力市场保护政策的经验介绍 (202)
二 部分国家生育保障政策的经验介绍 (212)
三 启示与思考 (220)
第三节 完善我国女性生育支持和劳动力市场保护的行动策略 (222)
一 宏观层面：重视政策法律的战略引导 (222)
二 中观层面：构建友好的工作家庭支持 (224)

三　微观层面：树立正确的工作和家庭观念 …………… (225)
　第四节　本章小结 ……………………………………… (226)

附　录 ……………………………………………………… (228)

参考文献 …………………………………………………… (287)

索　引 ……………………………………………………… (304)

后　记 ……………………………………………………… (307)

Contents

Preface ··· (1)

Chapter 1 Introduction ·· (1)
  Section 1 Topic selection basis ································ (1)
    1 Why study females labor market performance? ··············· (2)
    2 Why choose fertility as an influencing factor? ············· (4)
    3 Proposition of research questions ·························· (5)
  Section 2 Theoretical and practical significance of the
          research ·· (7)
    1 Theoretical significance ····································· (7)
    2 Practical significance ······································· (8)
  Section 3 Definition of core concepts ··························· (9)
    1 Definition offemales fertility and measurement
       indicators ·· (9)
    2 Definition offemales labor market performance ············ (10)
  Section 4 Research content and structure ····················· (11)
  Section 5 Main Research Methods ······························ (13)
    1 Combining induction and deduction ························ (14)
    2 Combining theoretical analysisand empirical analysis ······ (14)

Chapter 2　Literature Review …………………………………（16）
　Section 1　A review of relevant literature on labor market
　　　　　　performance ………………………………………（16）
　Section 2　Key issues on females labor market performance …（20）
　　1　Research on females labor participation ………………（20）
　　2　Research on Females' career development ……………（28）
　　3　Research on Females' wage ……………………………（32）
　Section 3　Literature review on fertility and females labor
　　　　　　market performance ………………………………（36）
　　1　Research on the impact of fertility on Females'
　　　　labor participation ………………………………………（36）
　　2　Research on the impact of fertility on Females'
　　　　occupational stability ……………………………………（39）
　　3　Research on the impact of childbirth on Females'
　　　　wage ………………………………………………………（41）
　Section 4　Literature evaluation ……………………………（44）

**Chapter 3　Females' reproductive status and labor market
　　　　　　performance characteristics in China** ……………（46）
　Section 1　China's fertility policy and Females' fertility
　　　　　　status ………………………………………………（46）
　　1　The process of fertility policy: from birth control to
　　　　moderate liberalization …………………………………（46）
　　2　China's population growth slows down, and the
　　　　number of second-child births gradually exceeds
　　　　the first-child …………………………………………（52）
　　3　The age of first childbearing of Chinese Females is
　　　　gradually delayed, and the total fertility rate shows a
　　　　downward trend …………………………………………（55）

Section 2　Description of Chinese females labor market
　　　　　　performance ·· (59)
　1　Females labor participation rate is at an international
　　　leading level, but lower than that of males ················ (60)
　2　The characteristics of females industrial agglomeration
　　　are obvious, and the stability of career development
　　　is poor ·· (62)
　3　Wage growth for Females accelerates, but gender
　　　gap remains large ·· (63)
Section 3　Summary of this chapter ································ (65)

Chapter 4　The Theory and Mechanisms of the Impact of Fertility on Females labor Market Performance ·· (67)

Section 1　Theories on the impact of fertility on Females'
　　　　　　labor market performance ·························· (67)
　1　Comparative Advantage of Family Division of
　　　Labor ·· (67)
　2　The work – family boundary theory ······················ (69)
　3　Gender discrimination in the labor market ··············· (70)
　4　Human Capital Theory ······································ (73)
Section 2　The mechanism of the impact of childbirth on females
　　　　　　labor market performance ·························· (75)
　1　The mechanism construction of the impact of
　　　fertility on females labor market performance ············ (76)
　2　Macro causes: The Influence of Traditional Gender
　　　Concepts and Policy Protection ···························· (80)
　3　Meso causes: The Impact of Fertility Costs and
　　　Labor Market Competition ································ (83)

  4 Micro causes: The Influence of Family Division
    of Labor and Individual Human Capital Accumulation ···（87）
 Section 3 Summary of this chapter ························（89）

Chapter 5 Research on the Impact of Fertility on Females' Labor Participation ····················（91）

 Section 1 Theoretical Assumptions and Empirical Basis of the
    Impact of Fertility on Females labor Participation ······（91）
  1 Theoretical assumptions ·························（91）
  2 The empirical basis ·····························（95）
 Section 2 An overall analysis of the effect of fertility on females
    labor participation ······························（102）
  1 The effect of childbirth on females labor participation ······（102）
  2 The effect of the number of births on labor participation
    of Females who have given birth ························（106）
  3 The effect of children's age on labor participation of
    Females who have given birth ························（111）
 Section 3 Heterogeneity analysis of the effect of fertility on
    females labor participation ························（116）
  1 The effect of childbirth on labor participation of
    Females with different household registrations ···········（116）
  2 Gender comparison of the effect of fertility on labor
    participation ·································（121）
 Section 4 Summary of this chapter ························（127）

Chapter 6 Research on the Influence of Fertility on Females' Career stability ····················（130）

 Section 1 Theoretical Assumptions and Empirical Basis of the
    Impact of Fertility on Females' Career stability ···（130）

    1 Theoretical assumptions ································· (130)

    2 Empirical basis ··· (133)

  Section 2 An overall analysis of the effect of fertility on Females'
career stability ·· (138)

    1 The effect of childbirth on Females' career stability ······ (138)

    2 The effect of the number of births on thecareer
stability of Females who have given birth ················ (142)

    3 The effect of children's age on thecareer stability
of Females who have given birth ························ (145)

  Section 3 Heterogeneity analysis of the effect of fertility on
females career stability ································· (150)

    1 The effect of fertility on Females' career stability in
different ownership sectors ····························· (151)

    2 Gender comparison of the effect of fertility oncareer
stability ·· (156)

  Section 4 Summary of this chapter ························· (163)

Chapter 7 Research on the Influence of Fertility on Females' Wage ·· (167)

  Section 1 Theoretical Assumptions and Empirical Basis of the
Impact of Childbirth on Females' Wage ············ (167)

    1 Theoretical assumptions ································· (167)

    2 Empirical basis ··· (169)

  Section 2 An overall analysis of the effect of childbirth on
Females' wage ··· (174)

    1 The effect of the number of births on Females' wage ··· (174)

    2 The effect of children's age on the wage of Females
who have given birth ··································· (181)

Section 3　Heterogeneity analysis of the effect of childbirth on Females' wage ………………………………… (183)
　1　Comparison of the effect of childbirth on Females' wage in different regions ……………………………… (183)
　2　Gender comparison of the effect of childbirth on wage …………………………………………………………… (187)
Section 4　Summary of this chapter ……………………………… (194)

Chapter 8　Re‑examination of the impact of fertility on Females' labor market performance and countermeasures ……………………………………… (197)

Section 1　Determination of the effect of fertility on females labor market performance ………………………………… (197)
　1　Fertility reducesfemales labor participation, and the influence of children at the age of 0–3 is prominent … (198)
　2　Fertility increases the risk offemales employment interruption, and the private sector has the worst career stability ………………………………………… (198)
　3　Fertility reduces wage, and the impact on Females' wage is higher than that of men ……………………… (200)
Section 2　Review and evaluation of foreign Females' labor market protection and Fertility security policies ………… (201)
　1　Introduction to the experience of Females' labor market protection policies ……………………………… (202)
　2　Experience introduction of Fertility security policy …… (212)
　3　Inspiration and thinking ……………………………… (220)
Section 3　Action Strategies for Improving Females Fertility Support and Labor Market Protection in China …… (222)

    1   Macro level: pay attention to the strategic guidance of
            policies and laws ·· (222)
    2   Meso – Level: Building Friendly Work – Family
            Support ·· (224)
    3   Micro – level: Establishing the correct concept
            of work and family ·· (225)
  Section 4   Summary of this chapter ······························ (226)

Appendix ··· (228)

References ·· (287)

Indexes ·· (304)

Postscript ·· (307)

第一章
绪　论

自2013年我国生育政策调整后，劳动经济领域再次掀起对女性就业的关注，这一现象主要源于两个方面的感受：其一，女性就业难度进一步加大了，"已婚已育两孩"以及限制结婚年龄的招聘条件时有发生；其二，女性生育意愿黯淡，"单独两孩""全面两孩"等生育政策实施后，预期的人口出生高峰并未显现。理论上，生育政策调整后女性生育和抚育的责任可能加大，对用人单位而言雇用女性的经济成本和管理成本也将上升，从"理性经济人"视角考虑，用人单位可能更加倾向雇佣和提拔男性，进而使女性在劳动力市场表现中面临诸多困境。那么生育政策调整后，用人单位和女性劳动力市场表现的种种反映之间有什么联系？成因是什么？带着这样的问题意识，本章从"为什么研究女性劳动力市场表现"以及"为什么选择生育这一影响因素"两个方面，对研究的选题来源、研究意义进行详细阐述，并对研究思路、研究方法以及可能存在的创新性进行说明。

第一节　选题来源

一　为什么研究女性劳动力市场表现？

第一，女性是劳动力市场重要的人力资源，与男性相比具有更多的挖掘潜力。社会经济的发展离不开劳动力市场的有效运转，而人力资源是推动劳动力市场有效运转的关键。从人口总量上看，根据《中国统计年鉴》2020年的统计结果，2019年年底全国人口约14亿人，男性7.2亿人，占比51.09%，女性6.8亿人占比48.91%，女性人口占比约一半。从人力资源总量上看，根据世界银行的统计，2019年我国15—64岁总人口约9.9亿人，其中男性5.1亿人，女性4.8亿人，总体上女性人力资源基数大。① 因此，女性是人力资源中不可或缺的重要组成部分，对国民经济和社会文化发展有着"半边天"的重要作用。增加人口数量、挖潜劳动力供给资源是各发达国家应对生育率下降以及人口老龄化冲击的两大主要措施。为补充劳动力数量，2013年"单独两孩"政策和2016年"全面两孩"政策相继实施，2021年5月31日中共中央政治局召开会议指出，进一步优化生育政策，实施一对夫妻可以生育三个子女的政策。但生育政策调整后，新增人口转为劳动力资源需要较长时期，因此，充分挖潜劳动力潜力更为重要且紧急。从2019年世界银行统计的15—64岁劳动参与率看，女性劳动参与率（占15—64岁女性人口的比重）是68.57%，男性是82.76%，与男性相比，中国女性劳动参与率要低14%左右。因此，与男性相比，女性的劳动力资源具有更多的挖掘潜力。

第二，女性在劳动力市场中长期处于相对弱势地地位，对女性自身、家庭，乃至整个国家都会产生不利影响。自工业革命以来，越来越多的女性走出家庭参与到劳动力市场中。特别是第二次世界大战之后，女性逐渐成为劳动力市场中不可或缺的重要参与力量。但是一个不争的事实是，与男性相比，女性在劳动市场中一直处于弱势地位。从劳动需求的角度看，招收女性员工的用人单位出于对劳动强度和用人成本的考虑，会优先选择男性和未婚青年女性；从

---

① 数据来源：15—64岁的人口总数 | Data https：//data.worldbank.org.cn/indicator/SP.POP.1564.TO? locations = CN&view = chart

劳动供给的角度看，女性肩负生育责任，并在体力上具有先天劣势，生产和服务一线的部分女性因婚姻和生育容易中断就业，形成人力资本的弱势积累，造成收入水平的滑落。因此，从女性整个职业生命周期看，无论进入劳动力市场，还是在劳动力市场中的就业稳定性、人力资本积累和工资收入等方面，基本都处于相对弱势的地位。

根据女性主义的理论观点，女性的能力、机会和能动性对养育下一代和国家未来发展有直接影响。赋予女性在政治、经济、社会事务中一定的权力，能够对政府的政策选择产生积极的促进作用，使国家制度更能够反映民心，具有更加广泛的包容性和代表性。传统的社会性别观念或利益驱使，使女性获得受教育的机会受限，阻碍女性进入劳动力市场，或阻碍女性获得与男性平等的劳动报酬，这些做法从表面看，损害了女性自身的利益，但最终也损害了用人单位的形象和名誉；由于女性承担者养育和教育下一代的主要职责，女性自身人力资本积累和经济收入的降低，不利于下一代的健康成长，最终导致国家和民族的整体利益受损，降低国家的国际竞争力，影响国际地位和国际形象。

第三，关注女性劳动力市场表现，有助于客观审视我国劳动力市场政策、家庭政策和相关社会服务政策干预的有效性。劳动市场中的性别平等不仅有益于女性自身发展，还有益于代际传递的健康发展，降低社会阶层固化，促进人类文明，因此，推动性别平等是当前国际社会的基本共识。在我国，实现性别平等是国家基本国策之一，推动妇女在各个领域享有平等权利，已经成为中国政府的重要承诺，并已贯彻到相关女性发展的政策框架中。目前，为促进女性平等就业，中国已颁布多项法律法规，如《中华人民共和国妇女权益保障法》《女职工劳动保护特别规定》《女职工禁忌劳动范围的规定》等。这些政策侧重对女职工劳动权益的特殊保护，对女性的劳动权利、女职工的"四期"保护和禁忌从事的劳动等做出了规定。

以上政策的主要目的是保护女性在劳动力市场的平等就业权益，

反过来，女性在劳动力市场表现的结果也是对政策执行效果的直接反馈。因此，女性劳动力市场表现是各类女性就业保护政策属性因素和执行过程因素的直接或间接影响结果（郭鹏飞，2018）；同时，通过女性在劳动力市场的表现结果，也会看到各类女性就业保护政策的效果是否有效，才能依据女性劳动力市场表现结果对政策本身进行修订或对执行过程进行调整。

二 为什么选择生育这一影响因素？

第一，女性在劳动力市场中的不利地位主要与生育因素有关。不少研究表明，生育与女性劳动力市场中的诸多表现存在普遍的负相关关系。女性既是生育主体，又是重要人力资源，承担着人口再生产和社会再生产双重责任，且一般来说，女性生育黄金期也是职业发展的关键时期，在有限的时间精力下，女性生育和照料孩子势必影响其工作投入和效率，进而影响劳动收入和相关经济保障。而雇主及各类用人单位不仅要承担雇用女性职工的工作效率损失，还要支付女性在生育过程中的社会保障成本，因此不愿意选择雇用女性，或者支付给女性较低的报酬。因此，无论从女性自身看还是用人单位视角分析，生育会对女性劳动力市场的投入和产出会产生不利影响。

第二，生育政策调整后，女性在劳动力市场中的就业形势会更加严峻。首先，女性就业形势更加严峻。从经济学的角度看，用人单位需要遵从国家法律对女性职工的保护，不仅支付一定的生育津贴、产假时间等直接成本，还要协调岗位工作增加人力资源管理等间接成本，如果雇用女职工，用人单位将面临女职工两次生育的经济和人力成本，这使得用人单位往往不愿意或者以高于男性的标准雇用女性，因此女性在进入职场时需要克服比男性更多的障碍；生育政策的逐步松解会导致女性就业环境更加严峻，女性特有的生理特点，在职场上极易受到歧视，用人单位考虑其经济效益以及人力成本支出，在同等条件下更倾向录用男性员工。其次，女性职业发展面临更多风险。一方面，女性因生育而投入过多的时间和精力，会选择主动或者被动退出劳动力市场，生育期的职业中断会造成女性职业发展的劣势积累；另一方面，女性在整个生育和照料孩子阶段即使不退出劳动力市场，但面临的"工作—家庭"冲突，也会使职业发展空间受到挤压，如工作投入时间缩短、承受巨大的冲突压力、进入非正规就业部门，或者放弃晋升机会等。最后，女性职业发展压力增大，还会阻碍其生育意愿。"全面二孩"政策实施前有预测指出，中国出生人口总量在近几年会有一定程度的增长，最高年份的出生人口预计超过2000万人。但实际情况看，生育政策调整以来我国出生人口数量均未达到预期，调查显示，在诸多影响生育意愿的因素中，女性职业发展压力大占据了重要地位。

第三，我国关于生育对女性劳动力市场表现的影响研究还需要一定的系统性。随着"单独二孩""全面二孩"和三孩政策相继出台，关于生育和女性劳动力市场表现相关问题的研究再次成为学术界关注的焦点。但关于生育对女性劳动力市场表现的影响研究大多选择某一个方面，如女性劳动力市场参与决策、工作时间、工资收入等，较少从女性整个职业发展周期和动态变化角度去考察，即缺乏从进入劳动力市场——劳动力市场过程——劳动力市场结果整个周期视角进行分析；研究方法上规范性分析较多，实证检验较少；研究视角主要集中在微观视角，如婚姻状况、受教育程度、工作性质、代际照料支持等方面，缺少生育支持等宏观政策视角的考量。此外，对国外相关政策的比较和借鉴经验研究较少，因此在改进和提高女性生育与职业发展冲突的解决方案中，也难有突破性的对策建议。

三 研究问题的提出

基于以上研究背景，本书从生育对女性劳动力市场表现的影响这个视角出发，拟回答一下三个方面的问题：

第一，生育对女性劳动力市场表现有什么影响？影响机制是什么？增加人口数量、保护女性劳动力市场权益是我国生育政策调整的两大政策关注点，那么，目前人口出生状况和女性劳动力市场发展状况怎样？生育对女性劳动力市场表现有何影响，其中的理论基础和影响机制是什么？关于这两方面问题的回答，有助于我们从客观事实和理论视角认识生育对女性劳动力市场表现的影响。

第二，如何验证生育对女性劳动力市场表现的"惩罚"效应？检验理论分析的合理性，需要一定的实证验证。因此，本书的第二大问题意识是从实证角度验证生育对女性劳动力市场表现的影响及影响程度。生育对女性劳动力市场表现的影响贯穿整个就业过程，首先，生育对女性进入劳动力市场是否存在负面影响？这种负面影响有多大？其次，生育对女性劳动力市场表现的过程是否存在负面影响？即生育是否增加了女性职业不稳定的风险，女性因生育中断就业的概率有多大？最后，生育对女性劳动力市场表现结果，即是否会降低女性的工资收入？以上问题的回答，有助于检验理论分析的结果，并能直观反映生育对女性劳动力市场表现的影响及影响程度。此外，实证分析过程也包含了缓解生育对女性劳动力市场表现负向影响的实证检验，为相关改进措施提供科学依据。

第三，怎样缓解生育对女性劳动力市场表现的"惩罚"效应？在理论分析和实证检验结果的基础上，得出生育对女性劳动力市场表现影响的主要结论。根据本书的主要结论，梳理和总结国外在保障女性劳动就业权益和生育政策服务方面的相关经验；结合我国实际情况，反思缓解我国女性生育和劳动力市场表现矛盾的主要措施。这两方面内容的回答，能为帮助女性更好平衡家庭和工作、促进职业女性实现理想的生育意愿，以及推进我国生育政策调整目标的实现等，提供有效的政策干预视角。

第二节 研究的理论与实践意义

一 理论意义

本书在劳动力市场性别歧视理论、家庭经济分工比较优势理论、人力资本理论等传统劳动经济学相关理论的基础上，结合工作/家庭边界理论等社会学理论，构建了具有一定跨学科特点的理论分析框架，并在理论分析的基础上定量分析了中国女性生育对劳动力市场表现的影响，具有如下理论意义：

第一，丰富了女性劳动力市场表现的理论基础。在劳动经济学中，关于生育对女性劳动力市场表现的成熟理论体系比较有限，现有的理论主要从生育对女性劳动供给和性别工资差异角度进行解释，而从生育对女性劳动力市场表现过程——就业稳定性角度的解释比较少。本书中在劳动经济学理论基础上，纳入工作/家庭边界理论，丰富了生育对女性就业稳定性影响的理论解释，弥补了劳动经济学对女性劳动力市场表现过程理论解释的不足。

第二，细化了女性生育的测量指标。已有的研究主要从女性生育行为（是否生育）、生育数量两个视角作为"生育"的测量指标，用于研究生育对女性劳动力市场表现的影响。虽然有研究从理论层面推导子女年龄对女性劳动力市场表现有影响，但缺乏相关的实证检验。本书结合以往研究经验，纳入子女年龄的实证考量，从是否生育、生育数量、子女年龄三个层面进一步细化女性"生育"的测量指标，也为更加深入研究生育女性劳动力市场表现的影响拓展了思路。

第三，系统化了女性劳动力市场表现的维度和内涵。以往关于女性劳动力市场的表现，多数从劳动参与或工资收入角度进行分析。然而，立足女性整个职业生涯周期，生育对女性劳动力市场表现的负面影响贯穿整个生育和抚育的漫长过程，对女性劳动力市场表现的各个环节都有一定的影响。因此，本书从女性进入劳动力市场的劳动参与、劳动力市场表现过程的就业稳定性、劳动力市场表现结果的工资收入等三个视角，综合考察生育对女性劳动力市场表现的影响。

二 实践意义

女性是人口再生产的责任主体，同时也是重要的人力资源。在当前我国生育率不断下降、劳动供给资源短缺的形势下，研究生育对女性劳动力市场表现的影响，对于审视和改善女性劳动就业的保障政策、建立和完善女性生育的配套措施，都有重要的现实意义：

第一，基于女性生育对劳动力市场表现的影响分析，为女性职业发展寻找相对最优决策建议。保障女性就业权益是我国关注就业性别平等的重要议题，我国虽然已经制定了保护女职工就业的相关法律法规，并针对招聘过程的性别歧视行为，2019年2月专门出台了《关于进一步规范招聘行为促进妇女就业的通知》，但在竞争激烈的劳动力市场中，用人单位用工权利仍然占据强势地位，女性在劳动力市场中始终处于相对弱势的地位，面临着各种就业困境。加之，女性在劳动力市场表现过程中生育涉及的利益主体较为复杂，单一的政策约束也不足以促成性别平等的落实。因此，全面分析生育对女性劳动力市场表现的影响，有利于重新审视当前劳动力市场政策的有效性，对进一步完善劳动力市场性别平等相关政策提供依据。

第二，分析生育对女性劳动力市场表现的影响，为改善女性生育的家庭和社会支持提供政策参考。为了促进全面二孩政策实施和政策调整目标的实现，中共中央、国务院特别出台了《关于实施全面两孩政策改革完善计划生育服务管理的决定》并规定：依法保障女性就业、休假等合法权益，支持女性生育后重返工作岗位，鼓励用人单位制定有利于职工平衡工作与家庭关系的措施。本书从女性生育对劳动力市场表现影响的视角进行研究，通过影响机制、实证验证、原因分析等方面的论证，回应了生育对女性职业发展的影响方向和影响程度，为完善社会生育政策调整的配套、缓解女性工作—家庭冲突、促进女性劳动力市场表现有效性提供政策依据。

第三节　核心概念界定

一　对女性生育及测量指标的界定

"生育"一词广为人知，但是目前国内对"生育"的概念却没有给出明确的界定。《辞海》对生育的解释是"生长，养育"，从字面意思上可以理解为既包含了生产过程也包括对后代的抚育过程；而《现代汉语词典》则解释为"生孩子"，不包括"育"即生育单指生产孕育后代过程，不包括抚育过程。因此，从词性上看，对"生育"的理解，既有狭义概念又有广义概念，狭义概念具有动词词性，单指分娩，孕育后代；广义含义不仅包括从怀孕到分娩的过程，还包括漫长的养育过程。本文对女性生育的界定采用广义层面的解释，不仅包含怀孕、分娩、育婴，也包含子女养育阶段。主要依据以下考虑：

首先，本文关注女性生育对劳动力市场表现的影响，这个影响不仅仅体现在怀孕、分娩环节，也体现在分娩后的产假阶段和孩子养育阶段。一般来说，分娩前的怀胎10个月中，为保障胎儿健康，每位怀孕女职工都需要定期到医院进行产检，如果生育二胎及以上，还有部分女职工因为身体原因需要休假保胎，因此，怀孕期间女职工难免请假、脱离工作岗位，导致工作效率降低，也会给用人单位增加管理成本；分娩后，我国目前法定产假为98天，大多数地区在生育政策调整后都采取了延长产假的规定，产假时间分布在3—7个月不等，且产假期间脱离岗位给女职工带来人力资本积累损失，都会对女性就业产生不利影响。其次，由于母子关系密切，且我国学龄前幼儿照料比较缺乏，因此女性仍然是照料孩子的主要承担者。学龄前幼儿的照料需要母亲付出一定的时间和精力，势必会对母亲的工作投入产生挤压，因此养育幼儿阶段也应该是考察影响女性劳动力市场表现的生育因素范畴。

关于女性"生育"的测量指标，人口学普遍关注生育年龄、生育数量和生育性别三个维度。其中生育年龄直接体现为女性生育行为发生的年龄，即生育孩子时女性自身的年龄；生育数量，也可以表达为养育的子女数量；生育性别，是指出生孩子的自然性别。其中，生育年龄和生育数量是可计划的、可控制的，因此也是重要的观测指标（陈瑛，2018；宋健，2015；於嘉，2014 等）。生育性别是无法改变的，虽然对女性职业发展影响不大，但在自然实验中，研究者往往关注第一个孩子的性别，行为这与女性生育子女数量的意愿有关，常常用作重要的工具变量来控制变量间的因果关系。

本书关注的生育是与女性劳动力市场表现紧密相关的，主要研究目的在于检验生育对劳动力市场表现的影响及影响程度。为了直观感知女性生育行为会对其劳动力市场表现产生什么影响，首先以女性是否生育作为生育的测量指标，探究生育行为对女性劳动力市场表现的影响。一般来说，生育数量越多，女性需要付出的照料精力和时间越多，从而对女性劳动力市场的投入挤出效应越大，那么女性在劳动力市场承担的母职惩罚也越大，因此，生育数量是本书的主要测量指标。此外，生育年龄虽然也是可以控制的测量指标，但不及从子女年龄视角考察对女性劳动力市场表现的影响更加客观，因为生育对女性劳动力市场表现的影响，不仅仅体现在女性生育行为发生时所在的年份，而且是伴随着子女成长的全过程，子女不同年龄段需要付出的时间和精力不同，因此对女性劳动力市场表现的影响也有差异，所以，子女年龄是本书关注的另一个主要测量值指标。

二 对女性劳动力市场表现的界定

劳动力市场是劳动经济学研究的重要领域之一，劳动力市场从狭义上理解，是指劳动力供求双方，一般指求职者与用人单位进行双向选择、交换劳动力的场所，以及运用市场机制调节劳动力供求关系的组织形式；劳动力市场广义含义是，以市场机制为基础方式，对劳动力资源进行配置和调节的经济关系，其内容包括劳动契约、劳动就业、工资分配、社会保障、劳动立法、职业培训、职业咨询、职业安全卫生以及特殊劳动者的保护等。

劳动力市场表现属于非规范性的概念，是基于劳动力市场含义和价值取向，选择合适的测量指标，对所关注的劳动力市场内容测量出的一般性特征的统称。关于劳动力市场的测量指标，国际劳工组织1985年在第160号劳动统计公约和第170号建议书中均提出了劳动统计应覆盖到的主要内容，包括：经济活动人口、就业、失业、不充分就业；工资和工时；消费价格指数；家庭收入与支出；职业伤害和职业病；劳动生产率。不同的研究价值取向所选择的指标也不相同，本书关注女性劳动力市场表现，是从女性个体的微观视角研究女性在进入劳动力市场、劳动力市场过程中，以及劳动力市场表现结果三个阶段的特征，对应的测量指标分别是女性劳动参与、职业稳定性、工资收入三个方面。

选择这些指标，原因有以下两点：第一，本研究的核心问题是女性劳动力市场表现的生育影响因素，生育属于女性个体行为，因此劳动力市场的测量指标也应是微观层面的指标。第二，从女性进入劳动力市场开始，到女性劳动力市场投入，再到后期工资收入水平都是一脉相连的，而女性生育几乎贯穿了女性整个职业生命周期的全部过程；结合生育和女性劳动力市场表现可能存在的因果关系，对女性劳动力市场表现指标选择需要包含女性进入劳动力市场指标、劳动力市场过程指标、劳动力市场结果指标，故分别选择女性个体劳动参与、职业发展稳定性和工资收入三个方面。

第四节 研究内容与逻辑结构

论文以生育为切入点，以女性劳动力市场表现为研究范畴，重点关注生育对女性劳动力市场表现的劳动参与状况、就业稳定性和工资收入三个方面的影响。基于女性生育和劳动力市场表现的相关理论，探讨生育对女性劳动力市场表现三个方面的影响及影响程度。根据生育对女性在劳动力市场表现的影响机制和主要影响因素梳理国外相关经验，并结合我国实际情况提出在家庭政策和社会政策方面的补偿措施，为帮助女性平衡工作和家庭寻找相对最优决策建议。基于以上思考，本书的主要章节和研究内容包括以下方面：

第一部分为绪论和文献综述。首先，对本书选题背景和研究问题意识、论文的研究意义、核心概念界定、研究内容和方法等进行简要概述。再围绕女性劳动力市场表现、生育对女性劳动力市场表现的影响两大方面，对已有的研究成果进行总结和评述。

第二部分是现状描述和理论分析，通过已有的宏观数据和政策总结，呈现女性生育和劳动力市场表现的基本状况，依托于一定的理论基础，尝试从理论分析的视角揭示生育对女性劳动力市场表现的影响及其形成机理。

第三部分为实证检验，是在理论分析的基础上，依托适当的数据和指标，选择女性劳动力市场三大方面的表现，即劳动参与状况、就业稳定性和工资收入，分别检验生育对这三大方面的影响方向和影响程度。以期更加客观和科学地判别生育对女性劳动力市场表现的影响。

第四部分为规范分析，主要以女性生育和劳动力市场保护政策入手，结合理论及实证分析的研究结论，进一步审视我国相关政策的作用和不足，同时比较和总结相关的国外经验，为完善我国相关生育和就业保障政策提供借鉴。

综合以上分析，结合本书的研究思路与技术路线如图 1-1 所示。

```
                    生育影响女性劳动供给的理论基础和形成机制
                                    │
            ┌───────────────────────┴───────────────────────┐
            │                                               │
         理论基础                                         形成机制
    ┌──────────────────┐                        ┌────────────────────────────┐
    │  工作/家庭边界理论 │                        │ 宏观:社会性别观念和政策保护的影响 │
    │   人力资本理论    │                        │ 中观:生育成本和劳动力市场竞争的影响│
    │ 家庭分工比较优势理论│                        │ 微观:家庭分工和个体人力资本积累的影响│
    │ 劳动力市场性别歧视理论│                      └────────────────────────────┘
    └──────────────────┘
                                    │
                    生育对女性劳动力市场表现影响的实证分析
            ┌───────────────────────┼───────────────────────┐
        劳动力市场表现的              劳动力市场表现的过程       劳动力市场表现的结果
         劳动参与状况                  就业稳定性                工资收入
                                                                        二元logit
    总体      是否生育                 是否生育                  生育数量      模型
    分析      生育数量                 生育数量                  子女年龄     两阶段最
              子女年龄                 子女年龄                              小二乘
                                                                            分位数
    异质性    不同户籍                 不同所有制部门             不同地区      回归
    分析      不同性别                 不同性别                  不同性别
                                    │
                    缓解女性劳动力市场表现生育惩罚的政策建议
            ┌──────────────┐    ┌──────────────┐    ┌──────────────┐
            │   主要结论    │ →  │ 国际经验与启示 │ →  │   对策建议    │
            └──────────────┘    └──────────────┘    └──────────────┘
```

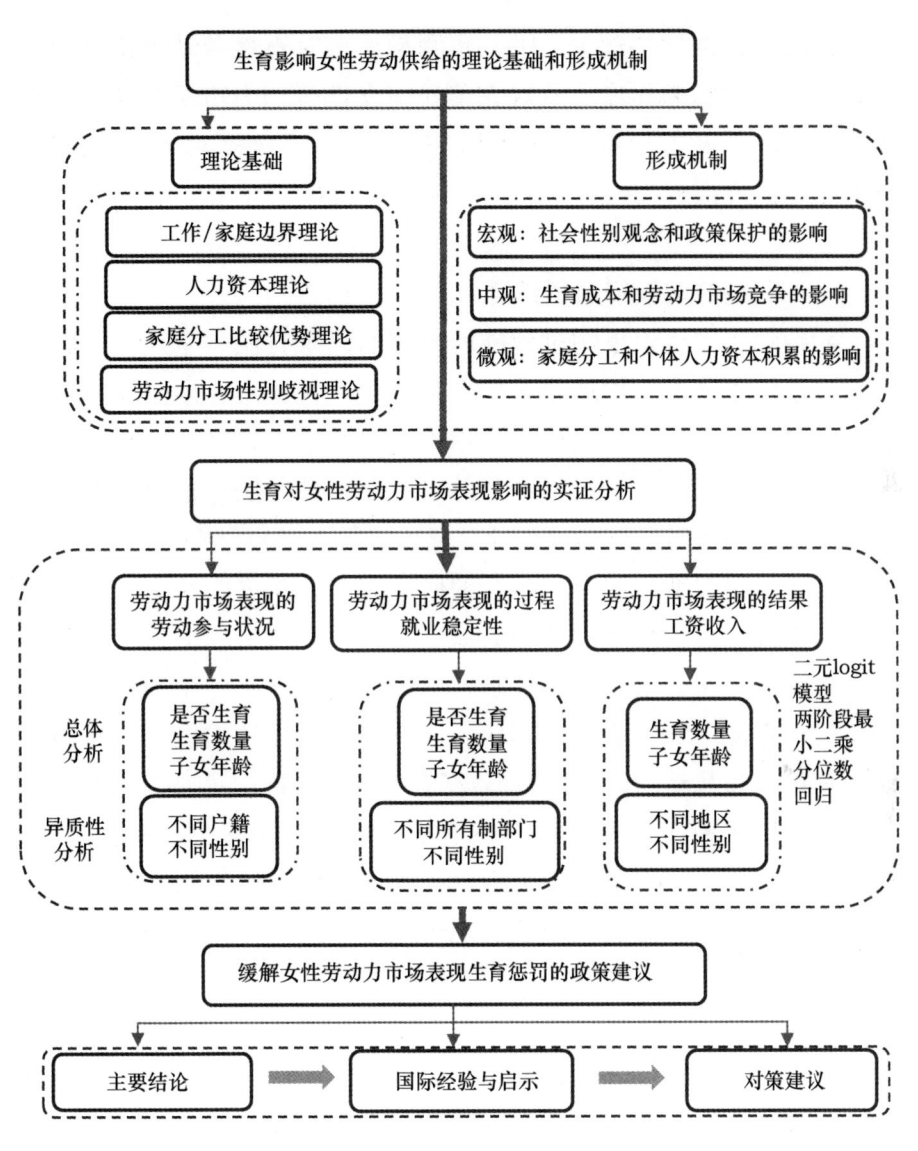

图 1-1 论文思路与技术路线

第五节 主要研究方法

本书旨在通过梳理生育对女性劳动力市场表现影响的理论基础

和作用机制,在此基础上,进一步测量生育对女性劳动力市场表现的影响方向和影响程度,并对完善我国女性劳动力市场权益保障政策和生育配套政策的提出合理化的建议。为了达成上述研究目标,结合本书研究内容安排,采用的研究方法如下:

一 归纳法与演绎法相结合

归纳法是在认识事物过程中所使用的思维方法,是从多个特殊事实或个体中推出一般的结论、特征或普遍性原理,属于从特殊到一般的过程;演绎法是以一定的理论认识为依据,对某个现象进行分析的方法,属于从一般到特殊的过程。两种方法相结合有助于更加全面、深刻地对经济活动或社会现象进行观察和分析。

本书采用归纳与演绎相结合的研究思想,首先,从文献材料中归纳女性劳动力市场表现的核心议题和研究趋势,总结目前学术界关于生育对女性劳动力市场表现影响研究的薄弱点,以进一步聚焦本文的研究视角和突破点。其次,从宏观统计描述出发,对我国女性生育状况和劳动力市场表现状况进行归纳总结,发现生育对女性劳动力市场表现产生影响的客观依据,为理论分析奠定事实基础。最后,依据劳动经济学及相关理论,运用假设、抽象和逻辑演绎的推理方法,构建出生育影响女性劳动力市场表现的理论形成机制,为实证研究奠定理论基础。

二 理论分析与实证分析相结合

理论分析是通过理性思维认识事物本质及其规律的一种分析方法,是从思想上把事物分解为不同的属性、特征等,再从本质上加以界定和分析,以把握其规律性;实证分析重在通过统计分析方法和计量模型构建,对事实进行客观反映。科学的分析方法应注重理论分析和实证检验相结合才会更加符合实际。本书运用理论分析方法,构建生育影响女性劳动力市场表现的理论假设,同时,也借助统计分析软件和计量模型设定,依托客观数据对理论假设进行实证检验，从实证的角度回答生育对女性劳动力市场表现是否存在负向影响效应以及影响的程度。实证分析的主要方法如下：

第一，关于生育对女性劳动参与状况影响的实证研究，拟选择女性的就业参与决策为衡量指标，根据因变量的属性，可采用 Logit 回归模型进行估计。但在测量指标上可能存在变量之间的内生性等问题导致估计结果出现偏差，因此，在具体分析过程中，还会根据模型的实际情况拟采用两阶段最小二乘法（2SLS）进行再估计。同时采用比较分析法分析不同女性群体特征的就业参与决策差异和性别差异，来全面反映生育对女性劳动力市场参与状况的影响。

第二，关于生育对女性职业稳定性影响的研究，拟选择女性是否发生职业中断为衡量职业稳定性的指标，根据因变量属性，主要使用 Logit 模型。同时，根据模型内变量影响的显著性，按照一定的特征将女性分为不同类型，进一步分析生育对不同女性群体特征的职业稳定性差异和性别差异，来综合说明生育对女性劳动力市场过程的就业稳定性的影响。

第三，关于生育对女性劳动力工资收入的影响研究，选择女性工资率作为衡量指标，拟使用两阶段最小二乘和分位数回归模型进行估计。由于工资收入为连续型变量，使用分位数回归得出的系数估计值是通过残差绝对值的加权平均最小化，比均值回归更不易受极端值的影响（Koenker and Bassett，1978），同时也能够进一步说明不同收入分布水平上生育变量的影响力大小、影响方向，同时结合影响工资水平的客观因素和女性不同特征，从比较研究的视角，进一步分析生育对女性工资收入惩罚效应的异质性。

以上分析方法有助于实现本研究关于生育对女性劳动力市场表现影响研究的主体内容。此外，为了提出缓解生育对我国女性劳动力市场表现影响的有效措施，本研究还将通过文献分析法，借助文献材料梳理和总结国外关于女性劳动就业保护和生育支持的相关政策，为缓解女性生育对女性市场表现的负面影响提供决策参考。

第 二 章
文献综述

女性因其独特的生理特点和与男性先天的差异,在劳动力市场中往往处于相对弱势的地位,是阻碍性别平等的关键因素,并成为劳动经济学中劳动力市场领域研究的重要问题之一。近年来,随着发达国家低生育率的出现、人口老龄化的深入发展,挖潜和增加劳动力资源的压力,使女性再次成为学者们关注的焦点。我国在生育政策调整后,针对女性低生育意愿和就业压力,也开展了多方面的学术研究。文献综述的目的在"综"和"述"两部分,一方面,通过对已有的研究进行回顾、梳理,可以帮助了解女性劳动力市场表现的相关学术研究内容,理清这些研究的研究程度及其薄弱点;另一方面,通过文献述评,能够帮助聚焦本书的着眼点,为后续研究指明方向。本章的主要内容也是从这两方面进行展开。

第一节 关于劳动力市场表现的相关文献梳理

由于劳动力市场表现是根据特定的价值取向,对劳动力市场某种特征结论的统称,而有效的劳动力市场表现结论有赖于有效的劳动力市场测量值指标。在以"劳动力市场表现"为关键词进行四大数据库文献检索，已有相关研究中对"劳动力市场表现"的使用，都依托于不同的测量指标作为"劳动力市场表现"的代理变量。如表 2-1 所示。

表 2-1　　关于"劳动力市场表现"的测量及结论

文献来源	研究主题	劳动力市场表现的代理变量	主要结论
Michal Tvrdon（2014）	经济发展与劳动力市场表现的关系	就业率和失业率	捷克的经济发展取决于贸易伙伴的经济发展，当国外增加投资流入时，有利于捷克的劳动力市场维持较高的就业率。
Horst Feldmann（2012）	实际利率对劳动力市场表现的影响	失业率和就业率	实际利率的上升会增加失业率并降低就业率，但影响的程度很小。
Paul Fronstin；David H. Greenberg；Philip K. Robins（2001）	父母中断（离婚或死亡）对孩子成年后的劳动力市场表现的影响	小时收入和劳动力市场状况（个人是否受雇、失业、或退出劳动力市场）	父母中断会导致男性就业率、女性的工资率降低，也导致男性和女性的教育程度大幅下降。
Max Friedrich Steinhardt；Jan Wedemeier（2012）	基于瑞士劳动力调查数据，研究瑞士入境移民的劳动力市场表现	工资收入	入籍员工的工资平均比没有瑞士公民身份的员工高出约10%。因此，获得公民身份对于非经合组织国家的移民尤其重要。

续表

文献来源	研究主题	劳动力市场表现的代理变量	主要结论
José Ignacio Antón; Rafael Muñoz de Bustillo; Miguel Carrera; (2010)	西班牙拉丁美洲和加勒比地区和外国员工之间的劳动力市场表现差异	工资收入	拉丁美洲和加勒比地区的移民和当地人之间高收入层的差距较大,可能与移民技能有关;低收入层的差异较小,可能与劳动力市场施行的最低工资和集体协议有关。
Pierre Cahuc; Fabien Postel-Vinay (2002)	就业保护和临时工作的劳动力市场表现效应	工人就业行为选择	工人支持愿意取决于公司的所有权集中度。当公司所有权分散时,自由放任是大多数工人的首选,而工人保护和临时工作的结合在公司所有权集中时是首选。
Yuxin Yao, Jan C. van Ours (2015)	以荷兰移民为研究对象,分析移民语言能力对劳动力市场表现的影响	就业概率、工作时间和小时工资	对于女性移民来说,语言问题对小时工资有显著的负面影响;对男性来说语言问题不会影响就业概率、工作时间和小时工资。
Spyros Konstantopoulos; Amelie Constant (2008)	从性别差异视角研究学校特征是否与劳动力市场表现挂钩	工资	学校特征对白人未来工资有积极影响,但对于黑人和西班牙裔群体来说并不重要;学校特征有利于男性工资,且工资性别差距在所有群体的高薪工作中更为明显,存在持续且惊人的"玻璃"天花板。

续表

文献来源	研究主题	劳动力市场表现的代理变量	主要结论
李宏彬、孟岭生等（2012）	父母政治资本对大学生在劳动力市场表现的影响	高校毕业生第一份工作的工资	父母的政治资本有助于提高大学生在劳动力市场中的表现，"官二代"学生的起薪比非"官二代"学生的起薪平均高13%。
赵小仕、于大川（2017）	健康对农民工劳动力市场表现的影响	工资收入和工作时间	健康对新生代农民工劳动力市场表现有显著影响，因此改善新生代农民工医疗资源配置，完善医疗保障制度，提高新生代农民工健康意识，已成为改善其劳动力供给质量的重要途径。

资料来源：根据相关文献整理。

从已有文献的研究来看，"劳动力市场表现"确实没有统一、规范的概念表达，其使用的范围也比较广泛，因研究的价值取向不同，选择的代理变量也不一样。但从中也可以发现，当研究主题中涉及具体某一类人群时，通常使用个体的就业概率、工作时间、工资收入和工作选择等作为"劳动力市场表现"的代理变量；当研究主题涉及国家或地区时，往往考察某类宏观经济指标对劳动力市场表现的影响，通常采用就业率和失业率等作为"劳动力市场表现"的代理指标。因本书研究关注女性这个具体的人群，又是从女性个体微观层面研究其劳动力市场表现，通过对以往文献的梳理，本书对女性劳动力市场表现的界定，借鉴了以往研究的经验，分别从女性劳动参与、工作时间和工资收入等视角进行衡量。

第二节 关于女性劳动力市场表现的主要议题

一 关于女性劳动参与的相关研究

女性参与劳动力市场，对女性自身、家庭和社会都有广泛且深远的影响。明塞尔（Mincer）和安德森（Anderson）等人的研究表明，女性参与劳动力市场获得劳动报酬，是实现自身价值的直接途径，不仅能够减少劳动力市场的性别差距，还能够提升女性在家庭中的决策权与议价能力（Mincer，1980；Anderson，2009），同时对增强下一代的教育投资、提高生育质量等都有积极作用（Lillsunde，2000；Gleason，2003），因此成为经济学、社会学、管理学等关注的重要研究领域。关于女性劳动参与的具体研究议题，有以下几个方面：

（一）关于女性劳动参与状况的影响因素和社会效应

诸多研究表明女性劳动参与率呈下降趋势，就业状况不容乐观。谭琳（2001）研究欧盟国家的女性劳动力市场行为，指出女性会在生育孩子后持续或间断就业，力求通过减少每周工作时间兼顾工作与家务平衡；但女性的这种追求也导致劳动力市场更加不平等，表现为女性的失业率明显高于男性，工作中的性别隔离、性别工资差异凸显，妇女劳动力市参与更具有不稳定性、不规范性，失业的风险也更大。盛亦男、童玉芬（2018）利用调查数据和宏观数据分析了"全面二孩"政策实施后女性劳动力供给与需求的变动情况，在劳动力供给方面，女性的就业意愿降低并影响未来的就业规模，就业质量相对下降，就业结构受到冲击；在劳动力需求方面，用人单位的经济负担、人事压力和运营压力增强，导致用人单位对女性劳动力的偏好降低，因此需要进一步完善相关的社会政策，缓解育龄期女性就业和生育之间的矛盾。

关于女性劳动参与率发展变化的原因和影响因素也有不少研究。有学者分析了印度女性劳动参与率低的原因,从女性劳动力供给方面看,家庭收入和丈夫受教育水平不断提高降低了女性劳动参与意愿(Klasen,2016);从女性劳动力需求方面看,吸引女性工人的部门增长最少,导致了女性参与率下降。姚先国、谭岚(2004)分析中国转型期女性劳动参与率下降的原因,指出女性劳动参与率下降主要是严重的就业形势所迫,而家庭收入的提高和家庭分工的自主选择因素的解释力较小。孙磊、张航空(2010)利用2006年中国健康与营养调查数据分析女性劳动参与率的影响因素,发现女性的年龄、孩子数量、家务劳动、收入是影响女性劳动参与的重要因素,子女数量为1个和3个以上对女性劳动参与影响显著,而家务劳动、与父母同住对女性劳动参与影响不显著。刘爱玉(2018)指出中国女性的劳动参与自20世纪90年代末开始呈现大幅下降趋势,并以2014年全国抽样调查CFPS数据为依托,研究城镇已婚女性劳动参与状况的影响因素,发现劳动力市场中的正式组织结构和制度、来自家庭及亲友的社会支持、劳动力市场机会结构、个体在结构和制度约束下的选择偏好、性别角色观念等共同影响了女性的劳动参与。

女性劳动参与率下降还会对经济发展和家庭福利带来不利影响。周庆行、孙慧君(2008)研究女性劳动参与下降的影响,指出女性劳动参与率下降不利于经济持续增长,也会增加女性社会保障系统负担,且农业领域女性化趋势日益明显,政府应采取措施削弱伴随而来的负面效应。张原(2011)以中国农村留守妇女为研究对象,分析中国农村留守妇女的劳动供给和家庭福利效应,指出农村留守妇女劳动供给更接近合作博弈模型所描述劳动力供给行为,表现出工资较低、劳动参与率较高、工资性工作时间较长等特征,这种劳动供给模式有利于改善家庭短期经济状况,但也加重女性的家庭事务和农业劳动负担,不利于家庭长期利益和家庭成员的长期福利。孙芬、曹杰(2011)从女性劳动参与率下降审视社会政策的调整,发现女性劳动参与率呈下降趋势,且集中在25—35岁这个黄金劳动年龄范围之间,并从性别歧视、时间、精力、情感归属等方面的冲突分析其主要原因,指出应从儿童保育、公平就业机会、防止怀孕歧视等方面提供社会政策,帮助提升女性劳动参与率。

(二)关于宏观经济、制度安排、社会规范等对女性劳动参与的影响

社会经济发展水平会对女性劳动参与产生影响。有学者分析经济结构调整对布宜诺斯艾利斯大都市区女性劳动参与率的影响,研究发现女性劳动力参与率增加不是因为劳动力供应条件改善,也不是因为妇女可获得的职业机会结构多样化,而是实施结构调整所带来的失业率增加和工作不稳定的反应(Cerrutti, 2000)。也有学者研究家电使用对女性劳动参与的影响,指出家电相对价格的下降会导致女性劳动力参与率的显著增加(Tavares, 2008)。潘佩尔等人(Pampel F. C., Tanaka K., 1986)的研究中也有相似的研究结论,在控制家庭规模、女性受教育程度等变量后,发现能源使用对女性劳动力参与的曲线效应,即在发展初期会迫使妇女退出劳动力市场,但在先进水平上增加女性参与,故得出经济发展和消费指数水平会影响女性劳动参与。克拉森等人(Klasen S., Pieters J., 2012)分析印度经济增长对女性劳动参与的驱动,指出尽管印度经济蓬勃发展,但除了受过良好教育的人之外,妇女的劳动力市场状况似乎并未得到改善。

我国学者从经济发展增长、房价、贸易开放度、制造业出口等方面研究女性劳动参与。张翔(2017)利用1990—2014年146个国家的面板数据为样本,研究经济发展对女性劳动力参与的影响,结果显示,在控制了政治民主、女性个人特征及其他社会经济因素并有效克服内生性问题后,女性劳动参与率与经济发展之间确实表现出了显著的"U"形关系,并针对我国近年来女性劳动参与率持续下降的趋势,提出政府应加快服务业主导的转型与改革,积极推动女性参政,鼓励服务行业的贸易开放,同时加快推进新型城镇化建设。

房价也会对女性劳动参与产生影响，吴伟平等（2016）指出我国现阶段女性劳动参与率持续走低与房价高涨密切联系，并利用CHNS数据与城市房价数据检验了房价对女性劳动参与决策的影响，结果显示房价上涨1%将导致女性劳动参与概率平均下降0.08个百分点，但对于无房产家庭，房价上涨会显著提高女性劳动参与概率0.15个百分点，因此，提升女性劳动参与和供给应该加强房地产市场和劳动力市场的供给侧改革，弱化房价上涨对女性劳动供给的挤出。

贸易全球化、开放度等也会影响女性劳动参与。赵宁等（2015）利用1990—2012年82个国家或地区的面板数据分析了贸易全球化对女性劳动参与率的影响，结果显示，贸易开放度对55—64岁年龄段女性的劳动参与影响为正，促使该年龄段妇女"退而不休"，但对15—54岁女性劳动参与存在抑制作用。钱学锋等（2014）基于中国人口结构转变和人口红利正逐步消失的背景，使用2004年中国工业企业数据库企业层面数据，研究中国制造业企业出口对女性劳动参与率的影响，发现随着出口密度的增加女性劳动参与率显著增大，且女性劳动参与率与妇女生育率之间存在负向关系，这表明出口提高女性劳动参与率的同时也降低了妇女的生育率，因此出口会对一国人口结构的转变产生影响，故提出调整出口导向型的贸易发展方式，也是缓解中国人口困境的一个渠道。冯其云等（2013）基于2001—2011年中国31个省区的面板数据探讨贸易开放与女性劳动参与率下降的关系，发现贸易开放对中国女性劳动参与率具有显著并稳健的负向效应，女性作为弱势群体较难被包含在贸易开放利益之中，但并不意味着要抑制贸易开放的发展，因为女性劳动参与率下降还包括资本产出比提高、城镇失业率上升及步入婚姻等因素，因此实施贸易开放要趋利避害，注重增加职工平均工资、提高技术女性劳动力比重，并为之提供相应的制度保障，来提高女性劳动参与率。

社会制度如最低工资标准、婚姻制度等会影响女性劳动参与。

马双等（2017）借助中国家庭金融调查2011—2013年数据，考察最低工资标准上涨对已婚女性劳动参与的影响，结果显示最低工资标准每上涨10%，从事非农工作的已婚女性劳动参与率会显著增加1.86个百分点，对工资收入处于最低25%的已婚女性，劳动参与率更显著增加3.03个百分点；最低工资标准上涨10%，16—55岁已婚女性就业个体的占比显著增加2个百分点，最低工资标准上涨主要影响中、低教育水平或来自西部地区的已婚女性劳动参与率，因此，在劳动供需发生根本转变的情形下，通过激活劳动力存量，上调区县最低工资标准对短期内缩小中国劳动力供需缺口有重要作用。王靖雯等（2016）提出2011年最高人民法院出台的"婚姻法司法解释三"使婚姻更加财产化、物质化，并基于CGSS两期调查数据考察该制度对于女性劳动供给的影响，研究结果显示"婚姻法司法解释三"的实施使女性的劳动参与率提高，显著增加了没有房产女性的劳动供给，侧面证明了我国婚姻法相关规定在一定程度上使女性处于弱势地位。

（三）关于女性受教育水平、工作和家庭特征对女性劳动参与的影响

教育是女性参与劳动力市场的重要因素。郑美琴、王雅鹏（2006）分析教育对女性劳动参与的影响，指出教育一方面会提高女性健康水平，提高其对工作时间的预期，提高工资收入水平，进而使女性劳动参与率上升；另一方面女性教育水平提高，使其在婚姻生活中的议价能力提高，倾向于乐于享受家庭生活，而不参与市场劳动。袁晓燕等（2017）利用中国营养健康调查CHNS2011年的成年人及家庭样本，采用Probit和Tobit方法，对接受更多教育是否减少了女性家庭无偿劳动时间投入进行实证分析，结果表明，接受更多教育无论从对女性劳动参与率还是劳动时间看，都没有显著降低女性家庭无偿劳动，证明了"男主外、女主内"的传统意义上的家庭角色分工的现象依然存在。

女性劳动参与还受婚姻状况、家庭、工作特征的影响。程怡璇

等（2017）利用三期中国妇女社会地位调查数据，研究了女性就业受初婚年龄的影响，以1981年婚姻法规定男女最低法定婚龄为外生冲击，发现婚姻法实施后女性初婚年龄延迟，并提升了女性的就业概率，但在家庭内部谈判实力等方面，在业女性并没有特别显著的优势，主要受到丈夫收入和夫妻间教育差距的影响。张樨樨等（2017）通过构建城镇女性劳动参与影响因素评价模型，对调研数据进行验证性因子分析与实证检验，结果显示女性个人月平均收入、提供家庭补助政策或者税收减免、工作时间的灵活性等因素对城镇女性劳动参与具有显著的积极影响，其中，6岁及以下孩子数量、家庭月平均收入对女性劳动参与有消极影响，提出应该加快政府主导的"婴儿所、托儿所、幼儿园"一体化学龄前儿童社区看护，为育后女性提供家庭补助或税收减免，鼓励用人单位实施"柔性工作模式"等，来帮助城镇女性兼顾生育与就业。

（四）关于家庭经济状况、照料责任等对女性劳动参与的影响

家庭经济状况会影响女性劳动参与。南国铉、李天国（2014）基于韩国8700个家庭的调查数据，分析了丈夫收入和子女教育对已婚女性劳动供给的影响，结果显示，丈夫收入水平影响妻子的劳动供给，丈夫收入高时，高年级子女具有降低已婚女性劳动供给的效应，丈夫收入低时，子女教育费用支出具有提高已婚女性劳动供给的效应。

随着我国人口老龄化和高龄化发展，家庭老年照料责任与女性参与社会劳动之间的矛盾日益突出，不少研究表明女性的老人照料责任会阻碍其劳动力市场的参与概率。黄枫（2013）利用1991—2009年"中国营养与健康调查"及面板数据检验老人家庭照料责任对城镇女性职业劳动参与决策的影响，研究结果显示，照料老人，尤其是长时间、高强度的照料活动，会显著降低女性的劳动参与率，与无照料责任的女性相比，与父母（公婆）同住、有照料责任的女性劳动参与率将下降0.215个百分点；高强度照料活动对女性劳动

参与的影响更大，劳动参与率将下降 0.695 个百分点。范红丽等（2015）、童光荣等（2016）也利用该数据库检验承担家庭老年照料责任对女性劳动参与率的影响，结果也显示老年照料对女性劳动参与存在替代效应：为父母提供照料的女性，其劳动力参与率下降了23.8%，与父母公婆同住的女性，照料责任使其劳动参与率下降49.08%，农村女性照料活动使其劳动参与率下降 28.1%。刘岚等（2016）基于 CFPS 数据，研究中国城镇 40—59 岁男性和女性提供家庭照料对其劳动供给的影响，并探讨了性别差异。结果表明，家庭照料增加会减少照料提供者的劳动参与概率和工作时间，与男性相比，女性提供更多的家庭照料，女性的劳动参与概率受照料提供的负影响大于男性，而男性的劳动参与时间受照料提供的影响大于女性，因此，提高照料服务的社会化水平，减轻临近退休年龄劳动力人口的家庭照料负担非常必要。

家庭的幼儿看护也会抑制母亲的劳动参与。周春芳（2013）以调查数据为基础，研究儿童看护对农村已婚女性劳动力非农就业的影响，结果发现，已婚女性更多地承担了抚养孩子的责任，降低了她们非农就业的可能性和劳动时间，且随着对子女教育重视程度的加大，农村已婚女性家庭与就业的矛盾将更突出。

家庭成员提供的照料支持会对女性参与劳动力市场产生促进作用。有学者利用调查数据论证祖父母育儿和女性劳动参与的因果关系，研究表明祖父母育儿会显著增加母亲的劳动力参与率，因此，提高退休年龄的政策可能会增加老年人群的劳动参与率，但会牺牲年轻女性的就业率（Posadas，2013）。杜凤莲（2008）研究儿童看护提供机制对女性劳动参与的影响，指出随着中国儿童看护供给体制逐步转向市场提供，对女性劳动力供给产生了不利影响，因此，提高女性劳动参与率的政策支持方面包括降低儿童看护成本、提高儿童看护服务可及性。沈可等（2012）基于家庭调查数据，考察了家庭结构对女性与男性劳动参与率及工作时间的影响，发现多代同堂的家庭结构明显改善了女性的劳动参与率和工作时间，这是因为多代同堂家庭中老年父母尽力协助女儿料理家务，有助于年轻女性投入更多的工作时间，并指出近 20 年来多代同堂家庭比例的下降抑制了女性的劳动参与，是造成女性劳动参与率下降的一个原因。邹红等（2018）利用 CFPS 四期调查数据，分析隔代照料与女性劳动供给的因果关系，研究发现，祖辈隔代照料会显著增加中青年已婚女性劳动参与率 13%—21% 和周平均工作时间 5—7.3 个小时，在照料视角下，全面二孩政策与延迟退休政策可能会引起隔代照料需求增加与女性照料资源减少的矛盾，加剧年轻女性家庭责任与就业行为的冲突，而增加儿童公共照护资源供给是降低这种挤出效应的途径之一。也有学者使用中国营养与健康调查（CHNS）1991—2015 年的数据分析学龄前儿童照料方式对女性劳动参与的影响，发现老年父母照料儿童对提高女性劳动供给有着不可忽视的作用（卢洪友，2017；杜凤莲，2018；丁宁，2018），并指出为维持女性劳动参与率水平，政府需要完善托幼政策，加强正规学前教育机构在各个年龄段的全覆盖与高质量，以应对劳动力供给不足和老龄化的危机。

（五）个体经济行为、互联网利用对女性劳动力市场参与的影响

近年来，个体金融的快速发展和互联网的普及，不仅改变了人们的生活方式，而且也对就业选择产生影响，关于女性劳动参与的研究也出现了"金融参与""互联网利用"等因素的影响。李云娥等（2018）用 2011 年 CHARLS 数据研究个人金融参与度对劳动参与率和劳动时间的作用，结果表明金融参与度会降低劳动参与的广度和深度，但金融参与度的加深会显著降低男性劳动参与率，女性可能因持有相对较多的风险资产而减少劳动时间却不会选择退出劳动力市场。宁光杰、马俊龙（2018）使用 CFPS2014 年调查数据分析互联网使用对女性劳动供给的影响，发现互联网的使用能够提高女性的劳动参与率，但仅作用在初中以下女性群体中，对高学历女性影响并不显著；互联网使用对女性劳动参与率的提高主要通过降低

女性务农概率、提高女性成为自我雇佣的概率，并通过网络学习、商业活动提高其人力资本水平等途径实现。毛宇飞、曾湘泉（2017）基于中国综合社会调查（CGSS）数据，也分析了互联网使用对女性就业的影响作用，指出互联网使用能促进女性的整体就业，且对非自雇就业的作用效果要大于自雇就业，并提出为提高女性劳动供给，不仅要强化网络建设和扩大教育培训，增加女性互联网使用率，同时也要优化网络平台应用，发展女性多元化就业形态。

二 关于女性职业发展的相关研究

（一）关于女性职业发展轨迹的研究

有研究将职业女性的职业发展轨迹总结为"两个高峰和一个低谷"。第一个"高峰"是在女性婚前、育前，女性主要以事业为主；第二个"高峰"在职业女性 36 岁以后的十余年间，此时孩子照料压力不大且自身精力充沛、阅历丰富，是事业辉煌阶段。而"一个低谷"是在这两个高峰之间，通常是生育和抚养孩子期间，女性的职业生涯发展处于停滞甚至下跌状况（佟新，2002）。

也有学者从国际差异的视角，将女性职业生涯发展归为四种模式：第一种是倒"L"型模式，即女性从参加工作一直持续到退休，如中国女性；第二种是倒"U"形模式，即女性结婚前劳动参与率高，结婚后特别是生育后参与率迅速下降，如新加坡、墨西哥的女性；第三种是"M"形模式，即女性婚前或生育前普遍就业，婚后暂时性中断工作，待孩子长大后又重新回到职场，如美国、日本、法国、德国等；第四种是多阶段模式，也称波浪形模式，即女性根据自身的状况多次进出职场，如北欧国家的女性（廖泉文，2003；邓子鹃，2013）。

（二）关于女性职业发展的特征及影响因素研究

有研究把当前中国女性职业发展特征总结为"就业总量低、多从事报酬低、技术要求低的工作领域；重要行业和管理层级的女性比例有限；高层次女性人才少；职业生涯波动大、不稳定性强"等特征（胡仙芝，2006）。蒋美华（2009）也指出，女性职业变动概率大于男性，女性倾向于体制内单位流动，女性职业变动难以摆脱家庭与社会角色的双重困扰，同时容易遭遇劳动力市场性别排斥。也有研究将按照收入、权利、声望等女性分为强势群体和弱势群体，强势群体是指在劳动力市场竞争中获取经济资源的能力强，能够凭借自身知识、技能，获得较好职业岗位、较多就业机会或较高劳动报酬；弱势群体是指获取经济资源的能力非常低，在社会经济结构与产业结构调整、劳动力市场竞争中处于不利地位，容易出现职业生涯非自愿中断，或者再就业比较困难（宁本荣，2005）。

关于女性职业发展特征的影响因素，现有的研究可以归纳为社会、单位组织、家庭和个人四个方面：

有学者指出社会性别排斥是造成女性职业发展困境的根本因素。社会性别排斥表现为传统"男主外、女主内"的社会性别分工观念导致的女性受教育、培训、晋升和薪酬方面与男性均存在差别对待（张喆等，2010）。其中教育是人力资本投资的重要内容之一，而这种投资一般倾向于向男性倾斜，女性受教育的时间短、程度低，且在教育的内容和形式上，往往将女性职业理想引导选择职业稳定性强、工作技能低、服务型工作特征中，而不是管理、领导人员（张抗私，2010）。社会政策中出于对女性特殊生理期、生育期的保护，出台了各种劳动保护措施、施行提前于男性的退休政策等，也增加了用人单位招聘女性职工后的"额外"成本，因此使女性容易在职业晋升、培训或者薪酬方面受到歧视（王小波，2005；邓子鹃，2013）。

也有研究从人力资源管理的视角分析女性职业发展困境的影响因素。刘世敏（2014）的研究显示，领导支持是促进女性职业生涯发展的重要因素，领导对女性职业发展的"玻璃天花板"持否认态度，则有利于女性下属的职业发展，反之则会阻碍女性职业生涯发展。顾辉（2013）对女性职位晋升的影响因素进行分析指出，组织的市场化参与程度与女性职位发展有着密切的关系，市场化程度较低的机关事业单位和市场化程度较高的外资企业，无论男性还是女性，其组织中高层的比例均较高，而合同制和事业编制共存的国有企业中女性管理者比例较低。组织激励也是制约女性职业生涯发展的外部因素。发展空间小、工资待遇低、单位发展前景不佳、缺乏工作认同和认可等因素都会阻碍职业女性的职业生涯发展（郑向敏，2010）。

家庭关系、家庭经济状况以及个人观念等也会对女性职业发展产生影响。诸多研究发现，夫妻关系、家庭照料支持、家庭经济压力和工作家庭冲突是影响知识女性职业生涯发展的重要变量。与家庭相关的诸多因素中，生育对女性职业发展的影响最为重要。无论是对企业女性员工、参政女性、高知女性还是高校女教师的研究，均发现生育行为对其职业生涯发展起着阻碍作用（张喆等，2010；郑向敏，2010；国云丹，2009）。生育对女性职业发展的阻碍主要表现为：职业自主权和职业机会减少；工作家庭冲突增加；职业成就动机降低；职业地位降低等。女性职业还受心理特征和观念的影响。武中哲（2009）发现女性的自我否定、对自己的负面评价，以及安于现状、从属于男性的消极自我定位是阻碍女性自身发展的主观障碍。郑向敏（2009）对高校女教师的研究指出健康、能力、爱好等也会对职业发展产生影响。

（三）关于女性职业发展的稳定性研究

早期关于女性职业发展的研究多集中在女性职业生涯发展的特征和影响因素方面。总的来说，与男性相比，女性职业发展具有明显的不稳定性，在诸多影响因素中，受人力资本、家庭等因素对女性职业发展的影响最显著。国云丹（2009）曾以上海市21位高知女性进行深入访谈，发现高等教育赋予了女性一定的职业自主权，以及较好的职业发展机会，但经历"生育"这个生命事件之后，她们的职业机会、职业角色和职业理想都发生了重大变化。一般来说，在职业发展方面，生育对女性的负面影响主要体现为职业发展的中断效应和冲突效应（吴帆，2016），中断效应是由于生育投入与负荷，女性的职业发展可能会被迫中断，选择主动或被动地退出劳动力，一般发生在职业女性生育初期；随着孩子的成长，孩子的养育、照料、教育等会分担母亲一定的精力和时间，挤占母亲的工作时间和投入，表现为冲突效应。

近年来，随着我国计划生育政策的不断调整，"单独二孩""全面二孩"政策相继实施，不少研究表明，生育政策调整加剧了女性职业发展的不稳定性。李芬（2015）围绕一孩育龄女性生育第二个孩子后对其职业的影响问题展开分析，指出女性生育对其后继的职业获得和职业流动将产生"瘢痕效应"，特别是可能会导致一些女性的职业中断，影响女性的职业发展。郝君富（2018）也指出，女性为兼顾家庭照护责任或因为失业可能存在经常性的职业中断，女性职业中断还会进一步导致女性养老金收入明显损失，并且加剧女性老龄人口的贫困问题；他还进一步提出，为了补偿职业中断对女性养老金受益的不利影响，可以借鉴 OECD 国家在公共养老金计划中向职业中断的女性提供"养老金缴费减免"机制的经验，帮助填补职业中断导致的缴费差距进而提升女性退休收入的充足性，避免女性老龄人口反贫困。杨慧（2017）基于角色冲突理论和帕累托改进理论，运用调查数据研究生育过程对就业的影响机理，她发现生育对四成以上城镇女性就业带来不利影响，其中，对于城镇女性而言，因为怀孕、生育而中断就业的比重最高，对收入的影响也最大，同时养育婴幼儿对就业影响最具替代效应，并指出为减少生育对就业的不利影响，政府应尽快完善生育保障制度，通过财政兜底提升城镇女性就业稳定性与个人收入，同时发展公共托幼事业，减轻育婴对女性就业带来的冲突。也有学者利用第三期中国妇女社会地位调查的数据探讨生育支持措施对女性就业稳定是否有效，结果发现，一定的法律保障、女性生育期间的经济支持和孩子照料支持，以及政府、用人单位通过提供相应的生育保险和社会服务对女性因生育中断就业能起到一定的缓冲作用（张琪，2017；黄桂霞，2014），这也侧面证明了生育会造成女性职业中断。黄桂霞还指出针对女性生育对职业发展的冲突和生育支持政策及育儿服务支持不足的现实情况，应通过完善生育保险政策、加大津贴补贴力度，降低女性生育成本，也要不断增强托幼园所建设尤其是社区托幼等公共服务支持，以降低女性因生育而中断职业的可能性。

三 关于女性工资收入的相关研究

（一）关于女性工资收入低于男性的理论解释

工资收入作为女性劳动力市场表现结果的衡量指标，随着女性越来越多地参与劳动力市场中，并对劳动力市场和性别收入结构产生深刻影响，进而受到学术界和政府的广泛关注（Juhn，2006）。根据已有的研究，女性工资收入总体上低于男性，存在普遍的性别收入差异。从国家或地区方面看，欧美发达国家的性别收入差距最低，其次是中低发展水平的国家，性别收入差距最大的是亚非拉国家，如美国、英国、法国等性别差距在15%—25%，意大利、芬兰、卢森堡等性别差距基本在10%以下，而日本、韩国、印度、阿塞拜疆、阿根廷等亚非拉国家则高达30%以上（ILO，2016）。关于女性工资收入同男性存在较大差距的原因及影响因素已经在学界进行了广泛研究，主要观点集中于以下几个方面：

一是人力资本因素的影响。大量学者从人力资本的角度解释女性工资收入低于男性的原因，主要观点是，收入是人力资本回报的主要表现，女性在教育背景和工作经验等主要的人力资本要素方面普遍与男性存在较大差距，从而导致了不同性别收入存在差距。同时还有不少文献通过研究发现，随着社会的不断进步以及女性地位的提升，男女之间在受教育水平、工作经验等方面越来越趋同，这也大大缩小了男女之间的工资收入差距（Correll，2007；Gayle，2012）。我国学者罗楚亮（2018）利用历年中国城镇住户调查数据对工资差距变化进行分解，结果表明教育具有缩小工资差距的效应。根据人力资本理论，受教育水平的提升可以有效降低男女之间的工资差距，但也有学者指出，性别工资差距并没有如预期一样缩小，男女不同性别之间的人力资本的不断接近导致其对性别收入差距影响的解释力逐步降低（Schneider，2013）。也有学者通过研究美国公共部门和私有部门1970—2010年的性别收入差距发现，人力资本因素的解释力已经很小（Mandel & Semyonov，2014）。我国学者侯猛（2016）基于2012年中国劳动力动态调查数据，采用RIF回归的分解方法分析性别工资差异发现，教育在消减性别收入差距上的作用减弱，而职业资格、掌握技能耗时、职业性别隔离和签订劳动合同等变量则有助于缩小性别收入差距。

二是职业隔离因素的影响。关于女性工资收入低于男性的另一个重要解释是职业隔离。有观点指出，当女性长期在低层次、低工资的单位就业时，职业性别隔离会在性别工资差距中发挥重要作用（Cardoso，2013）。也有学者通过研究美国相关企业的员工性别差异发现，职业隔离程度越低，男女之间的工资收入差距也会大幅下降，他们通过进一步研究发现，职业隔离可以解释性别工资差异原因中的50%（Blau & Kahu，2017）。我国也有相关研究表明职业隔离是造成女性工资收入低于男性的重要原因。赵媛媛（2016）利用"中国雇主—雇员匹配数据"研究了职业隔离同性别工资收入差距之间的关系，结果表明，企业中女性分布比例对其工资收入产生负向影响，这在很大程度上可能导致女性就业层次偏低或同样的职业中收入偏低，从而扩大了性别工资差距。

三是性别歧视因素的影响。贝克尔（Becker，1957）最早用性别歧视来解释性别收入差距，他指出，有些雇主由于对女性存在偏见而选择不雇用女性或给予女性较低的工资，从而产生了性别工资差距。后来有学者将除了人力资本和性别职业隔离之外的、无法准确定义或测量的影响性别工资差距的因素称之为性别歧视，具体表现为虽然女性可以以同样的能力或素养满足同一职业的要求，但女性的职业发展机会或工资收入却远远低于男性。有学者通过分析和研究得出性别工资收入差距的40%是由于性别歧视造成的结论（Kahn，2007）。帕切奥（Pacheco，2017）用Oaxaca-Blinder分解法和倾向得分匹配的方法分析了新西兰性别收入差距的影响因素，发现人力资本、职业隔离和行业特征等因素仅能解释 16.59%—35.58% 的性别工资差距，而剩余 64.42%—83.41% 则无法解释，可能就可以归于性别歧视。还有研究发现过去的 20 年间葡萄牙女性在人力资本方面与男性基本持平，但性别收入差距却只降低了 12%，性别歧视现象仍十分显著（Cardoso，2016）。

然而，性别歧视理论也遭到不少学者在不同视角的批判和质疑，卡恩（Kahn，2007）对现有研究中对性别歧视的测量指标提出质疑，现有研究大都将控制个人特征、社会经济要素之后的回归残差项作为性别歧视的测量，但由于不是所有的个人特征和社会经济要素都能被考虑进去，这种情况下，性别歧视的程度可能会被高估，此外，有些岗位和职业本身的特殊性可能对女性本身就存在壁垒，这些因素也没有在计量模型中体现，这种情况下又可能导致性别歧视的程度被低估。

（二）关于女性工资收入低于男性的客观影响因素

人力资本、职业隔离和性别歧视是劳动经济学领域解释女性工资收入低于男性的经典解释视角，但也有学者从其他角度研究女性工资收入低于男性的原因，是由于客观存在的事实或经济、制度特征等，总结为如下几个方面：

一是关于生育视角的解释。生育会影响女性人力资本禀赋，从而影响女性工资收入（Bertrand，2013）。因生育休假再次回到工作岗位的女性在收入上往往会低于同龄同岗位的男性和没有生育的女性。菲森伯格等人（Fitzenberger，2013；David，2015）通过研究发现，生育孩子会导致女性进入低收入的岗位，进而拉大性别工资差距，同时，生育还可能因为各种附加因素导致女性中断就业，当女性因生育而被迫离开劳动力市场时，其工作经验积累和连续性就受到影响，从而导致女性收入大大低于男性，戈尔丁（Goldin，2014）的研究也证实了这一点。我国也有相似的研究，刘娜、卢玲花（2018）利用中国家庭追踪调查截面数据证实生育子女对城镇体制内女职工工资收入存在显著的负向影响，每多生育一个孩子，女职工工资率将显著下降 18.4%，月工资亦显著下降 15.9%，这种"生育工资惩罚"效应在生育二孩时的边际影响比生育一孩更大。甘春华（2017）梳理了"生育工资惩罚"的作用机理，总结了生育通过影响母亲的劳动参与率、人力资本投资、工作时间投入等，进而影响其收入，还可能加重劳动力市场的性别歧视。

二是关于社会制度规定的解释。劳动力市场的相关政策规定及其执行情况适应性性别工资差距的重要因素，但关于此类研究目前还比较少。如最低工资制度可以降低女性工资收入与男性的差距，关于该制度的作用解释是，最低工资制度的直接受益者是低收入人群，而在这一群体中女性的数量要远远低于男性，因此最低工资制度有助于降低性别工资差距（Kahn，2015）；也有研究认为陪产假等政策可以减少女性劣势地位，但同时也有研究指出家庭友好政策由于增加了企业运营成本反倒让女性职场中的劣势更加凸显（Blau，2013）。

三是互联网、技术进步等因素的解释。郝翠红等（2018）从技术进步、研发投入视角研究性别工资差距，认为当技术进步引起不同技能相对价格变化时，性别工资差距也会发生变化，并使用中国综合社会调查数据与省级技术进步数据，实证检验了技术进步对性别工资差距的影响，结果表明，以研发投入衡量的技术进步有助于缩小性别工资差距，但技术进步更有助于缩小受教育程度低、职业技能水平低的劳动力的性别工资差距。毛宇飞、曾湘泉等（2017）基于互联网的广泛使用，研究互联网使用对提高女性收入水平的影响，结果表明上网时长对工资有正向影响，而女性在工作场所上网对工资有显著影响，并建议为减小性别工资差距，不仅要强化网络建设和扩大教育培训，增加女性互联网使用率和使用技能，而且要发展新经济新业态，升级产业结构，减小职业性别隔离。

（三）其他研究视角

我国的研究中也有从性别歧视的视角解释女性收入低于男性的原因。刘志国等（2018），基于中国营养与健康调查数据（CHNS），从工资收入差距角度研究不同所有制部门性别歧视程度，从性别歧视系数来看，非国有部门的性别工资收入差距更加严重，国有部门的性别歧视程度相对低，并通过 Oaxaca-Blinder 分解法将性别间工资收入差距分解为"禀赋效应"和"结构效应"，发现国有部门性别工资收入差距主要是由性别差异造成的。王倩姜等（2017）以 CGSS2013 数据为基础比较国有部门和非国有部门性别收入差距，并运用 Heckman 样本选择模型和分位数回归方法进行研究并发现，国有与非国有部门男性收入均高于女性，非国有部门性别收入差距大于国有部门，性别歧视是导致性别收入差距的主要因素，非国有部门的性别歧视程度更严重。肖洁（2017）基于第三期中国妇女社会地位调查数据考察家务劳动对已婚在业群体收入获得的影响发现家务劳动对已婚在业人口的劳动收入具有惩罚效应，家务劳动的性别差异是性别收入差距的主因，家务劳动的性别差异对性别收入差距的影响更多通过性别歧视起作用。

第三节　生育与女性劳动力市场表现的相关文献梳理

一　生育对女性劳动参与决策影响的相关研究

一直以来，女性劳动力市场参与决策是劳动经济领域比较受关注的议题，生育与女性劳动供给之间的因果效应更是备受关注，同时也形成了内容丰富、视角多样的研究成果。

生育与女性劳动供给之间的因果效应反映了生育和育儿照料同女性职业发展之间存在着一定的兼容性（Weller, 1977）。在农业社会，非机械化农业工作和计件工作，基本能与照顾小孩同时进行，并且对儿童成长没有不利影响或者给经济生产造成损失（Degler, 1981）；随着工业化的发展，工作和家庭在一定程度上出现了分离，工作场所无法照顾儿童，同时居家照顾儿童则无法正常开展工作，因此工作和家庭儿童照料的兼容性出现矛盾。

生育行为会降低母亲劳动参与率。按照劳动供给理论，生育孩子会影响女性劳动供给行为，康纳利（Connelly，1992）通过计量模型对30—40岁已婚妇女的国家调查数据进行研究，结果显示，生育孩子的女性劳动参与率要低于未生育孩子女性大约1.5%，而且推断出随着孩子照料费用的增加，这种负向影响将更加明显。有学者通过对比英国、德国和瑞典女性生育行为和劳动力供给的关系发现，女性在生养小孩前后的劳动力供给行为确实存在着明显的差别（Gustafsson，1996）。还有学者从社会经济等多方面的因素考察了其对女性劳动力供给的影响，结果发现，生育子女的数量同女性劳动力参与呈现出负相关关系（Aly & Quisi，1996）。

生育数量增多也会降低女性进入劳动力市场的概率。Denial et al.（2000）通过研究发现，年龄、受教育程度、子女数量、收入等因素都会对女性劳动力参与产生影响，进一步通过计量模型分析发现，每多生育一个孩子，女性劳动力参与的概率就会减少47.6%。有研究利用母亲不孕症为工具变量研究生育对母亲劳动参与的冲击，发现生育数量增多会导致母亲劳动参与的降低（Agüero，Jorge，Marks，2008）。也有学者研究儿童对女性劳动参与率和生育率的影响，指出缺乏儿童保育补贴确实对某些女性参与劳动力市场产生阻碍，并降低其生育意愿（Bick，2016）。

国内不少研究也表明生育对女性劳动力供给产生负向影响。有研究发现，婚育女性肩负着照料孩子的母亲角色和获得劳动收入及职业发展的职场角色，但由于女性的生理特征，以及女性在照料孩子方面的重要性，加之女性工资相对较低，不少女性倾向于放弃劳动力市场而回归家庭（王萍，2002；王小波，2004）。张川川（2011）利用中国健康与营养调查数据分析了子女数量对已婚女性劳动供给、工作时间、工资水平的影响，得出子女数量增加会显著降低城镇已婚女性的劳动供给和在业女性的工作时间投入以及工资水平，但对农村已婚女性是否参与非农就业和工资收入没有显著影响。

以新家庭经济学理论为基础，宋健和周宇香（2015）根据第三期中国妇女社会地位调查数据进行了实证研究，研究结果显示，在城镇地区，生育二胎会大大降低女性的劳动参与概率，同时无论农村还是城市，照顾婴幼儿都会降低女性劳动力参与概率。甘春华等（2018）利用中国综合社会调查（CGSS2015）数据采用回归分析的方法研究生育孩子数量对城市已婚女性劳动供给的影响，发现生育对女性劳动参与有负面作用，生育孩子数量越多城镇已婚女性参加工作的概率也越低，但学历较高或、身体健康的城市已婚女性，参加劳动力市场概率较大；孩子数量与全职工作、非管理精英的城市已婚女性每周工作时间呈正相关，但孩子数量与学历较高的城市已婚女性每周工作时间呈反比；并提出，为了提升女性劳动参与政府应加大对女性人力资本地投资、优化社会保障制度、分担家庭的孩子养育成本和完善社区托儿制度。陈瑛、江鸿泽（2018）利用2011—2014年流动人口动态监测数据发现子女数量对流动女性劳动参与有负面影响，生养孩子使年轻流动女性更易退出劳动力市场；随着子女数量的递增农业流动女性的劳动参与概率显著降低。

学龄前儿童的存在会显著降低女性劳动参与的可能性。刘妍等（2008）对2007年江苏农村的调查数据进行实证分析，结果显示，学龄前儿童对女性非农就业会产生显著的负向影响；王姮、董晓媛（2010）通过研究发现，6岁以下孩子的照料会导致女性从事个体经营或单位就业的劳动参与吕下降1.22%和0.7%。宋健（2015）通过2010年第三期妇女社会地位调查数据的研究表明，家中有婴幼儿会大大降低母亲就业的可能性；高媛（2016）通过文献梳理和分析发现，如果家庭中婴幼儿照料加重或数量增多，则会抑制女性参与市场劳动。

生育子女会对女性劳动供给产生负向影响，但是也有研究发现其中存在某些调节作用。有研究发现，夫妻双方都是劳动力市场的参与者，同时也是家庭孩子照料的参与者，双方通过时间分配进行工作和家庭的协调，一方工作时间长，则另一方多分配时间照料孩子，通常而言，一般男性劳动力市场参与时间相对较多，而女性则分配更多的时间照料孩子（Daniel & Anders，2001）。随着女性劳动力参与越来越多，加之婴幼儿照料机构的增多，夫妻之间的这种替代效应正在逐步减弱。孩子年龄渐大也会减弱对女性劳动供给的负面影响。安格里斯特和埃文斯（Angrist & Evans，1998）对生育多个子女的家庭进行研究，并以前两名子女性别为工具变量，研究发现，生育第三个孩子的已婚女性和其他样本女性，都会减少等量的劳动供给，在孩子成长到13岁以后，孩子数量增多对已婚女性劳动供给的负面影响才开始逐渐消失。

虽然大部分学者认为生育行为会降低女性就业率，但是在这方面也有不同的观点：有学者运用动态自回归模型对美国数据进行研究，发现生育对女性劳动参与行为没有得到任何反馈，且子女数量的增加不会阻碍女性接受劳动力市场雇用，但是年龄比较小的幼儿确实会显著阻碍女性就业（Cheng，1997）。还有学者认为子女数量与妇女劳动参与行为之间的关系需要进行详细的分类讨论，不能简单地概括为正向、负向或者无影响等某一种关系。

综上所述，尽管大多数研究认为生育子女、子女数量都会对女性劳动供给产生不利影响，但也有学者认为二者之间没有显著的因果效应，并且孩子年龄阶段不一样，对女性劳动供给的影响效果也不同。我国在研究生育状况对女性劳动供给方面还相对薄弱，且以往的研究主要从生育数量进行衡量，关于生育测量指标还需要进一步细化。

二 生育对女性职业稳定性影响的相关研究

关于生育对职场女性的影响研究方面，目前学术界主流观点普遍认为生育对职场女性的职业晋升、职场稳定等会产生负面影响。杨菊华（2014）的研究显示，在性别传统观念的影响下，使得女性就业难的困境加剧，女性生育与就业的兼容性低，造成女性就业地位低于男性，30多年的计划生育使生育一孩已成常态，女性生育二孩不仅增加家庭抚养成本，也会使用人单位的女性用工成本提高，从而加剧了女性就业难；魏宁（2013）、李芬（2015）、宋全成（2015）等也从理论视角分析得出，二孩政策的实施使得女性就业性别歧视进一步扩大，职业女性在产假、养育孩子等方面将会花费更多的时间和精力，用人单位会考量女性的雇用成本和用工风险，导致女性求职困难、职业稳定性也将面临挑战，由此造成的职业中断固化了女性在劳动力市场中的弱势地位。

在家庭生育和职业稳定的抉择方面，现有研究表明，由于生育支持政策不足，很大程度上造成生育后女性职业发展的不稳定。翟敏园（2015）的研究显示，一些事业心强的女性则有可能选择不生育，或者减少生育数量，来实现工作经验的积累和职业稳定发展。这从侧面反映了生育数量的增多可能会影响女性职业发展的稳定性。

关于缓解生育和职业发展稳定性冲突，现有研究指出生育对女性职业发展的负向影响可以通过社会提供相应的生育支持来减小。玛丽特·伦森（Marit Rønsen，2002）的研究表明，带薪休假的女性重返就业比没有带薪休假的女性快，并且产假时间越长二者的差别越大；陈琳（2011）等的研究指出政府提供生育保险、女性生育时得到用人单位的支持等可以减少女性职业中断的比例；普罗萨托（Pronzato，2005）则指出女性的人力资本、针对女性的社会政策环境、市场就业环境、丈夫的收入等对女性生育后回归就业会产生影响，这些影响因素之间还会产生相互作用，比如产假对受教育程度低的女性重返就业的影响要大于受教育程度高的女性，从而推迟其生育后重返就业的时间。

通过以上梳理可以发现，已有的研究认为生育行为会对女性就业稳定性产生负面影响，并指出为女性提供一定的生育照料支持或者良好的就业环境能够帮助提升女性就业的稳定性。这为我们后续的相关政策建议提供了参考。但这些研究主要来源于理论推导，目前实证研究的成果相对缺乏，女性生育究竟对其就业稳定性产生多大的影响，其中的影响机制怎样，这些问题还有待进一步细化或通过实证研究进行检验。

三 生育对女性劳动收入影响的相关研究

生育对女性工资收入的影响是女性劳动力市场表现最典型的研究。大量的国外研究表明，生育对女性工资收入存在显著的负向影响，而生育对男性的工资收入影响甚微。国外关于这方面的研究较早，并将因生育导致女性工资收入损失的现象被称为"生育的收入惩罚"或"生育代价"（Neumark & Korenman, 1992; Waldfogel, 1997; Budig & England, 2001）。

生育行为会给女性带来"生育收入惩罚"，生育数量越多女性的"生育收入惩罚"越高。美国学者瓦尔德福格尔（Waldfogel）在1998年根据1980年全国青年女性纵向调查数据（National Longitudinal Survey of Young Women，简称 NLSYW）研究生育对女性工资收入的影响，指出30岁女性大多生育一个孩子，33岁女性大多生育2个孩子，而生育行为使30岁女性工资比未生育女性低17%，使33岁女性的工资比未生育女性低20%。同样是该数据，纽马克和科伦曼（Neumark & Korenman）在1992年利用1982年的调查得出，生育的女性工资比生育一个孩子的母亲和生育两个及以上孩子的母亲，分别高出7%和22%；阿穆多－多兰特斯和金梅尔（Amuedo-Dorantes & Kimmel）在2005年利用1979年的调查得出未生育的女性工资比已生育女性高出6%；安德森（Anderson）根据1988年的调查得出，生育女性比未生育女性工资低3%—5%，且生育一个孩子的母亲比未生育女性工资低4%，生育两个孩子的母亲比未生育女性的工资低8%。这说明，女性生育行为会对其工资收入产生一定的负向影响。随后，这一研究结论也在其他发达国家得到印证：有学者利用欧洲数据发现生育数量每增加一个，女性工资收入比未生育女性少10%—11%（Rhys & Davies, 2005）；也有学者通过分析英国、美国和德国的面板数据得出，女性生育行为导致其工资收入下降约9% Gangl & Ziefle, 2009）；还有学者对丹麦的研究得出生育女性比未生育女性工资少2%—7%（Skipper & Simonsen，2006）；莫利纳和蒙图恩加（Molina & Montuenga）2009年对西班牙的研究得出生育一孩、两孩、三孩及以上的母亲，分别比未生育女性工资少6%、14%和15%。

女性的"生育收入惩罚"也存在其他一些特点。第一，生育对女性收入的影响与子女年龄相关。有研究指出，在孩子幼儿期，照料需求较大因此对母亲收入的负面影响较高（Lehrer & Evelyn，1992）。Adair等人在1983—1991年对菲律宾一些怀孕女性进行跟踪调查，发现1991年被调查女性每周的工资收入比1983年增加49%，且1991年那些无孩子的女性工资收入比有孩子的女性高2.3倍以上，一方面说明了女性生育收入惩罚的存在，另一方面也反映出随着子女年龄的增加，生育收入惩罚逐渐降低。第二，女性的"生育工资惩罚"存在一定的部门差异。劳动力市场按照政府管制、工作弹性等可以分为正式部门和非正式部门，非正式部门多采用计件方式、缺乏政府管制、工作弹性较大。阿代尔等人（Adair et al.）2002年的研究揭示，在不同的工作类型中，计件工资制部门的女性工资与计时工资制部门女性的工资相比较低，但计件工资制部门工作弹性较大，方便女性照料孩子，在女性生育孩子过程中，可以灵活根据孩子需求选择工作或照料孩子，而这往往会影响其工资收入。

我国关于"生育工资惩罚"的研究开始较晚，现有的研究结论显示，女性"生育收入惩罚"在我国也普遍存在：张川川（2015）利用CHNS的数据得出，多生育一个子女会使城镇女性工资率下降76%；於嘉、谢宇（2014）也利用该数据库发现，每生育一个子女会造成女性工资率下降约7%；刘娜、卢玲花（2018）根据CFPS的数据发现每多生育一个孩子城镇体制内女职工工资收入存将显著下降18.4%，月工资亦显著下降15.9%；肖洁（2017）采用分位数回归法测量考察生育对女性劳动收入影响，发现生育对高收入和低收入的女性存在负向影响，且低收入的女性生育代价更大。可见，女性作为生育行为主体，在劳动力市场中确实面临着"生育收入惩罚"

现象。

根据现有的文献，关于女性生育"收入惩罚"的形成机理主要有三个方面：一是生育影响女劳动力市场的工作时间投入导致收入降低。假设男性和女性的工资率一定，女性劳动供给时间的减少，必然导致其收入的下降。二是生育阻碍女性人力资本积累，从而降低工资收入水平。甘春华（2017）对生育工资"惩罚"的形成机理进行文献梳理得出结论，因生育产生的职业中断不仅影响女性人力资本的连续积累，同时还会对女性后期职业发展产生"记忆效应"并负面地影响其职业回报。三是来自雇主和用人单位的性别歧视。怀孕和母亲身份会带来额外的雇佣成本招致雇主歧视，或者固化"工作投入不足、工作效率低"等刻板印象进而影响女性的收入，这些结论在社会心理学实现和现实劳动力市场中都得到了验证（Correll et al.,2007）。

此外，制度环境对"生育工资惩罚"有重要的调节作用。有学者指出不同国家通常有两种不同的生育制度环境，一是不提供儿童照料支持的政策环境，这类国家通常生育率比较低、女性劳动力市场参与程度不高且性别工资差距较大，二是提供完善的儿童照料政策，这类国家的生育率往往较高、女性劳动力参与程度较高且性别工资差距较小，就是说，儿童照顾政策对生育工资惩罚有重要的抑制作用（Borck,2014）。还有研究发现，产假和育儿假等政策的完善对"生育工资惩罚"的弱化有重要贡献（Berger & Waldfogel, 2004）。安娜·马蒂西亚克和丹尼尔·维尼奥利（Anna Matysiak & Daniele Vignoli, 2008）比较了欧洲国家福利制度对"生育工资惩罚"的不同影响得出，在对母亲就业持保守态度的国家，生育对母亲就业的负面影响最大，而对母亲就业持包容态度的国家，"生育工资惩罚"效应相对较小，在政府提供完善育儿服务的国家，生育对女性就业几乎无影响。这些研究表明，一定的外部因素有助于缓解女性的"生育工资惩罚"。

已有的研究表明，女性生育行为会对工资收入带来负面影响，生育数量越多受到的工资惩罚效应越大,并且人力资本、职业隔离、性别歧视等理论视角是解释女性生育工资惩罚的主流理论观点。但仔细分析现有的研究成果不难发现,国内在这方面的研究相对较晚,研究成果不多,对女性生育的测量也比较单一,因此,研究生育对我国女性工资收入的影响并细化生育测量指标,是本书的主要研究内容之一。

第四节　文献评述

通过梳理女性劳动力市场表现的主要议题发现,首先,女性劳动力市场表现是经久不衰的热点议题,劳动参与、就业稳定性和工资收入是探讨女性劳动力市场表现的核心内容,因此,前人的研究视角佐证了本书选题和研究思路具有一定的合理性。其次,生育对女性劳动力市场表现的影响是近年来国内关注的焦点议题,尤其是在生育政策调整背景下,生育对女性劳动力市场表现的影响成为学术界关注的热点,有助于进一步聚焦本书的研究视角。最后,通过梳理生育对女性劳动力市场的劳动参与、就业稳定性、工资收入等方面的研究经验,启发了本书的研究思路,已有的研究成果围绕生育对女性劳动力市场表现的影响,在理论分析和实证检验两方面都做了大量的研究,并且在缓解女性生育和就业矛盾方面提供了一定的政策改进方向,这也为本书的研究奠定了丰富的理论视角和实践基础。

然而,目前的研究还存在一些进一步完善的空间,主要体现在以下几个方面:

第一,关于生育对女性劳动力市场表现的影响研究缺乏一定的系统性。从文献梳理状况来看,已有的研究主要从女性劳动参与和工资收入两大方面分别探讨生育的负面影响,对女性职业发展的稳定性研究较少,不便于综合观测生育对女性整个劳动力市场表现过程的生育影响效应。

第二，理论方面，虽然在已有的研究分析中涉及劳动力市场性别歧视理论、职业性别隔离理论，但由于目前的研究侧重于对女性劳动力市场表现单一方面的研究，因此，生育对女性劳动力市场表现整个过程的影响效应及其形成机理，缺少系统的理论支撑和机制论证。

第三，实证方面，关于生育的测量还有进一步完善的空间。从文献梳理可以看出，国外研究中关于生育的测量主要有生育与未生育、生育数量两个维度，国内的实证研究关于生育的测量主要是从子女数量。虽然有研究指出孩子不同年龄阶段的照顾程度不同会影响女性劳动力市场表现，但目前还缺乏从子女年龄视角的实证检验。所以，国内研究生育对女性劳动力市场表现影响的测量视角比较单一，也需要进一步细化完善。

基于以上分析，本书将在已有研究的基础上，试图从女性劳动力市场表现的整体视角研究生育的影响效应，建立相对系统的理论基础和影响机制，并进一步拓展生育的测量指标，从是否生育、生育数量和子女年龄不同视角对女性劳动力市场表现的生育影响效应进行实证分析。

第 三 章

我国女性生育状况及劳动力市场表现特点

理论和实证分析是建立在对客观现实准确把握的基础上,因此,了解我国女性生育状况和劳动力市场表现特点是后续研究的基础。本章从我国生育政策调整入手,运用宏观统计数据反映生育政策调整各阶段的人口发展状况和女性生育状况,同时结合女性在劳动力市场表现的现状,以期能够总结出生育和女性劳动力市场表现的关系,为进一步分析生育对女性劳动力市场表现的影响机制和影响效应奠定事实基础。

第一节 我国生育政策调控及女性生育状况的宏观描述

一 生育政策的调控历程:从控制生育到适度放开

生育政策是在国家指导下制定的规范育龄夫妇生育行为的准则,是决策者根据一定时期的经济发展、社会环境、人口基本情况等综合因素的判定,而做出的人口生育干预措施。生育政策通过调节人口规模、人口结构、人口增长速度等因素,使得人口再生产与经济发展需求相适应、与社会发展需求相协调、与资源环境相匹配。

中华人民共和国成立以来，根据社会经济发展的实际需求，国家层面对生育政策进行了一系列的干预，主要可以分为三大阶段六个时期，如表3-1所示。

表3-1　　　　　　　　　　我国生育政策演变历程

阶段及时间划分		年份、政策文件	主要内容
第一阶段：从鼓励生育到适度限制	不成文的鼓励生育阶段（1949—1953年）	《机关部队妇女干部打胎限制的办法》（1950年）	机关部队妇女干部禁止非法打胎
		《限制节育及人工流产暂行办法》（1952年）	禁止非法打胎在全民推广
	政策转变与反复阶段（1954—1969年）	《关于改进避孕及人工流产问题的通报》（1954年）	由严禁节育到逐步主张节制生育（1954—1957年）
		鼓励人口增长的思想和不成文政策占了统治地位（主要领导人的观点）	人多力量大等观念抬头，已孕育起来的控制人口思想受到严重干扰（1958—1959年）
	"晚、稀、少"政策形成和全面推进阶段（1970—1980年）	《关于认真提倡计划生育的指示》（1962年）	计划生育思想复苏与开展工作（1960—1966年）
		第一次全国计划生育工作汇报会（1973年）	正式提出了"晚、稀、少"政策并在全国进行了推广
		国务院计划生育领导小组会议（1978年）	会议提出一对夫妇生子女数"最好一个、最多两个"
第二阶段：从独生子女到适度调整	全面推行一胎化的紧缩政策阶段（1980年秋—1984年春）	《关于控制我国人口增长问题致全体共产党员、共青团员的公开信》（1980年）	争取在本世纪末把人口总数控制在12亿以内，向全国人民发出"一对夫妇只生育一个孩子"
	稳定低生育与适度调整阶段（1984—2012年）	《关于计划生育情况的汇报》（1984年）	城镇严格提倡生一个孩子；农村独女户间隔若干年可生第二胎

续表

阶段及时间划分		年份、政策文件	主要内容
第二阶段：从独生子女到适度调整	稳定低生育与适度调整阶段（1984—2012年）	《关于"六五"期间计划生育工作情况和"七五"期间工作意见的报告》（1986年）	严格控制人口增长，完成全国人口发展规划；制定绝大多数群众能够接受的有利于控制人口增长的政策
		《计划生育工作汇报提纲》（1988年）	晚婚晚育、少生优生，提倡一对夫妇只生育一个孩子；农村困难、独女户可生二胎
		《关于加强计划生育工作严格控制人口增长的决定》（1991年）	将1991—2000年人口控制目标定在年自然增长率为12.50‰
		《中华人民共和国人口与计划生育法》（2001年）	夫妻均为独生子女的可申请生育第二个孩子，即"双独二孩"
第三阶段：生育政策逐步调整、优化	二孩政策阶段（2013年—至今）	《关于调整完善生育政策的决议》（2013年）	"单独二孩"政策依法启动
		党的十八届五中全会会议（2015年）	全面实施一对夫妇可生育两个孩子政策
		中共中央政治局会议（2021年5月31日）	进一步优化生育政策，实施一对夫妻可以生育三个子女政策及配套支持措施

资料来源：根据相关政策文件及以下参考文献进行整理：

1. 马小红、孙超：《中国人口生育政策60年》，《北京社会科学》2011年第2期，第46—52页；

2. 冯立天等：《50年来中国生育政策演变之历史轨迹》，《人口与经济》1999年第2期，第3—12页。

从表3-1可以看出，我国生育政策一直处于变动调整过程中，按照生育数量的限定程度，生育政策大致经历了以下三大发展阶段。

第一阶段：从鼓励生育到适度限制（1949—1980年）

这一阶段的生育政策是曲折发展，不断调整的。中华人民共和国成立初期，战争使人口数量急剧减少，劳动力严重不足，政府着力于医治战争创伤，"人多力量大"成为主流思想，同时，这一特殊的经济背景下，苏联鼓励人们积极生育、奖励多子女父母的政策也在中国广泛传播。为了恢复和发展工农业生产，开展大规模的经济建设，鼓励生育是重要任务。

1950年4月20日，国家发布《机关部队妇女干部打胎限制的办法》，在机关部队妇女干部内适用"禁止非法打胎"。1952年，在此基础上国家又制定了面向全民的《限制节育及人工流产暂行办法》，在全国推广"禁止非法打胎"。这一时期的政府对生育及人口增长采取了放任自流的态度，出台限制避孕和人口流产的政策，鼓励人们生育。

但鼓励生育的政策在1953年第一次人口普查后发生了急剧的转变，人口快速增长与落后生产力不能满足人们生存发展需求的矛盾促成了计划生育政策的产生，因此，从1954年我国出台《关于改进避孕及人工流产问题的通报》开始，限制人口出生的政策有所提倡。但随后的"大跃进""文化大革命"等因素使政策出现反复。直到1973年第一次全国计划生育工作汇报会重新提出晚婚、晚育，"晚、稀、少"政策在全国行了推广。

虽然这一阶段的生育政策经历了几番调整和反复，但更长的时间范围内实行的是鼓励生育的政策，主基调仍是鼓励生育。中华人民共和国成立初期到20世纪80年代，我国人口总量从1949年的5.42亿人口，发展到1980年的9.87亿人，人口增长将近1倍，这一阶段鼓励生育的政策不仅增加了社会劳动力，为中国初期的经济发展起到了显著的支撑作用，同时也为中国的长远发展储备了大量优秀的人才。

第二阶段：从独生子女到适度调整（1980—2012年）

随着前一阶段适度限制生育政策的实施，"晚、稀、少"政策的推行成效显著。但由于"大跃进"及三年困难时期后补偿性生育的人口进入育龄阶段，这一时期人口自然增长率有所反弹，同时基于人口增长会存在惯性的背景，要想实现在20世纪末人口不超过12亿的目标，必须控制人口。

1980年9月25日，党中央发表了《关于控制我国人口增长问题致全体共产党员、共青团员的公开信》（以下简称《公开信》），《公开信》提到"为了争取在本世纪末把我国人口总数控制在12亿以内，国务院已经向全国人民发出号召，提倡一对夫妇只生育一个孩子"。此后，以"独生子女"为突出代表的计划生育工作开始实施。1988年3月我国出台《计划生育工作汇报提纲》，进一步完善计划生育工作的具体政策，明确提出"倡导晚婚晚育、少生优生，提倡一对夫妇只生育一个孩子"，全国"独生子女"生育政策进入严格缩紧阶段。

实践中，受传统观念和落后的生产方式的影响，1991年后，"独生子女"的限制在农村等落后地区适当放松，出现了农村"一孩半"的政策，即农村独女家庭，在一孩若干年间隔后，可以再申请生二胎。但在城镇单位就业家庭中一直持续着"独生子女"政策。2001年12月29日我国出台《中华人民共和国人口与计划生育法》，各地根据该法制定"双独二胎"政策并陆续在全国推开。"双独二胎"这一政策是对计划生育政策的完善，在降低人口增长速度、控制人口规模的同时，兼顾人文关怀，对那些执行了"一孩政策"的夫妇给予"补偿"（即对其下一代结婚后放宽生育的限制）。

计划生育政策有效控制了我国人口过快增长的趋势，尤其是从1980年"独生子女"为显著代表的计划生育政策，对我国人口数量控制起到了关键作用。计划生育政策的实施使得我国人口过快增长的势头得到有效遏制，人口自然增长率从1980年的11.87‰下降到2012年的4.95‰，极大地缓解了人口对资源环境的压力。但长期施行的计划生育政策，不知不觉地渗透到广大公民生育观念中，深刻地影响了中国普通老百姓的传统生育观念、生育文化甚至生活方式。

第三阶段：从单独二孩到全面二孩（2013—至今）

以"独生子女"为代表的计划生育政策，在控制人口数量过快增长方面起到了关键作用，但这一政策也带来生育率持续低于更替水平，人口老龄化加速发展，劳动力长期供给呈现短缺趋势等社会问题。为了适应人口新形势，促进人口长期均衡发展，需要对人口政策进行调整和完善。2012年11月，党的十八大报告指出："坚持计划生育的基本国策，提高出生人口素质，逐步完善政策，促进人口长期均衡发展。"这是进入稳定低生育阶段后，初次提出人口长期均衡发展的政策，意味着计划生育将进入政策调整阶段。

2013年12月28日，全国人大通过了《关于调整完善生育政策的决议》，规定一方是独生子女的夫妇可生育两个孩子。此后，这项决议被称作"单独二孩"政策并依法启动实施。"单独二孩"政策的实施，是1982年我国将计划生育政策作为基本国策后的首次重大调整。但是，"单独二孩"政策涉及人群少，政策实施后出现遇冷的局面。为了缓解"单独二孩"政策遇冷的局面，并进一步促进生育政策调整目标的实现，2015年10月，中国共产党十八届五中全会提出"促进人口均衡发展，坚持计划生育的基本国策，完善人口发展战略，全面实施一对夫妇可生育两个孩子政策，积极开展应对人口老龄化行动"。2015年12月27日，十二届全国人大常委会第十八次会议审核通过了《中华人民共和国人口与计划生育法》（2015年修正），明确全国统一实施"全面二孩"政策，到2016年，二孩政策在中国已经全面放开。2021年5月31日，中共中央政治局召开会议指出，要进一步优化生育政策，实施一对夫妻可以生育三个子女政策及配套支持措施。实施三孩政策是积极应对生育水平持续走低风险的重要措施，长期看有利于改善人口结构，扩大新增劳动力供给，减轻老年人口抚养比，缓和代际间矛盾，增加社会整体活力，降低老龄化峰值水平。

生育政策的调整和优化，一定程度上改善了我国人口出生状况。根据国家历年卫生和计划生育事业发展统计公报的数据，自"单独二孩"政策实施后，截至2015年12月底，全国共约200万对单独夫妇提出再生育申请；"全面二孩"政策实施后，2016年二孩数量达到了 721 万人，2017 年全年进一步上升至 883 万人。① 与此同时，我国总出生人口数量 2016 年 1786 万人、2017 年 1723 万人，与生育政策调整前的 2012 年年末 1623 万人相比，分别增加 151 万人和 88 万人。总出生人口数量的增加，在一定程度上缓解了"一孩"数量减少的情况，但值得关注的是，生育政策调整后的 2016 年、2017 年，在"二孩"出生数量增加的情况下，总出生人口数仍相对下降，一定程度上可以说明"一孩"出生数量在逐年下降。因此，虽然"全面二孩"政策短期内出现人口生育增加，但从长期看我国生育率是否会保持稳定态势，需要进一步关注。

二　我国人口数量增长趋缓，二孩出生数量渐超一孩

新中国成立后我国先后经历的三次婴儿潮。从人口高峰期来看，第一次婴儿潮出现在 1950 年代，中华人民共和国成立后百废待兴、鼓励生育，大量人口出生，但由于当时中国人口只有 4 亿，基数小，战后婴儿潮的数量相对不大。第二次婴儿潮出现在 1960 年代，自 1962 年三年自然灾害结束后开始，这一波高峰在 1965 年，持续至 1973 年，是中国历史上出生人口最多、对后来经济影响最大的主力婴儿潮。这时期，国民经济情况逐渐好转，补偿性生育来势很猛，人口出生率在 30‰左右，10 年全国共出生近 2.6 亿人。第三次婴儿潮出现在 1980 年代，1986—1990 年是中国第二次主力婴儿潮成家立业，进入生育年龄的时期，育龄人口特别多，但由于计划生育政策，此次婴儿潮出生人口总量不及主力婴儿潮，但也有 1.24 亿人。目前中国处于第三次婴儿潮的回声期，从 2010 年起，我国新增人口显著增多，2012 年人口自然增长率达到了 4.95‰，即"80 后""90 后"进入了生育高峰期，对人口增长起到促进作用。

---

① 晏霏霏：《2017 年我国出生人口和出生率双降，二孩数量首超一孩》（凤凰网健康）2018 年 1 月 22 日，http://health.ifeng.com/a/20180122/40289875_0.shtml，2021 年 8 月 8 日。

从整体变化趋势来看，我国生育政策各大阶段的重要调整都取得了一定成效。1949年以后，由于劳动力是经济发展中必不可少的因素，所以我国首先经历了一段相当长时间的高自然增长率，在1950年到1970年的这段时期里，我国的人口自然增长率一直居高不下，这在经济发展初期确有好处。随后我国人口自然增长率逐渐下降，发展到近十年，由于受"独生子女"为核心的计划生育政策约束，我国出生人口大致维持在一个稳定状态，人口的自然增长率也维持在5‰左右。如图3-1所示。

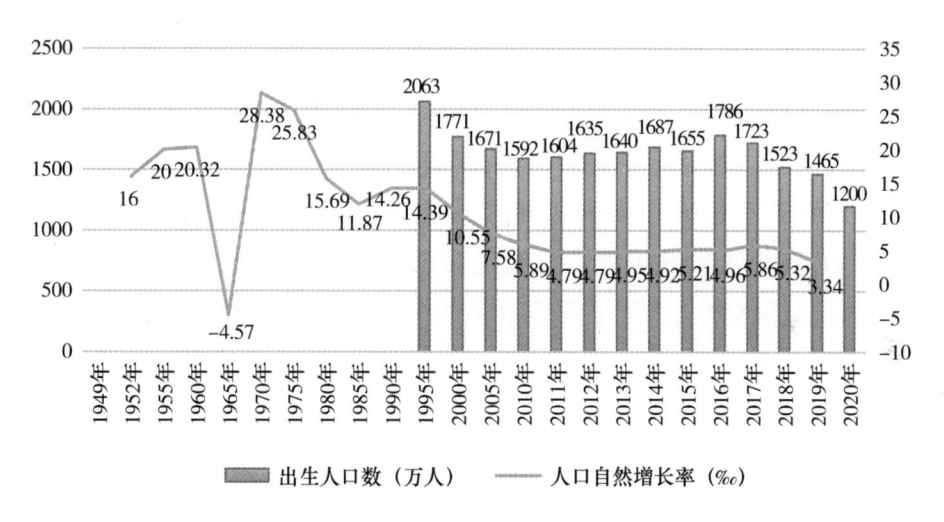

图3-1 我国户籍人口出生数及自然增长率变化趋势

资料来源：出生人口数1995—2000年参考翟振武等《中国出生人口的新变化与趋势》，《人口研究》2015年第39卷第2期，第50页；2005—2017年出生人口数来源于国家统计局历年发布的国民经济和社会发展统计公报；自然增长率1952—1960年参考李文星、徐长生《中国人口变化对居民消费的影响》，《中国人口科学》2008年第3期，第32页，其他年份来源于历年国家统计年鉴。

生育政策调整以来，从出生人口的绝对值上看，我国人口增长态势相对平稳，但每年出生人口出现逐年下降态势。2013年年底"单独二孩"政策依法启动实施，2014年我国户籍人口自然增长率就达到近8年的最高值5.21‰，新出生人口为1687万人。而2015年由于是农历羊年，很多夫妇避开在羊年生育，我国出生人数又有所回落，人口自然增长率也下降到4.96‰。2016年，随着"单独二孩"的前期推动和"全面二孩"政策的正式施行，我国出生人口达到1786万人，但仅仅131万的年度人口增量远没有实现既定的人口增长目标。"全面二孩"政策实施两年后，2017年全年出生人口是1723万人，较生育政策调整前有所增长，但与2016年相比仍有稍许回落。2018年全年出生人口1523万人，比2017年减少200万人。2019年全年新出生人口数1465万人，2020年约1200万人，总体来看，全面两孩生育政策实施以来，我国人口出生数出现逐年减少的态势。今后我国生育率是否会保持稳定或增长态势，还有待进一步观察。

生育政策调整以来，我国二孩出生人数平稳增长，二孩出生人数渐超一孩。自2013年生育政策调整后，社会各界近年来都十分关注政策调整后的人口出生状况，根据政府部门相关资料公布推测，2014年至2017年我国一孩出生人口数分别是1081万人、997万人、1071万人和841万人；相应年份我国二孩出生人口分别是606万人、658万人、715万人和882万人，二孩出生人数呈平稳增长态势，与一孩出生人数量逐步缩减，且2017年二孩出生人口数占总出生人口的51.29%，首次超过一孩出生数量。如图3-2所示。

根据国家统计局公布的我国每年出生人口数量的资料显示，"全面二孩"政策的调节效果持续显现，出生人口中二孩及以上出生人数和比重也明显高于一孩。关于二孩出生数量渐超一孩的态势，存在着一定的争论：国家统计局的相关解释指出："全面两孩"政策对促进生育水平起到了积极作用，二孩出生数量在很大程度上缓解了一孩出生数量减少的影响，有利于改善人口年龄结构，促进人口均衡发展。[①] 但北京大学社会学系郭志刚教授根据2015年全国1%人

[①] 李希如：《人口总量平稳增长　城镇化水平稳步提高》（国家统计局）2019年1月23日，http://www.stats.gov.cn/tjsj/sjjd/201901/t20190123_1646380.html，2021年8月8日。

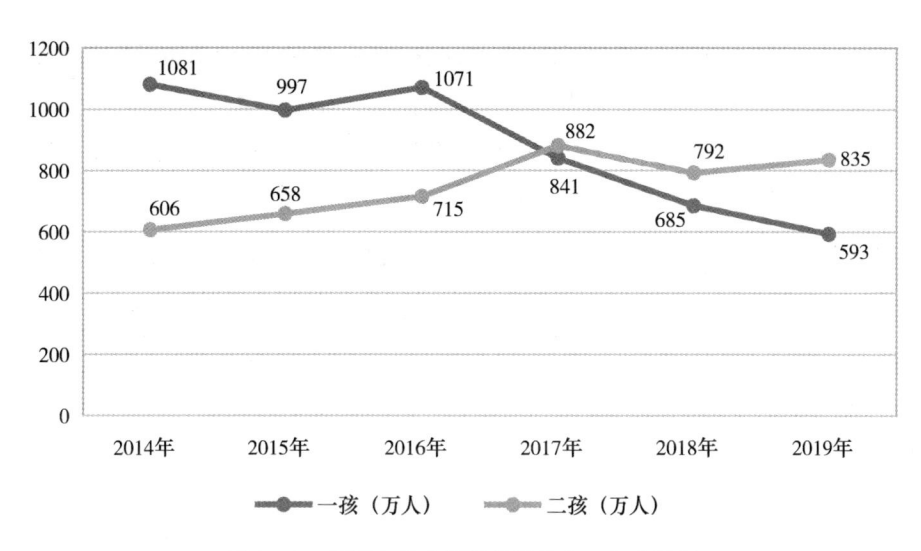

图 3-2　我国生育政策调整后的人口出生状况

资料来源：根据历年国家统计局相关统计公报进行整理。

口抽样调查结果分析认为，生育政策调整之后，政府主管部门只强调二孩出生人口占比显著提高，却不能回避二孩生育水平提高幅度远低于一孩生育水平下降幅度的事实，近年二孩出生人口比重的提高当中既有生育政策调整效应，也有一孩生育水平下降的原因（郭志刚，2017）。

三　女性初育年龄逐渐延后，总和生育率呈下降趋势

生育政策调整后，我国二孩出生数量虽然逐年增加，但也不能否认一孩出生数量也在下降的事实，一孩出生数量的下降一定程度上与女性生育年龄有关。为了更加客观地分析女性生育年龄的变化趋势，需要首先对女性初婚年龄的变化情况加以说明。自20世纪90年代以来初婚年龄开始逐步上升，1990年我国人口初婚年龄为22.79岁，2010年上升至24.85岁，其中男性初婚年龄由1990年的23.57岁上升至2010年的25.86岁；女性初婚年龄由1990年时的22.02岁升至2010年时的23.89岁，因此，我国男女初婚年龄都不断提高，这种晚婚现象既源于高等教育普及和观念

转变，也与不断攀升的结婚成本，例如高昂的房价和更高的生活要求等有关。

在我国初婚年龄不断推迟的情况下，我国初育年龄也有着显著的延后趋势。从 1995 年到 2012 年，中国女性实际初育年龄整体呈现增长趋势，女性平均初育年龄从 1995 年的 23.49 岁，增加到 2000 年的 24.33 岁，再增加到 2010 年的 25.74 岁，15 年间增加了 2.25 岁，其中 2008 年达到了峰值，即 26.71 岁，之后的 5 年，女性平均初育年龄略有下行，但也保持在 25 岁以上。如图 3-3 所示。

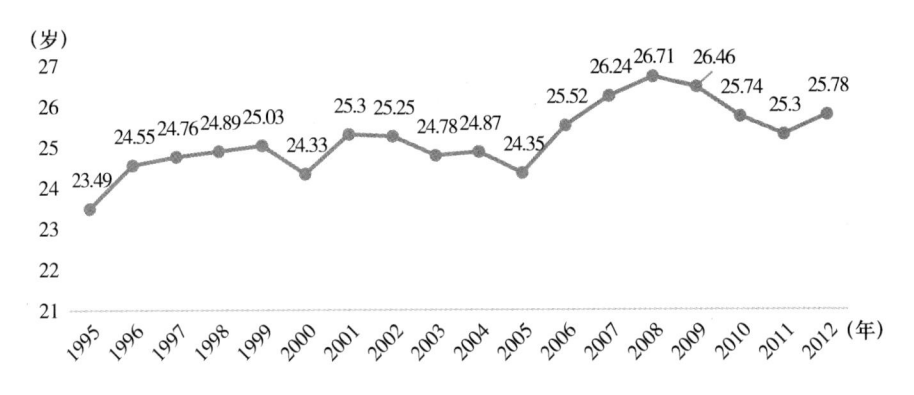

图 3-3　1995—2012 年我国女性初育年龄

资料来源：张银锋、侯佳伟：《中国人口实际与理想的生育年龄》，《人口与发展》2016 年第 22 期。

生育率反映的是不同时期、不同地区妇女或育龄妇女的实际生育水平。虽然目前关于总和生育率没有明确的官方统计资料，但有不少学者根据国家人口普查数据和抽样数据进行了计算和整理，图 3-4 是我国近三次人口普查与抽样年度的妇女总和生育率和孩次生育率。

根据图 3-4 可以看出，我国妇女总和生育率逐年下降，已经陷入国际 1.5 的 "低生育率" 红线。但我国长期施行的独生子女政策、抽样误差和婴儿出生漏报等情况，使不少学者倾向于认为我国实际生育率高于调查数据的统计。中国社会科学院王广州教

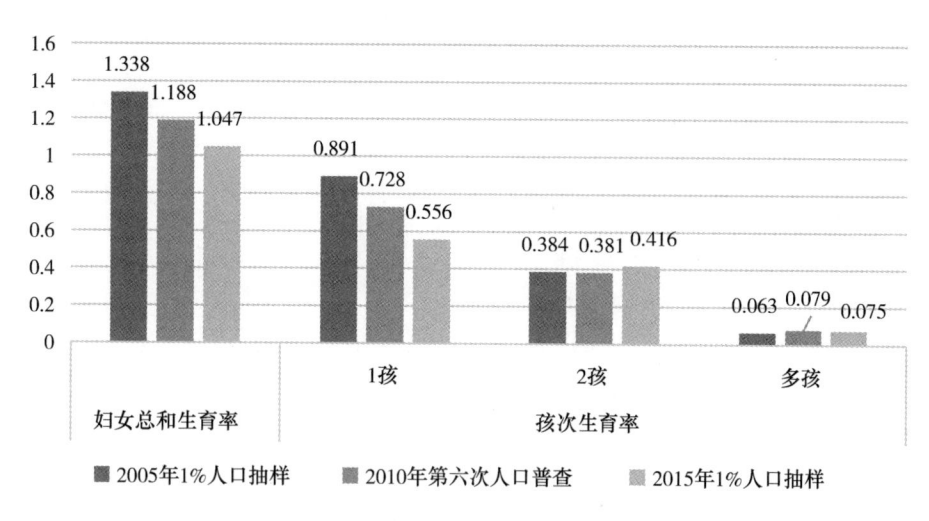

图3-4 全国妇女总和生育率与孩次生育率

资料来源：根据郭志刚《中国低生育进程的主要特征——2015年1%人口抽样调查结果的启示》一文整理。

授整理了部分学者对我国生育率的修复和人口模拟预测结果并发现，在2000年至2015年关于生育率预测的研究中，学者们对我国生育率的估计上限为1.75，下限低于1.5（王广州，2018），这一结论与联合国人口司2017年发布的世界人口展望预测范围相似，见图3-5。虽然国家统计的生育率数据可能出现偏低的情况，但也能够反映我国当前育龄妇女的生育状况：首先，育龄妇女生育率较低已经是不争的事实。各学者通过人口预测模型得出的结论虽高于调查统计数据，但仍然低于国家卫健委1.8的生育目标；其次，一孩出生率下降幅度远大于二孩出生率增长幅度。一孩出生率从2005年1%抽样数据的0.891下降到2015年的0.556，下降比例为0.335，二孩增长比例仅为0.032，因此，我国女性生育率总体上呈下降趋势。

关于我国女性生育率降低的原因，诸多研究认为，这与女性低生育意愿和女性职业发展密不可分。毋庸置疑，自2013年生育政策

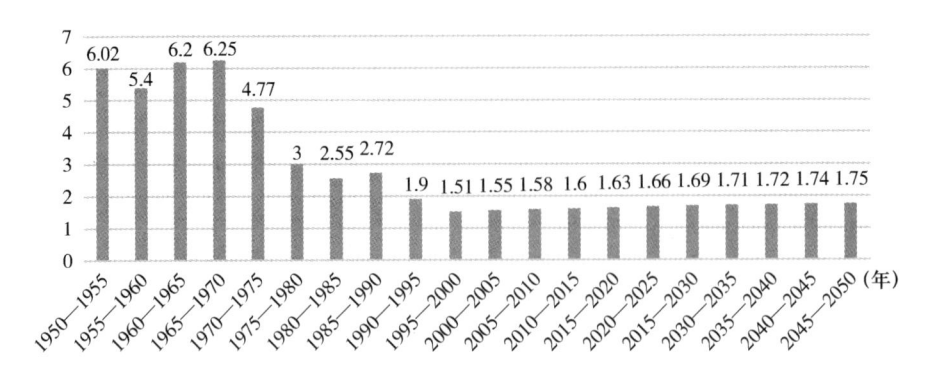

图 3-5 中国总和生育率变化趋势

资料来源：联合国经济和社会事务部人口司，世界人口前景，2017 年

调整后，历年人口出生状况均未达到政策调整目标的预期。"单独二孩"实施前，据国家卫计委预测，政策实施后将会每年有约 200 万对夫妻提出申请，实际统计数据显示，2014 年年初到 2015 年中期一年半的时间内，全国 1100 万对符合"单独二孩"政策的夫妻仅有 145 万对提出了再生育申请；正式启动"全面二孩"政策前，2015 年 10 月 30 日国家卫生计生委副主任王培安曾在解释"全面二孩"政策时指出，全国符合"全面二孩"政策条件的夫妇有 9000 万对，预计政策实施后的几年中，中国出生人口总量会有一定程度的增长，最高年份的出生人口预计超过 2000 万人，然而在 2016 年和 2017 年我国出生人口数量均未达到 1800 万人，预期中放开"全面二孩"政策后的生育高峰并不十分明显。

因此，无论"单独二孩"还是"全面二孩"政策，生育政策调整后的出生预期，包括二孩出生申请以及实际出生数量，均没有达到预先的估计，女性二孩生育意愿明显不足。2015 年年初北京市妇联组织了 1000 名育龄女性的抽样调查结果显示，女性对二孩政策了解和赞同率均比较高，而响应意愿比较低，究其原因，大多数女性认为生育二孩会面临职业发展、孩子照料、家庭稳定三大担心（张琪等，2016）。① 所以，从女性视角来说，我国陷入低生育水平的关键在于女性，无论是未婚女性比例的提高导致人口出生率下降，还是来自"生育"与"升职"的微观矛盾，都不难推测，生育对女性劳动力市场表现存在一定的影响。

第三节　我国女性劳动力市场表现的宏观描述

生育政策的主要落实者和载体是女性，同时女性作为独立的社会人，有着自己的社会价值追求和社会贡献。从女性角度看，无论生育还是参与社会劳动，都会受社会政策的约束、指引、支持与帮扶。自中华人民共和国成立以来，我国特别重视保障女性劳动就业权益，出台了诸如《中华人民共和国就业促进法》（2008）、《中华人民共和国妇女权益保障法》（2005）、《女职工劳动保护特别规定》（2012）等法律和政策规定，这些法律和政策的实施为性别平等劳动力市场的建设起到了重要作用，但受女性自身附着的生育成本，与男性相比在劳动力市场表现中仍然存在诸多差距。本节主要依托统计年鉴的数据，辅之以三次妇女社会地位调查数据，对女性职业发展状况进行描述性分析。

---

① 注：根据该研究成果，从直观数据上看，二孩政策了解率 95.5%，赞同国家出台二孩政策的比重为 76.6%，政策的响应率仅为 42.8%。对女性就业影响最主要的三项依次为：就业难度加大（65.6%）、职业稳定性降低（52.4%）、职业发展空间缩小（36.9%），即女性最担心的就业问题是"就业难"和"稳定性差"；对女性家庭生活和财产保障影响最主要的三项依次为：自我保障能力不足（60.7%）、家务劳动加倍（53.0%）、退出劳动力市场的可能性增加（49.6%）；对女性生育行为影响最主要的三项依次为：产假时间短不能很好的照顾孩子（66.6%）、孩子三岁前无人帮忙照顾（51.0%）、工作强度大影响胎儿健康（34.5%）。

一 女性劳动参与率较高但性别差异大

从劳动力年龄人口状况看，2015年年末，我国人口总数为137462万人，其中劳动年龄人口100361万人，比重为73.0%。根据2015年全国1%人口抽样调查样本数据可知，2015年我国处于劳动年龄的女性占比48.9%，基本与男性占比持平，女性劳动力年龄人口非常丰富，处于人口红利的高峰期。见表3-2。

表3-2 2015年我国劳动年龄人口情况

类别	人口总数				劳动年龄人口（1%抽样）		
		0—14	15—64	65岁+		男性	女性
人口数（万人）	137462	22715	100361	14386	1556	794.4	761.6
占比（%）	100	16.5	73.0	10.5	100	51.1	48.9

数据来源：中国统计年鉴2016；2016年中国劳动统计年鉴；2015年全国1%人口抽样调查样本数据。

人口参加社会劳动的程度，反映了劳动资源利用情况。劳动参与率也是衡量经济活动人口高低的重要指标。据2010年美国国家统计局发布的世界各国劳动参与率数据显示，中国劳动参与率位列世界第一，其中女性的劳动参与率达到68%，超过大多数发达国家，澳大利亚、新西兰的女性劳动参率为60%，美国女性的劳动参率为58%，法国女性的劳动参率为50%，而同为人口大国、快速发展的经济体印度女性劳动参与率只有28%，与中国相距甚远。

但从近十年发展变化看，我国女性就业却呈现下降趋势。我国官方统计中仅有城镇单位女性就业的比例，从历年中国劳动统计年鉴看，城镇单位女性就业人员从4324.6万人发展到6527.0万人，呈持续上升趋势，但城镇单位女性就业人员占城镇单位就业人数的比重却从2005年的37.92%，下降到2015年的36.14%，在2013年降到35.00%。如图3-6所示。虽然城镇单位女性就业的绝对人数

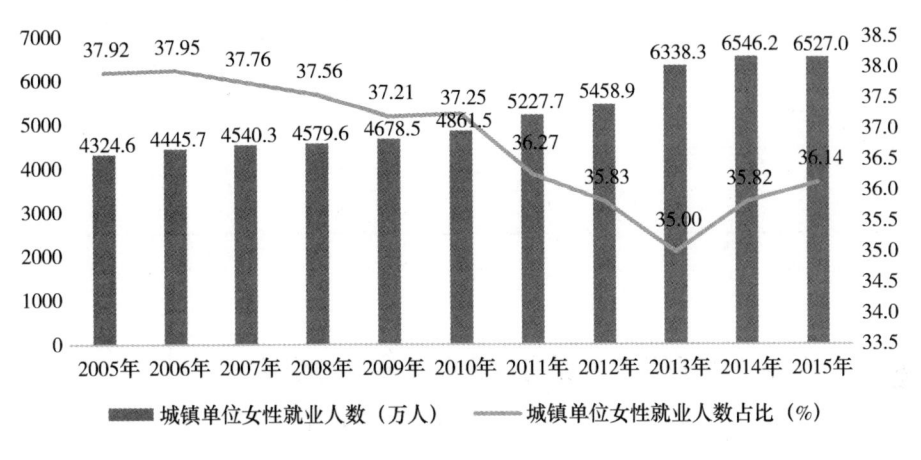

持续增加，但是城镇单位女性就业人数占比的相对数却呈下降趋势。

图 3-6 我国城镇单位女性就业人员年末人数及占比

数据来源：中国劳动统计年鉴 2006—2016 年。

此外，女性就业比重低于男性。从城乡从业人员状况看，2015年末城镇从业人员为 40410 万人，城镇从业人员占总从业人员的比重为 52.2%，其中城镇单位就业人员为 18063 万，占比 44.7%。城镇单位就业人员中，女性为 6527.0 万人，占城镇单位就业人员的36.1%，女性占城镇单位就业人员的比重明显低于男性。见表 3-3。按照统计年鉴的说明，城镇单位是指不包括私营单位和个体工商户的独立核算法人单位，具体包含国有单位、城镇集体单位、其他单位[①]等。一般认为，城镇单位相对城镇其他单位而言，具有用工规范、社会福利健全、信息透明等特点，城镇单位的就业质量优于其他单位，城镇单位就业性别差异尚且如此，由此推断整个劳动力市场中就业概率的性别差距可能更大。

---

① 注：其他单位指除了私营企业和个体工商户之外的联营企业、股份制企业、外商和港、澳、台投资企业等。

表 3-3　　　　　　　　2015 年我国城镇就业人口情况

类　别	从业人员总数	其中：城镇从业人员	其中：城镇单位职工	
			男性	女性
人口数（万人）	77451	40410	18063	11536	6527
占比（%）			100	63.9	36.1

数据来源：中国统计年鉴 2016；2016 年中国劳动统计年鉴。

二　女性行业聚集特征明显且职业发展稳定性较差

在我国经济调整过程中，城镇单位女性就业人员的行业分布和各行业就业人员的女性比例也发生了一定的变化。按照国家统计局的行业统计口径，城镇单位行业的分布共计 19 种，我们将 2005 年和 2015 年的城镇单位在岗女职工的行业分布情况制图，来直观反映城镇单位女职工的行业分布状况和变化，见图 3-7。

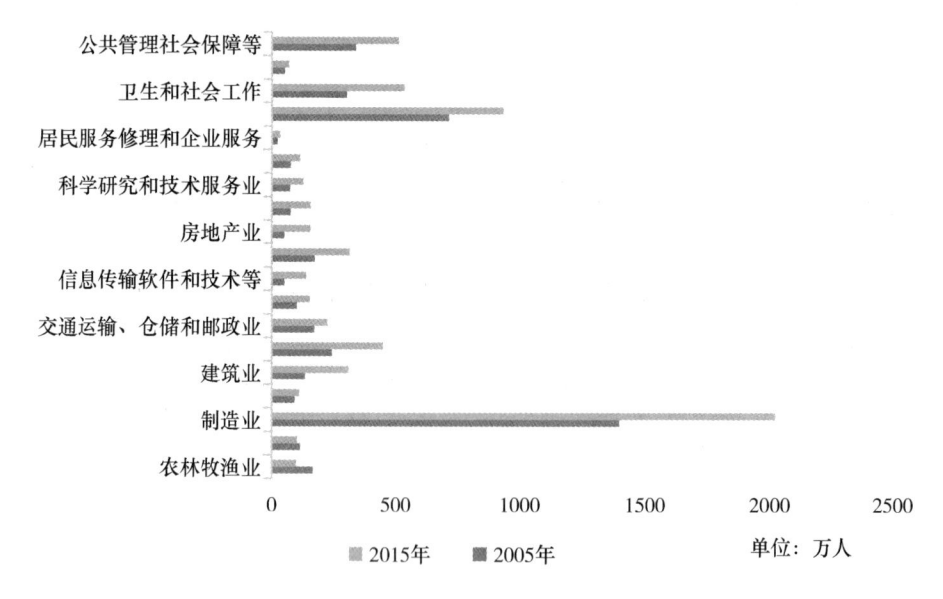

图 3-7　2005 年和 2015 年我国城镇单位女性就业人数行业分布情况

资料来源：中国劳动统计年鉴 2005 年和 2015 年。

从 2015 年的行业分布看，城镇单位女职工的行业分布比较聚集，分布最多的行业是制造业、教育业、卫生和社会工作、公共管理社会保障四个行业，共计 3992 万人，占比达到 61.16%。从 2005 年到 2015 年的变化情况看，除农林牧渔业和采矿业的女性从业人数有所减少外，其他行业都相对有所增长，但从十年的行业分布比重看，女性仍然主要聚集在传统的适合女性的就业行业中，劳动力市场性别隔离仍然持续存在。

因生育中断职业也是女性职业发展的一大障碍。第三期中国妇女社会地位调查数据显示，从事非农劳动的 18—64 岁已生育女性"从开始工作到现在或者从刚开始工作到退休"，有 20.2% 的人因为结婚生育或者照顾孩子而有过半年以上的职业中断经历。其中，1971—1980 年间生育的从事非农劳动女性因生育中断职业比例为 5.9%，而后不断增加到 10.3%、21.2%，及至 2001—2010 年，生育的职业中断比例为 35.0%。可以发现，因生育而中断职业的女性比例不断增加，并且是逐年大幅升高。

三 女性工资率呈增长态势但性别差异仍然较大

收入是反映社会成员年度内主要经济活动的报酬。由于宏观统计中只有整体的平均工资、家庭收入等指标，无性别统计。因此，我们从城镇单位在岗职工平均工资的十年变化，来反映女性的工资变化情况，如图 3-8 所示。宏观数据表明，十年间我国在岗职工平均工资增长趋势比较明显，平均增长速度 12.6%，十年间平均工资从 2.1 万元增长到 6.9 万元。虽然平均工资统计中包含个人所得税、住房公积金和社会保险基金个人缴纳部分等内容，职工实际收入低于这个数值，但也一定程度上，客观、全面地反映了我国在岗职工的收入水平。

(单位：元/年)

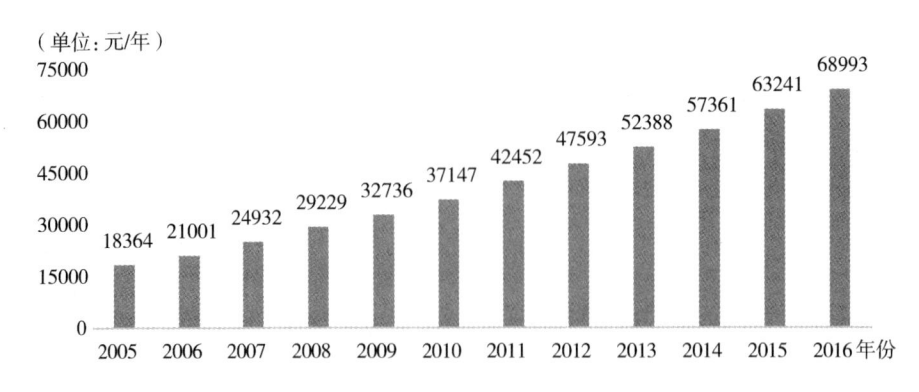

```
75000                                                          68993
                                                        63241
                                                 57361
60000                                     52388
                                   47593
45000                       42452
                     37147
              32736
       29229
30000   24932
 21001
18364
15000

    0
   2005  2006  2007  2008  2009  2010  2011  2012  2013  2014  2015  2016年份
```

图 3-8 2005—2016 年我国城镇单位在岗职工平均工资

资料来源：中国统计年鉴 2017。

虽然我国在岗职工的工资水平总体不断上升，但女性工资率一直低于男性。从绝对值看女性的劳动收入水平，较之男性，不论均值还是在中位数，均明显低于男性，从劳动收入中位数看，女性年均劳动收入中位数比男性低 5000 元，如图 3-9 所示。

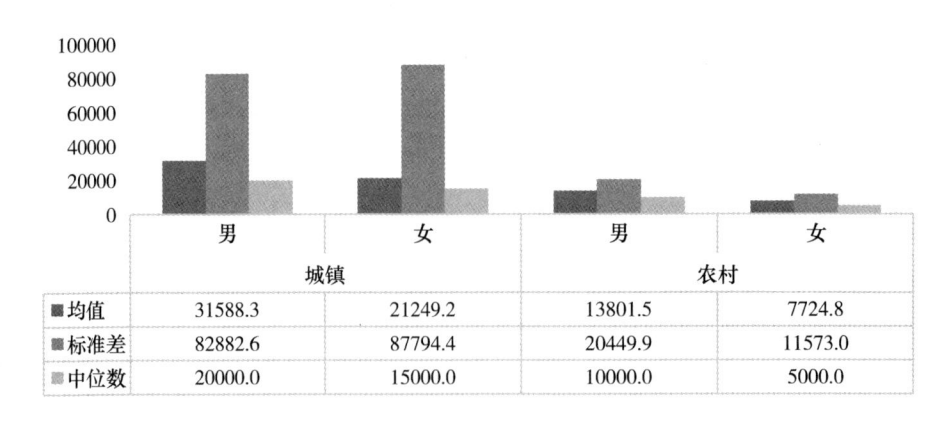

	城镇 男	城镇 女	农村 男	农村 女
均值	31588.3	21249.2	13801.5	7724.8
标准差	82882.6	87794.4	20449.9	11573.0
中位数	20000.0	15000.0	10000.0	5000.0

图 3-9 分城乡、分性别在业者的劳动收入

资料来源：《新时期中国妇女社会地位调查研究》（上卷），中国妇女出版社 2013 年版。

从收入分布的性别比例上看，根据第三期中国妇女社会地位调查，2010 年年收入在 1 万元及以下的家庭成员中，女性比例高于男性，女性为 55.6%，男性为 30.4%；年收入在 1 万元以上的家庭成员中，男性比例高于女性，女性为 44.4%，男性为 69.6%，其中年收入在 6 万元以上的家庭成员中，女性成员占比 1.9%，男性成员占比 4.9%。说明，家庭成员中女性的收入水平总体上较男性低，如图 3-10 所示。此外，相较于第一期全国妇女社会地位调查，城乡女性劳动收入分别占男性劳动收入的 77.5% 和 79.0% 而言，2010 年调查时城乡女性劳动收入仅分别占男性的 67.3% 和 56.0%，20 年间两性收入差距呈扩大趋势。

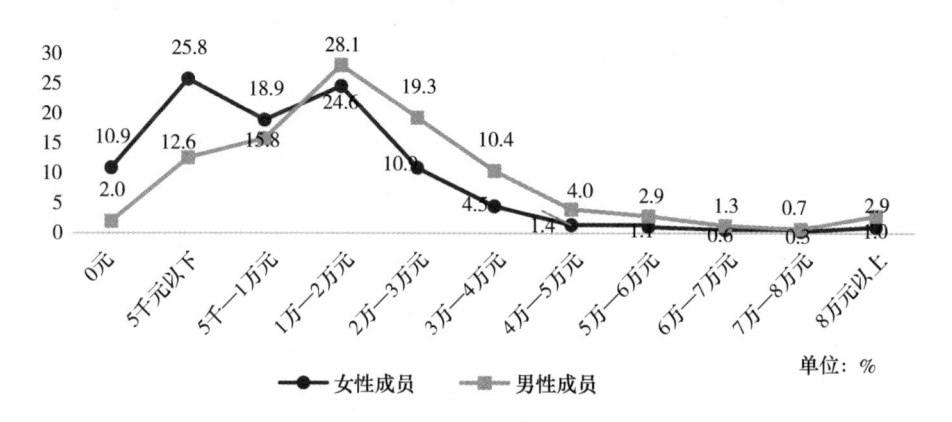

图 3-10　2010 年我国家庭中夫妻年收入对比

资料来源：根据"第三期妇女地位调查主要数据公报"整理而得。

第三节　本章小结

本章主要对运用统计数据，对我国人口发展状况和女性劳动力市场表现的现状进行梳理和总结，旨在直观显示我国生育政策调整效果和女性劳动力市场发展特点，为研究生育对女性劳动力市场表现的影响机制奠定事实基础。主要研究结论有以下几个方面：

第一，我国目前处于生育政策的调整阶段，但无论是"单独二孩"政策还是"全面二孩"政策的实施，人口出生状况均未能有效达到政策调整的预期。不少研究认为，我国目前的人口发展状况与女性密切相关，一是女性婚育年龄延后是制约我国人口发展的重要因素；二是生育两孩使女性就业面临种种担忧，导致二孩生育意愿较低。因此，生育和女性就业之间可能存在相互制约的关系。

第二，我国历来重视女性劳动力市场就业权益的保护，女性劳动就业有了一定的发展，但仍存在诸多问题。表现在以下几个方面：一是女性劳动参与率处于国际领先水平但性别差异较大，女性的劳动参与率超过大多数发达国家，但从近十年的发展变化看却呈现下降趋势，且女性就业比重低于男性；二是职业性别隔离持续存在，且女性的就业稳定性较差，从十年的行业分布比重看，女性仍然主要聚集在传统的适合女性的就业行业中，同时，中国妇女社会地位调查的三次统计显示，从事非农劳动女性因生育中断职业比例依次为10.3%和21.2%和35.0%，可见，女性生育而中断职业的比例不断增加，并且是逐年升高。三是女性工资率呈增长态势但性别差异仍然较大，十年间我国在岗职工平均工资增长趋势比较明显，平均增长速度12.6%，虽然我国在岗职工的工资水平总体不断上生，但女性工资率一直低于男性，从绝对值看女性的劳动收入水平，不论均值还是在中位数，均明显低于男性。

综合以上分析，本章主要研究结论是：我国生育政策调整后人口发展状况低于预期与女性的初婚、初育年龄延后有关，女性也因担心生育对就业产生不利影响导致生育意愿较低，虽然我国重视女性劳动力就业权益但女性的劳动力市场发展状况仍存在诸多问题，且女性因生育而发生就业中断的比例仍在大幅提高，所以，女性生育及其产生的家庭责任，始终是女性就业发展的重要障碍。现阶段，我国正处于生育政策调整的重要时期，为了促进生育政策调整目标的有效落实，关注女性切身利益的保护实属重要，这就需要妥善处理好生育对女性劳动力市场各方面的不利影响，免去女性生育的后顾之忧，这也是本书的主要现实意义之所在。

第四章

生育对女性劳动力市场表现影响的理论及机制

目前我国女性劳动力市场表现的特点，其背后的根源与女性生育行为有密切关系，同时也受到市场经济运行规律和社会政策、社会服务等因素的影响。本章从理论分析的视角，梳理生育对女性劳动力市场表现的理论解释，并在理论探析的基础上，进一步探究生育对女性劳动力市场表现影的理论形成机制，为后续的实证研究奠定理论基础。

第一节 生育对女性劳动力市场表现影响的相关理论

一 家庭分工比较优势理论

根据贝克尔（Becker，1964）家庭经济学比较优势理论，女性在家庭生产方面的优势要大于男性，而男性在劳动力市场中获得的效用大于女性，当家庭照料需求加大时，大多数家庭都会选择由家庭中的女性牺牲劳动力市场供给时间从事家庭生产活动。这主要是因为生育是一个漫长的过程，不仅包括怀孕、分娩、休假和哺乳等环节，还有漫长的养育过程（杨慧，2017），整个生育期间都免不了挤压投入在劳动力市场中的时间和精力。基于家庭比较优势的考虑，生育往往会对青年女性的劳动参与带来不利影响。

贝克尔认为，家庭成员之间的分工部分取决于男性与女性的生理差异，部分取决于家庭成员人力资本的不同。在家庭内部，家庭成员的时间配置是按照工作时间的边际产品与家务劳动时间的边际产品进行配置的，各家庭成员按照相对有效率的原则将家庭成员配置到各种活动中。具体分配如下：

用 H^1 和 H^2 表示两种最佳的人力资本投资，在市场和家庭两部门中，家庭成员在每个年龄段都通过选择 H^1 和 H^2 的最佳路线和时间配置，来实现效用最大化。如果家庭成员的健康状况足够好、寿命足够长，并处在固定的家庭环境中，H^1 和 H^2 是在初始时期进行积累，则 H^1 和 H^2 的均衡存量会永远保持。投资期过后，如果消费不变，为了使家庭消费效用最大化，对单一成员的家庭来说就会用固定数量的时间维持其资本存量，并把剩下的时间配置到家庭和生产部门。如果 H^1 仅提高市场工资率，H^2 仅增加家庭时间的有效数量，那么每年的总消费量 Z 可以用如下公式表示：

$$Z = Z(x, t'h) = Z\left[\frac{a\widehat{H}^1 t_w}{P_x}, t_n\varphi(\widehat{H}^2)\right] \quad (4-1)$$

其中 $\widehat{H}^1$，$\widehat{H}^2$ 是最佳资本存量，$a\widehat{H}^1$ 表示工资率，$t_n\varphi(\widehat{H}^2)$ 表示家庭有效时间数量，P_x 表示市场商品价格，时间配置收到下列等式约束：

$$t_w + t_h = t' \quad (4-2)$$

t_w 和 t_h 分别表示配置到市场和家庭部门的小时数，t' 表示除维持资本的时间外，每年可用的全部时间。如果工作的边际成本等于家务劳动的边际产品，则最佳时间配置可表示为：

$$\frac{\partial Z}{\partial t_w} \equiv \frac{\partial Z}{\partial x}\frac{a\widehat{H}^1}{P_x} = \frac{\partial Z}{\partial t_h} \equiv \frac{\partial Z}{\partial t'_h}\varphi(\widehat{H}^2) \quad (4-3)$$

对多个成员的家庭来说，其时间配置的最佳决策需要考虑到家庭成员技艺上的差别和动机的冲突。比较优势理论认为，应该按照比较或者相对有效率的原则对家庭成员的资源配置到各活动中去。单一成员的比较优势可以用一个确定的关系表示，即他在市场和家庭部门产品的比率等于其他成员边际产品的比率。由于 a，P_x，$\partial Z/\partial x$，$\partial Z/\partial t'_h$ 对所有成员都一样，所以比较优势取决于 $\varphi(H^2)$ 和 H^1。比如对 j 来说，i 在市场有比较优势，当且仅当

$$\frac{\partial Z/\partial t_{wi}}{\partial Z/\partial t_{wj}} = \frac{\widehat{H}_i^1}{H_j^1} > \frac{\partial Z/\partial t_{hi}}{\partial Z/\partial t_{hj}} = \frac{\varphi \widehat{H}_i^2}{\varphi \widehat{H}_j^2} \quad (4-4)$$

虽然市场和家庭部门性别的明显分工部分原因是人力资本投资的获益，但也与男性和女性内在的生理差异有关。女性不仅有生育和哺育孩子的责任，还要肩负长期照料、教育孩子的责任，并且女性往往更愿意花费更多的时间和精力照顾小孩。生理差异是家庭内部男性和女性分工的重要原因，当男性和女性在人力资本投资相同时，如果女性在家庭部门较男性更有优势，那么在有效率的家庭内部，会把女性的全部时间配置到家庭部门，男性的全部时间配置到市场中去；如果男女的时间能从不同的组合中以同样的比率完全替代，则无论男女都会在一定的部门实现效用最大化。因此，根据贝克尔（Becker，1964）家庭经济学比较优势理论，随着生育数量增加，对家庭生产的时间和精力要求也会越高，基于家庭比较优势的考虑，女性会倾向于将时间花在育儿和其他家务时间上，男性则倾向于将时间花费在市场中，因此，生育往往会对青年女性的劳动参与带来不利影响。

二 工作家庭边界理论

工作家庭边界理论是把工作和家庭看作两个不同的范畴，两者之间的价值终端和实现途径不同，边界的强度是由该领域的弹性和可渗透性决定的，当角色边界是弹性的和可渗透时，角色的整合是最强的，反之，当角色的边界是缺乏弹性和非可渗透时，角色的分割最强。

边界理论是基于个体角色间冲突的一种延伸。随着女性受教育程度的不断提高，越来越多的女性选择通过就业实现自身的追求与理想。女性同时在工作和家庭中分别扮演不同的角色，但边界理论认为，工作和家庭毕竟属于不同的领域，两个领域各自包含的边界不同，各个领域的价值观、行为要求、行为控制等是相互分割的，工作和家庭两个领域之间不接触、不交叉，应该没有相互影响，人们在家庭领域中应该主动抑制与工作相关的感受和行为，在工作领域中也应该主动剥离家庭生活中的感受。然而在实际生活中，两个领域之间经常面临边界模糊，其中一个领域的需求、价值观、满意度等容易向另一个领域渗透，使二者相互影响。这种影响称之为正面影响或者负面影响，也称之为积极溢出和消极溢出。积极溢出是指工作中的满意和激励带来更多的家庭激励和满意，消极溢出则相反，工作中的压力和焦虑也会增加家庭的不安情绪。

关于工作和家庭边界的渗透方式，按照出发点和考虑动机的不同可以分为工作干扰家庭，以及家庭干扰工作两种形式，但渗透的强弱取决于工作和家庭各自边界的约束程度。毋庸置疑，家庭方面的边界往往依靠伦理、道德等主观个体的约束，而工作领域往往有十分明确的组织规定、制度标准和奖惩措施，因此，工作领域往往以更加清晰的组织要求和行为约束使其边界性更强，使得工作干预家庭的现象更为突出。这对于处在劳动力市场中受工作制度、规章约束的女性来说，如果在工作期间同时肩负生育和养育孩子的责任，就不得不脱离组织边界约束性强的工作领域，因此，生育和养育孩子会带来女性职业发展中断的风险。

三 劳动力市场性别歧视理论

关于女性劳动力市场表现的工资性别差异有多种理论解释，其中应用最广泛的是劳动力市场性别歧视理论。劳动力市场上的歧视可以定义为具有相同生产的不同群体，所获得的报酬不同，即同工不同酬。如果令 Y 表示工资；X 表示外生的与生产能力相关的特征变量，并假设 X 代表了所有生产能力相关的特征；Z 为表示性别（如 $Z=1$ 表示男性，$Z=0$ 表示女性）；β 为每一种生产能力变量相应的生产技术，即如果变量 $X^i \in X$，那么 X^i 可以通过 $\beta^i(\beta^i \in \beta)$ 生产出相应的产品，从而获得相应的收入；ε 是其他影响收入的因素，则收入可以表示为：

$$Y = X\beta + \alpha Z + \varepsilon \qquad (4-5)$$

若 $\alpha>0$，即如果其他条件相同，仅是因为男性而获得更高的收入，那么就存在对女性的歧视；若 $\alpha<0$，则存在对男性的歧视。实质上，"歧视"是雇主的"个人偏好歧视"，即雇主不愿意雇用女性完全因为、也仅仅因为性别是女性。综合劳动力市场中与就业有关的性别歧视现象和理论大致可以归纳为"偏好歧视"和"人力资本歧视"两种基本类型。

偏好歧视是雇主出于本身的偏好或偏见，在雇用决策或者岗位派遣中对女性的歧视性对待。比如，在同等人力资本条件下拒绝雇用女性，或者支付给同等生产能力的女性比男性少的工资等。Becker（1957，1971）提出了偏好歧视模型，在偏好歧视模型中，雇主被假定持有对女性的"歧视偏好"（Taste for Discrimination），即如果雇主雇用女性，那么雇主会得到一个负效用。如果雇主雇用女性员工，则这个女性就需要对雇主的负效用进行补偿。补偿的方式是在相同的工资下具有更高的生产能力，或者在相同的生产能力下获得较低的工资。如果，令 N 代表男性群体，F 代表女性群体，d 是雇主的偏好参数或者"歧视系数"。则雇主最大化效用是：

$$U = pPF(N_m + N_f) - w_m N_m - w_f N_f - d N_f \qquad (4-6)$$

其中，p 是给定的价格水平，PF 是生产函数，N_m 和 N_f 是男性和女性员工的数量，w_m 和 w_f 是男性和女性的工资。具有偏好歧视的雇主（d>0）雇用女性员工的条件是：

$$w_m - w_f \geq d \qquad (4-7)$$

即具有歧视偏好的雇主雇用女性员工的条件是支付女性员工的工资低于男性员工，低出的数量至少与其偏好系数相等。令 G（d）

表示所有雇主歧视参数的累积分布函数（CDF），那么，每一个雇主雇用的最优工人数量是下面两个式子的解：

$$pPF'(N_m) = w_m \qquad (4-8)$$

$$pPF'(N_f) = w_f + d \qquad (4-9)$$

公式（4-8）和公式（4-9）可以导出男性和女性员工的劳动需求函数 $N_m^d[w_m, w_f, G(d)]$ 和 $N_f^d[w_m, w_f, G(d)]$。令男性和女性劳动供给函数为 $N_m^s(w_m)$ 和 $N_f^s(w_f)$，劳动力市场中的工资由下列方程的解得出：

$$N_m^d[w_m, w_f, G(d)] = N_m^s(w_m) \qquad (4-10)$$

$$N_f^d[w_m, w_f, G(d)] = N_f^s(w_f) \qquad (4-11)$$

从图4-1中可以看出，如果想保持性别之间的工资差异 $d = w_m - w_f$，那么从需求方来说，其条件是歧视性雇主或歧视性职位的数量足够大，以至于当 $w_m = w_f$ 时对女性员工的需求少于女性劳动力供给，即 $w_m = w_f$ 时还有一部分女性不能找到工作。当歧视性雇主足够多时，一些女性只能在 d>0 的条件下为歧视性雇主工作，这就造成了性别之间的工资差异。

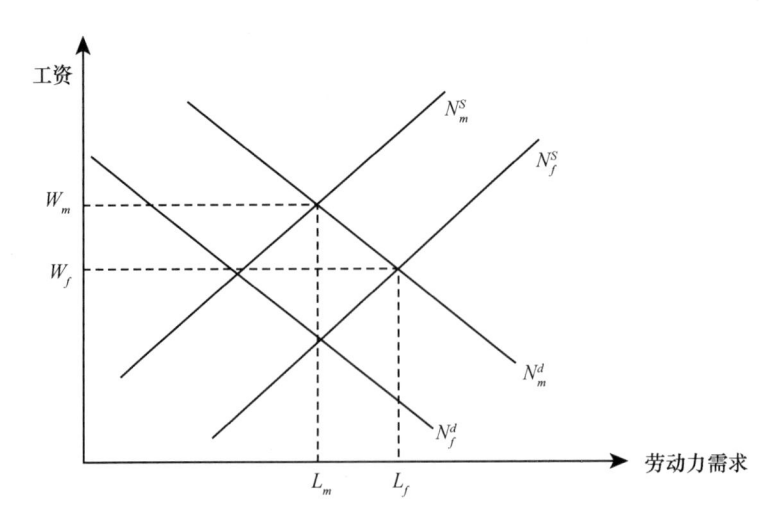

图4-1 劳动力市场均衡与歧视的产生示意图

上述偏好歧视的情况是在局部均衡条件下产生的，在完全竞争条件下，假设规模报酬不变，那么非歧视性的雇主将会具备劳动成本优势，歧视性雇主将承担因歧视所造成的成本。也就是说，市场竞争会把歧视性雇主排除在市场之外，如果市场竞争足够强大那么偏好歧视将被消除。但事实上，劳动力市场中信息不对称客观存在，雇主对求职者的信息掌握不完全，因此在不完全信息条件下，雇主倾向于根据容易观测到的特征如种族、性别等来推断其生产能力，被称为"统计性歧视"。由于雇主对雇员具体的生产能力所获信息较少，为了避免发生支付给雇员的工资与其生产能力不匹配的风险，只能依靠社会中对某类个体已有的评价进行生产能力的判断。而女性由于自然附着的生育责任，常常会因为生育、照料子女等减少工作时间和精力投入，造成生产效率低于男性的刻板印象，雇主基于这种刻板印象而产生对女性的歧视。

总的来说无论是"偏好歧视"还是"统计性歧视"的雇主，基于一定的偏好观念或者已有的刻板印象，都不倾向于雇用女性，使得女性求职者在劳动力市场中求职、收入等受到歧视性对待。

四 人力资本理论

生育对女性劳动力市场表现的各种影响还可以从人力资本理论进行解释。早期的人力资本理论是基于家庭效用函数模型的解释，即为了实现家庭效用的最大化，根据家庭分工的比较优势，女性预期自己在生命周期内参与劳动市场的时间少于男性，或者会将更多的时间投入家庭劳动中而更容易从劳动市场中退出，进而导致女性人力资本贬值或降低人力资本投资的市场回报率，如果女性预期到这一点，在一开始便选择较少的人力资本投资。

早期的人力资本模型，主要揭示了女性由于人力资本投入量少于男性而引起的人力资本回报率的贬值。随着人力资本模型的拓展，Polachek（1981）认为，收入不仅与人力资本的量有关，还与人力资本的类别有关。为了分析人力资本类别与职业获得的关系，Polachek

(1981) 引入一个表示职业特征的享乐主义指数（Hedonic Index）向量 δ。在最大化生命周期收入框架内，个人的目标函数为：

$$\max_{S,\delta} Y = (T - H - S)W(\delta, I)K(S, \delta) \quad (4-12)$$

其中 T 为退休年龄，H 是退出劳动力市场时间，S 是受教育年限，δ 是描述人力资本类别和职业特征的向量，I 是个人特征向量，W 是人力资本回报率函数，K 是生命周期中的人力资本存量。个人通过选择受教育年限 S 和人力资本的类别 δ，使收入最大化。将上述模型应用到性别职业隔离中，并将向量 δ 简化为只有一个分量 δ[①]，以 δ 为标准对职业进行分类，为简化起见，假设男性与女性从劳动力市场退出的时间 H 上存在差异外，平均而言具有相同的个人特征。对人力资本生产函数 K 进行设定：

$$K(S, \delta) = (1 - \delta)^H \kappa(S) \quad (4-13)$$

公式（4-13）的含义是从劳动力市场退出的时间会对人力资本带来贬值；如果 H=0，即不从劳动力市场退出，那么 $(1-\delta)^H$ 等于 1，从而得到经典人力资本投资的公式，将公式（4-13）代入公式（4-12）得到：

$$\max_{S,\delta} Y = (T - H - S)W(\delta, I)(1 - \delta)^H \kappa(S)$$

$$(4-14)$$

一阶条件：

$$Y_s = -W(\delta, I)K(S, \delta) + (T - H - S)W(\delta, I)\frac{\partial K}{\partial S} = 0$$

$$(4-15a)$$

$$Y_\delta = (T - H - S)\left[(1-\delta)^H \kappa(S)\frac{\partial K}{\partial S} - W(\delta-1)\kappa(S)H(1-\delta)^{H-1}\right] = 0$$

$$(4-15b)$$

---

① δ 是退出劳动力市场带来的损失率（Atrophy），其逻辑在于工资会随着在职培训和工作经验的增加而增长，如果退出劳动力市场，则原先积累的人力资本会因为技术的进步而贬值，从而导致收入损失。

公式（4-15b）的含义是一个人选择某种职业，在此职业中，由于退出导致的人力资本贬值的边际货币价值 $W(\delta-1)\kappa(S)H(1-\delta)^{H-1}$，正好等于生命周期中所获得的边际收益 $(1-\delta)^{H}\kappa(S)\frac{\partial K}{\partial S}$。

上述模型是对标准人力资本投资的拓展，以生命周期收入最大化为出发点，个人人力资本投资决策，不仅需要最优化投资数量 S，还需要最优化人力资本的类别 δ。从劳动力市场退出的时间 H 如何影响到职业类别或人力资本投资类别的选择呢？对公式（4-15a）和公式（4-15b）进行全微分，得到：

$$\frac{d\delta}{dH} = \frac{Y_{\delta S} Y_{SH} - Y_{\delta H} Y_{SS}}{Y_{\delta \delta} Y_{SS} - Y_{\delta S} Y_{S\delta}} < 0 \qquad (4-16)$$

公式（4-16）的含义是随着退出时间的缩短，所选择职业的退出损失率会变大；即如果男性预期自己从劳动力市场退出的概率比较小，那么就会选择那些退出损失率比较大的职业。而女性基于其性别角色，如家务劳动、生育和养育孩子等，在劳动市场上比男性更容易退出。因此，女性在对其进行人力资本投资决策时，为使生命周期收入最大化，会选择那些退出损失率较小的人力资本种类。当其进入劳动力市场并选择职业时，就只能进入哪些退出损失率比较小的职业，这些职业即通常所指的"女性"职业，进而促成劳动力市场分割。由于劳动力市场的分割，使得女性被排除在工作环境好、报酬高、社会地位高的职业之外，大量女性"拥挤"到工作环境差、报酬低、社会地位低的"女性"职业中，造成这些职业中女性劳动力供给的大量增加，并压低了她们的工资收入。

第二节　生育对女性劳动力市场表现影响的形成机制

机制，顾名思义即机器的制式原理，是传统工程学概念，在管理学领域里常借助机制研究问题，旨在关注各项制度的利益相关人、利益冲突和结合点，以打造有效的运营机制（杨燕绥，2008）。在社会经济研究范畴之中，机制主要用来揭示社会经济系统中各要素之间的关系，旨在说明一定系统结构中各要素的内在工作方式以及诸要素在一定环境条件下相互联系、相互作用的运行规则和原理（杨慧，2017）。本节中生育对女性劳动力市场表现影响的形成机制是指生育对女性劳动力市场表现的各个过程（求职、职业中断、个人收入等）带来的具体影响及其成因。

一 生育对女性劳动力市场表现影响的机制构建

（一）生育对女性劳动力市场表现影响的相关主体

女性是人口再生产的主体，同时也是劳动力市场重要参与者。生育和养育过程对女性的角色要求是"充满爱的"和"给予的"。同时，生育不仅是女性个体责任，也是家庭的共同决策。在家庭中，女性是妻子、是母亲，男性是丈夫、是父亲，男性和女性需要相互扶持，共同支撑家庭所有经济支出，抵御家庭各种风险，还要承担孩子的养育责任。因此，从生育和养育的角度看，男性和女性是相互扶持的合作关系。但在劳动力市场中，女性同男性一样是求职者或员工，对应的主体是雇主和用人单位，与雇主和用人单位之间是契约关系。雇主和用人单位对求职者和员工的要求是"有责任的"和"有能力的"，女性与男性一样，都需要遵从组织要求、达到组织要求的工作技能、平等参与劳动和获得劳动报酬，二者是相互独立的、竞争性关系。如果男性和女性能够平等分担生育和养育责任，雇主和雇员各自履行达成的契约，男性和女性能够平等进入劳动力市场并平等获得劳动报酬，则生育对女性劳动市场表现的影响与男性相比将不存在差异。否则，女性将在劳动力市场表现中处于弱势地位。

用人单位是劳动力需求者和雇用决定者。社会经济的发展离不开人的作用的发挥，对单一的经济主体或用人单位来说，一定的人力资源是维护其创新、发展的不竭动力。尤其是在当前经济发展加速、竞争日益激烈，以及对新技术、新思维需求明显扩张的形势下，具有高水平的劳动力资源是任何经济主体维持其长远发展的必备条件，因此，招聘和雇用合适的劳动力资源是组织发展的重要任务。一般地，雇用关系的形成不仅需要符合雇主的雇用条件，还应满足劳动者求职的需求和意愿。但实际上，在一定的资源条件约束下和市场经济条件下，相对于求职者来说，雇主或用人单位占据着雇用决策的主导地位。这是因为，劳动者求职意愿的实现，归根结底依托雇主或用人单位能够提供一定的就业岗位，同时，雇主的雇用决策，同其他经济行为一样，主要以追求自身利益最大化为目的。而相对于男性求职者而言，女性求职者自身天然附着的生育责任，意味着女性雇员很有可能在工作中的时间、精力投入上不及男性。如果雇主从"理性经济人"角度出发，考虑到女性员工怀孕和生育期间带来的时间和金钱成本，就会倾向于雇用男性员工。

家庭是家庭成员分工的决策者。在家庭中，生育行为和生育数量的增加，也意味着家庭养育成本的加大，包括家庭照料成本和经济成本的同步增加。家庭照料成本的增加，需要投入更多的家务劳动时间和精力；家庭经济成本的增加，需要家庭成员在劳动力市场中投入过多的时间精力，以获得更多的劳动报酬来满足家庭经济消费增加的需求。这就需要家庭成员之间进行合理分工，以满足家庭生产和家庭消费的不同需求。在贝克尔的家庭经济理论中，传统的家庭分工是由家庭成员（主要是夫妻双方）各自的生产效率和家庭利益最大化决定的，如果让家庭成员处于各自的专业优势领域，则生产效率都会得到较大发挥，再将其产出进行交换和加总，进而实现家庭效用的最大化。如果家庭成员都从"理性经济人"的角度出发，女性在照料幼儿方面更具优势，会倾向于将时间花在育儿和其他家务时间上；男性则在从事市场劳动方面的能力更为突出，会倾向于将时间花费在市场中。由此一来，"男主外、女主内"的传统分工模式便得到印证与加强。

政府是公共利益的代表者。政府以公共权力依法调动承担社会责任的资源（李宜鸿，2018），一方面，政府要妥善处理由于计划生育政策内容的改变，从而给女职工及其家庭带来的生育负担加重问题，也就是要将生育成本在相关利益者之间进行合理分配；另一方面，政府要妥善处理由于计划生育政策内容的改变，带给女职工及其家庭生育负担加重的问题，也就是要将生育成本在相关利益者之间进行合理分配。如果政府的公共干预不到位，如女性生育的相关照料支持、劳动保护的政策干预等未能起到保护女性就业的效果，那么生育就会导致女性在劳动力市场中各个环节面临诸多困境。

（二）生育对女性劳动力市场表现的影响机理

生育对女性劳动力市场表现影响的相关主体分析表明，女性自然附着的生育责任，是男性和女性的本质差异，并与雇主和用人单位的利益产生冲突，导致女性在劳动力市场中处于弱势地位。结合前文的理论基础，生育对女性劳动力市场表现影响的形成机制，可以用图4-2表示。

图4-2直观显示了生育对女性劳动力市场表现影响的路径和形成机理。一般而言，为了保障胎儿健康，每位女性从怀孕到分娩的10个月期间需要定期到医院进行产检，高龄产妇还需要再在分娩前停止工作进行保胎，导致女性职工怀孕期间间断性地脱离工作岗位降低劳动效率，此外《女职工劳动保护条例》规定用人单位需要为怀孕女职工安排适当的工作，不得安排加班、夜班等，也增加了用人单位的管理成本；分娩后，按照《女职工劳动保护特别规定》及各省区市最新人口与计划生育条例规定，女职工分娩后可享有3—7个月的产假和生育津贴，产假期间仍将持续脱离工作岗位，带来女性人力资本积累的中断也增加了单位的用工成本；产假过后，孩子3岁前的依赖性较高，受传统的"男主外、女主内"性别分工思想和孩子更需要妈妈照料等观念的影响，与男职工相比，女职工更容易在育婴阶段因照料孩子而持续减少工作投入。概而言之，女性生育期间持续地脱离岗位，不仅带来自身人力资本积累不足，也使自身

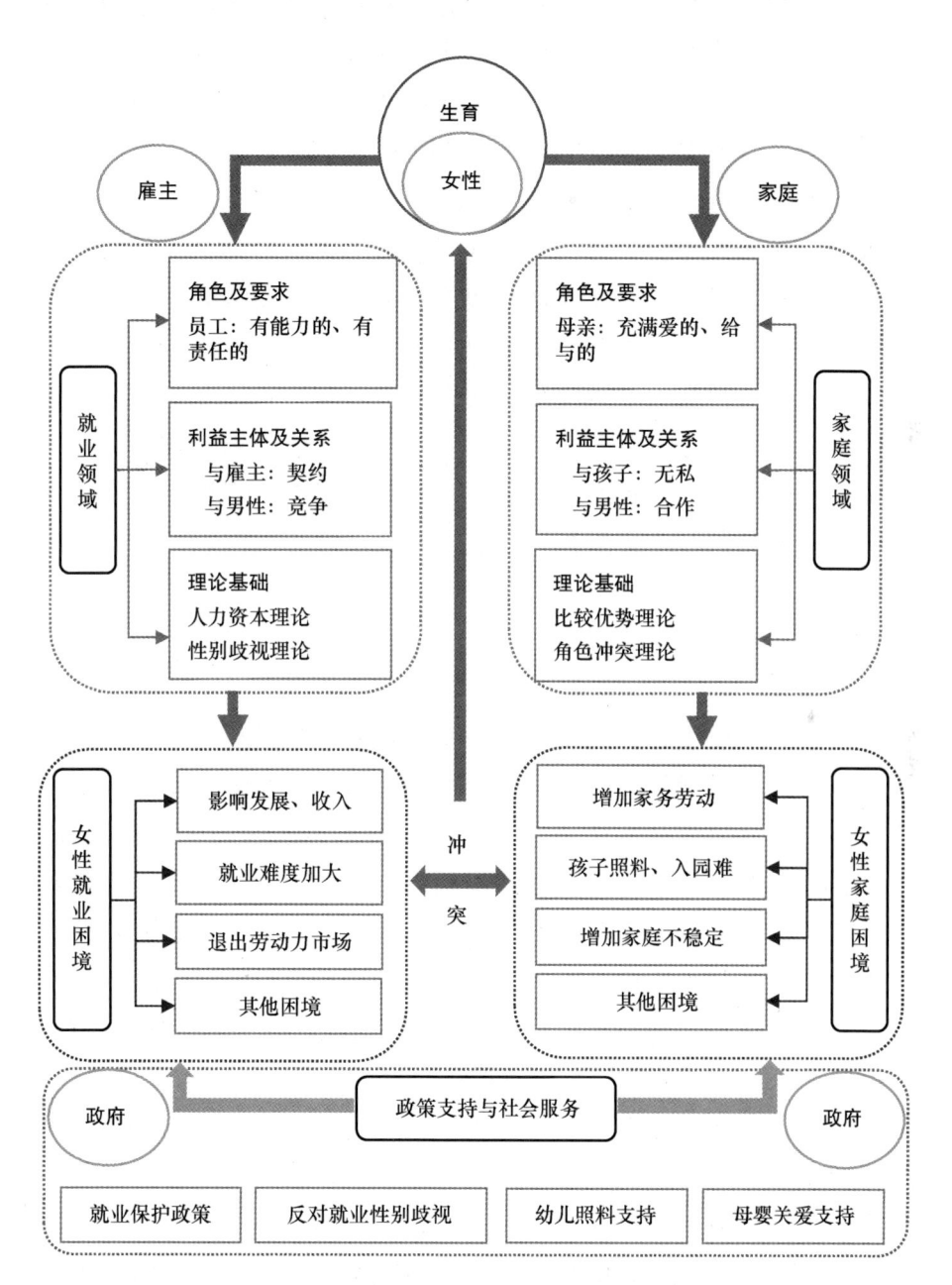

图 4-2　生育对女性劳动力市场表现的影响机理

传统家庭分工角色凸显,这与用人单位或雇主的根本利益冲突,进而强化雇主或用人单位的性别歧视,加之我国目前在养育子女方面的家庭和社会支持不足,以及关于女性劳动力市场保护方面力度不够,从而使女性因生育而在劳动力市场中面临各种损失。

以上分析总结了生育对女性劳动力市场表现影响的相关利益主体和传导机理。虽然生育是女性的天职,但参与劳动力市场活动也是促进性别平等、提高女性社会地位、帮助女性获得人生价值的重要途径。虽然,我国在保护女性职工生育和劳动就业权益方面做出了诸多努力,然而生育对女性劳动力市场表现的负面影响仍客观存在,因此,深入分析生育对女性劳动力市场惩罚的"传导线",控制生育对女性劳动力市场表现负面影响的传导机制,有助于女性更好地兼顾工作与家庭,也有助于促进生育政策调整效果的提升。以下分析,我们将从宏观、中观和微观三个层面分别分析生育对女性劳动力市场表现负向影响的传导机制。

一 宏观成因:传统性别观念和政策保护的影响

(一) 社会性别文化与刻板印象在劳动力市场中的延伸

私有制产生之初,囿于生产力的发展水平,形成了"男主外、女主内"的社会经济分工定势,性别社会角色由此被逐渐概念化并延续至今。在社会性别角色的传统观念里,男性应有事业心、进取心和独立性,行为粗犷豪放、敢于竞争,即具有"男性气质";女性则应富于同情心、敏感性,善于理家和养育子女,对人温柔体贴、举止文静娴雅,即具有"女性气质"。两性的行为模式与社会所期望的性别角色一致,便会受到社会的接纳和赞许,反之,则会遭到周围人群的嘲讽或排斥。社会性别观念的角色定位,支配着男性和女性各自的社会行为。男性为了表现出强烈的事业心和独立性,而在能够获得这种行为后果的劳动领域进行投资和拼搏;女性为了体现善于理家和养育子女的特质,而专注于家庭事务的付出以获得赞誉。男性和女性各自的社会行为和追求的行为后果,逐渐形成了社会对两性的刻板印象，即男性聪明、自信、具有进取心和较强的工作力、领导力，因而在劳动力市场领域内更具有效率；而女性温柔体贴、善于陪伴，家庭照料能力强，从而在家庭领域内更具效率。

传统的社会性别分工和角色期待，支配着人们对性别的判断和行为方式。有学者根据"第三期全国妇女地位调查"数据，研究"女性领导较少"这一现象原因，发现不同原因的占比数值上男女两性虽有所差别但基本模式完全一致，即半数以上的人认为女性家务负担重、对女性培养和选拔不力、社会对女性存有偏见是导致女性领导较少的原因，其次，家人不支持女性当领导的占比达到24.73%，认为女性能力比男性差、认为女性不愿当领导的比例也达到10%左右，因此存在决定意识，意识是存在的反映，人们不仅知道社会存在性别刻板印象，而且女性自身和家人也内化了这一印象（杨菊华，2019）。

社会性别角色定位和刻板印象，不仅支配着两性各自的行为选择和社会对两性的评价，也会延伸到劳动力市场领域，进而影响着雇主和用人单位的性别偏好。在劳动力市场中，"重男轻女"一定程度上是用人单位追求利润最大化的经济理性起作用的结果。用人单位当然是"经济人"，对要素损益的权衡是合乎逻辑的选择，几乎很少用人单位能够超脱社会性别观念和习俗的影响，在对待两性劳动力的态度和评价方面，几乎无一例外地臆断男性劳动生产率水平高于女性（张抗私，2010）。因此，一般情况下用人单位的选择结果会直接倾向于男性劳动者。

劳动力市场性别歧视理论的两种主要歧视类型，其前提也是根源于社会性别角色和刻板印象。雇主偏好歧视理论的前提是雇主存在一定的性别偏好，或者男性雇员、客户等不愿与女性雇员一起共事或打交道，而这些性别偏好正是来源于社会性别观念，即女性在劳动力市场生产效率不如男性、女性缺乏责任心和独立性、女性不适合与人打交道等刻板印象，从而使那些具有性别偏见的雇主不愿雇用女性员工，或者以支付较低的劳动报酬给女性作为雇员代价，或者将其安排在边缘性、非核心的岗位上，进而形成性别歧视。对于劳动力市场统计性歧视理论，其解释的前提也来源于社会性别观念的刻板印象，即劳动力市场中存在信息不对称，雇主对劳动者生产率的判断主要依托对不同劳动者所在群体的特征判断，而社会性别观念对女性生育和养育子女、经常请假导致劳动生产率低的刻板印象，就导致了女性在求职、晋升和劳动收入方面存在一定的性别歧视。

（二）就业市场保护不足，女性面临的生育"惩罚"难以改观

中国女性就业保障法规主要见于《女职工劳动保护规定》（国务院1988年）："不得在女职工怀孕期、产期、哺乳期降低其基本工资，或者解除劳动合同。"《女职工劳动保护特别规定》（国务院2012年）第五条重申："用人单位不得因女职工怀孕、生育、哺乳降低其工资、予以辞退、与其解除劳动或者聘用合同。"《中华人民共和国妇女权益保障法》（全国人民代表大会1992年）第二十二条规定："各单位在录用职工时，除不适合妇女的工种或者岗位外，不得以性别为由拒绝录用妇女或者提高对妇女的录用标准。"修改后的《中华人民共和国妇女权益保障法》（2005年）第二十三条增加了一项新的具体规定："各单位在录用女职工时，应当依法与其签订劳动（聘用）合同或者服务协议，劳动（聘用）合同或者服务协议中不得规定限制女职工结婚、生育的内容。"最新公布的人力资源社会保障部等九部门印发《规范招聘行为促进妇女就业的通知》（2019年2月）对招聘环节中就业性别歧视的具体表现进一步作出了细化规定："各类用人单位、人力资源服务机构在拟定招聘计划、发布招聘信息、招用人员过程中，不得限定性别或性别优先，不得以性别为由限制妇女求职就业、拒绝录用妇女，不得询问妇女婚育情况，不得将妊娠测试作为入职体检项目，不得将限制生育作为录用条件，不得差别化地提高对妇女的录用标准"，同时要求，建立联合约谈机制、健全司法救济机制、强化人力资源市场监管等，将对进一步保

障妇女就业权益。但回顾这些法律可以看出如下特点：

一是我国尚没有专门的反就业歧视立法。目前，有关就业歧视的规定主要相关法律、法规和规章中，导致有关反就业歧视的相关规定过于原则性，缺乏操作性，受害人难以有效举证和获得有效的救济。以性别歧视为例，其概念、判断标准、抗辩事由、举证责任、诉讼时效都没有明确规定，而在我国目前的司法体制下，法院对成文解释的主动性和能力有限，在法律缺乏明确规定的背景下，尽管性别歧视在劳动力市场大量存在，但受害人往往无法获得救济。此外，缺乏专门法律、法规也导致对已婚、怀孕女职工的保护不足。

二是我国对就业性别歧视的法律救济途径仍显不足。由于缺乏针对就业性别歧视有效的救济途径，保护女性公平就业权益的法律法规就成了空话。虽然2019年最近出台的《规范招聘行为促进妇女就业的通知》要求健全司法救济机制，人民法院依法受理妇女就业性别歧视相关起诉，设置平等就业权纠纷案由，司法部门积极为符合条件的妇女提供司法救济和法律援助，但仍属于行政命令，在具体的性别歧视类型判断、抗辩事由、举证途径等方面都缺乏更加细致的规定。同时，用人单位占据人事的主动权，如果发生性别歧视争议，女职工如何有效取证难以实现，则后续的就业机制仍然难以落实。

三　中观成因：生育成本和劳动力市场竞争的影响

（一）女性雇用成本较男性大，用人单位雇用女性顾虑重重

雇用成本即用人单位人力资源的取得成本、开发成本、使用成本、离职成本等。其中人力资源的取得、开发、离职成本等方面，男女职工差异不大，但在人力资本的使用成本方面，雇用女性的成本高于雇用男性。两性比较发现，在目前的生育保障和支持中，男职工需要用人单位负担的生育成本，只有短时间的"陪产假"，且男性很少因婴儿照料而在工作期间请假或者中断职业发展。而女职工的生育成本则涵盖孕期、产期、哺乳期的劳动保护、生育休假、产假津贴、哺乳期保护等直接经济成本，雇用女职工还存在因产检时间、身体恢复、子女生病、精力不足等原因造成的生产效率降低，形成不确定性的间接成本。如表4-1所示。

表4-1　　　　　　　女职工生育成本——以北京市为例

生育不同阶段	主要保障内容	用人单位承担的成本
孕期	工作调整	须减轻女职工劳动量，或安排能够适应的劳动。
	孕期检查	须批准孕检假期，并记入劳动时间。
	孕期工作时间	不得安排夜班、延长劳动时间，并给予一定休息时间。
产期	产假	法定产假128天，与单位协商可再延长1—3个月，产假期间不得辞退女职工。
	生育津贴	生育保险为分娩前连续缴费满9个月的女性职工支付生育津贴，不足9个月的由用人单位支付；参与保险的津贴支付标准按女职工所在单位月缴费平均工资，个人工资高于此标准的由用人单位补齐；用人单位未缴纳生育保险的，产假津贴由用人单位支付。
哺乳期	哺乳期工作时间	孩子1周岁前不得安排夜班、不得延长劳动时间；每天在劳动时间内为哺乳期女职工安排1小时哺乳时间。
	育婴室设置	供孕妇休息室、哺乳室和设备。

总的来说，用人单位雇用女性所承担的生育成本，除了上述显性的劳动时间不足、生育津贴保障等经济成本外，还要承担因为女职工休产假带来的岗位空缺，以及产假期间的社会保险费等。如果生育二孩，在符合生育保险条件且岗位需要人顶替的情况下，不考虑单位的延长产假情况，雇用女性劳动力会增加的直接成本，见公式（4-17）。此外，还有因产检时间、身体恢复、子女生病、精力不足等原因造成的生产效率降低，形成不确定性的成本。因此，用

人单位在雇用女性员工时存在诸多顾虑,导致女性在进入劳动力市场时常常面临各种排斥。

$$直接成本 = 2*4\left[W_{替} + (W_{本人} - W_{平均}) + 32\%^{①}W_{本人}\right] + 2*12*22*W_{本人小时} \tag{4-17}$$

有学者预测,一个月薪4000元左右的女员工两次生育合计约8个月的断岗期,将给企业带来5万元的额外支出。[②] 在北京市,假设单位职工月平均工资 $W_{平均}$ 为9000元,本人工资 $W_{本人}$ 为10000元,折算小时工资为56.8元(按照每个月22个工作日,每个工作日工作8个小时计算),产假期间的替岗人员工资 $W_{替}$ 为单位职工月平均工资 $W_{平均}$,按照公式4-17,两次生育的直接经济成本由两部分构成:第一部分是女职工产假期间所支付的成本,由替岗人员工资 $W_{替}$、本人工资高出单位平均工资 $W_{本人} - W_{平均}$ 和单位在女职工产假期间继续缴纳社会保险费 $32\% * W_{本人}$ 构成,产假时间按4个月计算[③],女性生育次数是2次;第二部分是女性生育后哺乳期间的非劳动工资报酬,我国法律规定女职工哺乳时间计入工时,一般来说女职工平均有一年哺乳期,如果每天有1小时的时间用于哺乳,哺乳周期为12个月,每个月按22个工作日计算,女性生育2次,则需要支付工作时间非劳动工资是 $2 \times 12 \times 22 \times W_{本人小时}$。这两部分合计,则每位女职工生育两次带来的直接经济成本约13.56万元。

总之,从怀孕到生育,再到哺乳期结束,整个时间大约持续两年多,这期间女职工因身体不适、产检、生育、照顾婴幼儿、恢复身体和精力等原因会影响劳动生产效率,雇用女性会增加劳动成本

---

① 每位职工需要企业支付的社会保险总费,大约是本人缴费工资的32%。即,20%养老+9%医疗+3%失业、工伤和生育。

② 孙昊、张炜炜:《二孩政策背景下女性劳动权益的法律保护》,《行政与法》2016年第4期,第123—129页。

③ 根据北京市2016年3月24日发布实施的《关于修改〈北京市人口与计划生育条例〉的决定》第十八条:除享受国家规定的产假时间外,享受生育奖励假三十天。为便于估计,本书按4个月计算。

是一个不争的事实。

（二）女性生育难以适应工作边界，增加就业中断风险

在工作家庭边界理论中，工作领域以更加清晰的组织要求和行为约束使其边界性更强，具有非渗透性的特点，即工作对家庭的干扰强于家庭对工作的干扰。女性从怀孕产检、保胎、分娩、哺乳、育婴等环节都需要持续的减少工作投入、挤占工作时间，一定程度上违背了工作组织边界的要求，依据工作组织规定、制度标准和奖惩措施，女性就容易在工作领域受到处罚。

减少工作边界对生育女性的排斥，可以通过降低女性的幼儿照料负担实现，然而，我国目前婴幼儿照料支持还比较缺乏。目前，我国0—3岁儿童托育行业总体上呈现出机构数量严重匮乏、相关法规和主管部门缺乏、社会办托育机构困难重重的不良态势。随着经济转型，我国三岁以下婴幼儿的托儿中心、公办托儿所等基本消失，0—3岁婴幼儿的抚养教育问题在我国尚存在空白。最近几年出现的0—3岁的托育服务以社会办学的早教机构为主，也包括教育部门举办的幼儿园（如开设早教亲子班等）、医疗机构附属设立的早教基地、人口计生部门推进的0—3岁科学育儿基地等，但全国绝大多数地区政府主导的公益性早期教育资源普遍严重匮乏，接受公益普惠的学龄前早期发展服务还停留在家长的期盼和奢望上。根据卫计委的数据，2014年我国0—3岁婴幼儿在各类托幼机构的入托率仅为4%，相比OECD国家3岁以下儿童平均入托率34%，法国入托率49.7%，瑞典55%，新加坡近90%，韩国、日本均超过30%的国际现状[1]，我国的托育服务十分欠缺。

因此，面对社会化育儿服务不足的事实，年轻女性就不得不挤占工作时间和精力。但是面对工作领域边界的强边界性，女性几乎不会将孩子带入工作场所照料，女性在工作期间生育和养育子女就

---

[1] 陈庆井：《0—3岁儿童托育服务行业白皮书（全文）》2018年4月27日，温都网（https://www.sohu.com/a/208949621_817001），2021年8月8日。

不得不从组织边界约束性强的工作领域脱离出来，从而使中断或退出劳动力市场的风险加大。

四 微观成因：家庭分工与个体人力资本积累的影响

（一）生育使女性家庭分工比较优势凸显，影响女性工作投入

受传统社会性别角色分工的制约女性往往被束缚在家庭中，是家务劳动的主要承担者，尤其在抚养孩子方面，仍被视为女性的天职。孩子3岁前需要付出的照料精力最多，在这方面，男性和女性存在较大差异。第三期中国妇女社会地位调查显示，男性在孩子3岁前承担照料责任的比例仅为7.7%，而女性的孩子照料责任高达31.4%。如图4-3所示。

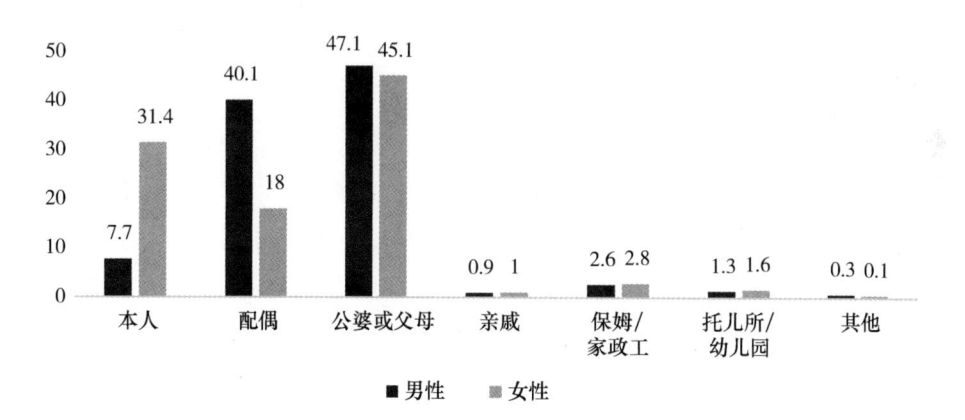

图4-3 孩子3岁前的照料责任分担情况

资料来源：根据2010年第三期中国妇女社会地位调查数据计算所得。

男女承担家庭责任的性别差异，意味着两性在劳动力市场中的投入存在较大差别，因此，雇主或用人单位对女性的偏见并非空穴来风。此外，值得关注的是，在我国孩子3岁前为隔代照料的比较明显，但当前我国人口老龄化的深入快速发展状况也是不争的事实，随着未来养老负担的加重，隔代照料的家庭孩子照料结构必将受到

冲击，如果男性的育儿责任没有提高，孩子照料仍将落在家庭责任负担较重的女性身上。

比较优势理论指出，女性在家庭部门较男性更有优势，为实现家庭资源配置效应最大化，女性应该将其时间和精力主要配置到家庭领域。然而，在特定时期内人的时间和精力是有限的，女性如果用于家庭领域的时间和精力投入过多，势必会减少在劳动力市场中的时间和精力投入，从而使得女性社会劳动参与概率降低，或是中断、退出劳动力市场的风险加大，抑或是承担因工作投入不足而带来的收入水平下降。

（二）生育带来女性人力资本弱势积累，不利于女性工资收入水平提高

生育影响女性人力资本积累，并贯穿于女性劳动力市场过程的始终。根据人力资本理论，人力资本差异主要体现在教育投资和劳动投资两个方面。在教育投资方面，随着社会的进步与发展，两性教育水平逐渐均等化，因此劳动投资带来的性别人力资本差异影响更为显著。职业女性生育过程中，除了孕期、哺乳期在工作投入的时间和精力不足之外，还要承担更多日常的家庭琐事、教育孩子等责任，往往会因家庭而中断工作或者从事临时性、非全日制的工作，进而在工作技能提升、工作经验积累方面不足，导致两性人力资本积累因劳动投资差异而出现差距。生育对女性人力资本积累的负向影响如图4-4所示。

这种因劳动投资不足带来的人力资本弱势积累，不仅阻碍女性职业向上流动的概率，还会带来工资收入水平的下降。此外，女性预期未来生育会对自身劳动力市场表现带来惩罚效应，还会影响当期得人力资本投资方向，将更多的人力资本投入在适合女性的行业或职业方向，导致该行业或职位女性劳动力供给大于需求，进而增加就业难度，并形成新一轮的恶性循环。

此外，女性个体的异质性也会引起劳动力市场表现生育惩罚效应的发生和发展路径不同。比如年龄、婚姻状况、受教育程度、健

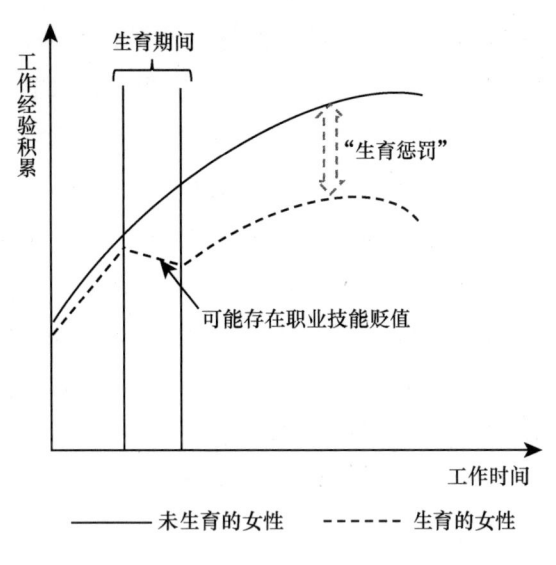

图 4-4　生育对女性人力资本积累的惩罚

康状况、户籍、性别观念等，这些因素的差异都会导致女性劳动力市场生育惩罚的成因及惩罚效应的程度有所不同。比如，我们可以从直观上感知，受教育程度较高的女性，本身的就业机会就比较多、教育投资的回报率大，且接受高等教育的女性更渴望通过参与社会劳动实现自身社会价值，因此工作欲望强，受生育和照料的束缚小，从而使得生育对自身劳动力市场表现的负向影响效应降低。事实上，由于女性劳动力市场表现本身就是一个非规范性的概念，女性自身的就业选择决策和职业生涯规划不同，是生理、心理和行为的总和反映，因而不同的人口学统计特征与生育和劳动力市场表现之间的关系存在较大差异和比较复杂的关系，这主要取决于个体特征。

第三节　本章小结

本章在梳理生育对女性劳动力市场表现影响的理论基础上，基于女性生育和劳动力市场表现的几个客观事实，推理生育对女性劳动力市场表现影响效应的理论形成机制。

在生育对女性劳动力市场表现影响的理论基础中，家庭分工比较优势理论揭示了：将女性劳动时间配置在家庭领域、男性劳动时间配置在劳动力市场中能够实现家庭效用的最大化，因此出于"理性经济人"考虑，女性往往会因家庭而减少劳动力市场投入；工作家庭边界理论主要从两个领域的组织渗透性指出，工作领域的非渗透性强，女性无法将家庭角色承担的事务带入工作领域，且如果肩负的家庭角色责任较多而不能适应工作的组织约束就会发生职业中断等风险；劳动力市场歧视理论是从雇主的视角解释雇主雇用女性员工的顾虑，为了减少雇用女性职工可能带来的损失，从而减少雇用女性的意愿或降低工资以弥补损失；人力资本理论是从女性个体视角出发，揭示了女性整个生育过程中的工作投入不足以及职业发展中断等，而导致的女性在劳动力市场表现的弱势积累。以上各理论并非独立地支持生育对女性劳动力市场表现的负面影响，而是从不同视角分别解释生育对女性劳动力市场表现负面影响的原因，并构成了本研究的主要理论基础。

基于理论基础和生育对女性劳动力市场表现的相关主体分析，结合女性雇用成本和育儿责任的性别差异大，本章进一步总结了生育对女性劳动力市场表现影响的形成机制。简单概括为：女性生育期间持续的脱离岗位，不仅带来自身人力资本积累不足，也使自身传统家庭分工角色凸显，这与用人单位或雇主的根本利益冲突，进而强化雇主或用人单位的性别歧视，加之我国目前在养育子女方面的家庭和社会支持不足，以及关于女性劳动力市场保护方面力度不够，从而使女性因生育而在劳动力市场中面临各种负向影响。

第五章

生育对女性劳动参与的影响研究

理论分析是实证研究的先导，本章在理论分析的基础上，依托微观调查数据，探讨生育对女性劳动力市场表现影响的第一个环节——劳动参与状况的影响。本章的主要研究思路是从总体分析和异质性分析两个层面，关注是否生育、生育数量、子女年龄这三个"生育"测量指标对女性劳动参与状况的估计结果和平均边际效应，以此来判断生育对女性劳动参与的影响效应，并且从城乡和性别视角，分析生育对女性劳动参与影响效应的异质性，来进一步说明生育对女性劳动参与的影响方向及其影响程度。

第一节 理论假设与实证基础

一 生育对女性劳动参与影响的理论假设

女性参与劳动力市场活动一直存在性别劣势。用人单位作为以自身利益最大化为目标的"理性经济人"，出于追逐利润的原因，考虑到现实中女性员工怀孕和生育期间带来的时间和额外成本，在招聘时往往存在显性或隐性的排斥女性；另外，社会性别分工作为一种固有观念也对女性劳动参与产生影响，现实和传统等各方面的因素，使得照顾孩子的责任主要由女性承担，从而减少了女性劳动供给的可能性。从劳动力市场歧视理论和家庭分工比较优势理论推测，女性因生育而在劳动力市场面临的性别不平等，以及生育带来的子女照料责任会对女性参与劳动力市场活动产生挤出效应。据此提出本章的第一个研究假设：

假设1：生育行为会降低女性劳动参与概率，已生育女性劳动参与概率低于未生育女性。

随着二孩政策、三孩政策的出台和实施，已生育女性可能选择再次怀孕，未生育过的女性也有可能在将来选择生育二孩甚至多孩。在这种情况下，女性就业歧视现象有加剧趋势。现实中，女性求职中的隐性歧视已有所抬头，"只限男生"等性别歧视的关键词虽不再出现在诸招聘公告上，但却以难以察觉、灵活多变的隐性歧视出现，例如，淘汰女性简历；不给女性笔试、面试、复试机会；提高对女性的学历要求等。虽然近年来，国家出台各项政策抑制了部分歧视现象的发生，在某些方面已经促使我们向着一个平等公正的社会走势，但却不能阻止显性就业性别歧视向隐性化发展的趋势。且现行的法律法规未明确规定就业歧视应承担何种行政和民事责任；相关监管部门对劳动力市场的监督管理乏力。此外，由于缺少专门处理就业歧视的机构等原因，对于用人单位来说很难起到应有的震慑和遏制作用，对于女性劳动者来说就业权益也难以保障。此外，女性生育数量的增加，也意味着承担的子女照料责任加大，在有限的时间精力约束下，女性用于家庭责任的时间、精力分配越多，那么对劳动力市场投入的时间、精力就会越少，女性参与劳动力市场活动的概率就会降低。基于劳动力市场性别歧视和精力分配理论的相关解释，提出本章的第二个研究假设：

假设2：对已生育的女性而言，不同生育数量对女性劳动参与的"惩罚"效应有差异，生育数量越多，女性承担的劳动参与"惩罚"效应越大。

孩子不同成长阶段需要被照顾的程度也不同，一般来说孩子学龄前的照料负担高于学龄期的儿童。随着我国市场经济的改革和深入发展，孩子在 3 岁前照顾支持已经从用人单位转向家庭，比较优势理论也揭示了家庭中儿童照顾责任主要由女性承担，因此，孩子年龄越小，对母亲的束缚越大，则女性参与劳动力市场的概率就会降低。有研究基于欧盟家庭面板数据也发现，在孩子容易得到照顾的地区，女性更倾向于参加工作（Daniela & Silvia, 2006），这也侧面说明了在我国当前婴幼儿社会化照料缺失的情况下，女性参加工作的概率可能降低。据此，提出本章的第三个研究假设：

假设 3：学龄前子女，尤其是有 0—3 岁子女的女性，生育对其劳动参与的"惩罚"效应最显著。

女性群体虽然在进入劳动力市场表出现一定的相似性，但女性个体的自然或社会属性存在着很大差异，这些差异很大程度上影响着女性自身进入劳动力市场的决策差异。所以，除了生育的影响，女性劳动力市场的参与概率还受到一系列其他因素的制约。

从女性个体特征看，处于中间年龄的女性由于生育的可能性更大、照料孩子的负担更重，同时经济活动也最频繁，因此其劳动参与决策受自身生育行为或孩子照料责任的影响也最敏感。生育行为依托于女性特定的年龄和生理时期，女性自身年龄的大小一定程度上决定了生育行为发生的可能性，通常年龄较小的育龄期女性刚刚离开大学校园，她们对自身的社会价值追求较高，且大多数没有成家，因此有较多的时间、精力投入劳动力市场活动中；而年龄较大的女性通常孩子已经长大，也有更多的精力和时间投入劳动力市场中，因此其劳动参与决策受生育行为的影响可能不敏感，所以年龄是影响女性劳动参与决策的重要因素。其次，健康状况也会对其劳动参与决策产生影响，如果女性个体的健康状况较差，则适应劳动力市场的体力或精力有限，因此不会倾向于过多地参与劳动力市场活动。此外，与农村女性相比，城镇地区经济发展状况较好、就业机会多，则女性参与劳动力市场的概率也会相对较高，所以户籍制度也是需要考虑的重要控制变量。

从女性家庭特征看，家庭经济收入状况会影响女性劳动参与决策的自主性，如果家庭收入高，女性通过有偿劳动满足家庭消费需求的边际效应会降低，则女性参与劳动力市场的意愿会降低，反之则会促进就业动机（Claudia Goldin，1990；吴愈晓，2010；刘爱玉，2018）。其次，家庭结构和家庭支持也会对女性劳动参与决策产生影响，例如当女性与其父母同住，那么父母可以协助女性照料婴幼儿子女，或者提供一定的家务料理支持或经济支持，进而帮助女性提高劳动参与程度（Ogawa N.，1996；Oishi，A. S.，2006；Kolodinsky，2000；鄢萍等，2012；范红丽，2015）。因此，为了进一步有效测量生育状况对女性劳动力市场参与概率的影响，也需要同时控制其婚姻状况、家庭经济水平、是否与父辈同住等家庭特征。

从女性人力资本特征看，人力资本特征决定劳动者进入劳动力市场、适应劳动力市场经济活动要求的能力，因此，考察生育对女性劳动力市场参与状况的净影响，还需要控制女性个体的人力资本特征。人力资本特征通常包括受教育程度、职业技能情况等。受教育程度常用来衡量进入劳动力市场前的人力资本状态，职业技能或工作经验积累等，通常用来衡量劳动力市场中的人力资本状况。一般地，女性受教育程度越高、获得的职业技能培训或积累的工作经验越多，则在劳动力市场中的预期收益和退出劳动力市场的机会成本也越高。因此，较高受教育程度和较好人力资本积累的女性越有可能进入劳动力市场（Kalwij A. S.，2000；吴愈晓，2010）。所以，考察生育对女性劳动力市场参与的影响，也要关注女性自身受教育程度、参加的职业技能培训情况等人力资本特征。因此，为了反映生育对女性劳动力市场参与的惩罚效应，研究以上研究假设，还需要在实证模型中同时控制女性个体特征、家庭特征、人力资本特征等一系列因素的影响。

以上研究假设构成了本章探讨生育对女性劳动参与影响效应的研究主线，即在控制影响女性劳动参与的其他因素的同时，从女性生育行为、生育数量和子女年龄三大方面综合验证生育对女性劳动参与是否存在负向影响效应，及其影响的程度。鉴于我国城乡发展的不平衡，城镇女性的就业机会大于农村，且城镇和农村长期实施的生育政策约束也不一样，所以生育因素对女性劳动参与的影响可能存在一定的户籍差异，基于这一客观情况，本章还从不同户籍视角，分析生育对女性劳动参与影响效应的异质性；此外，本章也从性别比较的视角，根据生育对已婚家庭中男性的劳动参与状况影响，进一步分析生育对女性劳动参与状况的影响。

二　实证基础

（一）数据来源与样本选择

根据以上研究假设及研究目的，结合数据可得性，本章使用的微观调查数据主要以 2016 年中国劳动力动态调查（CLDS）数据为主。该调查数据包括针对劳动者个体的调查、家庭调查和社区调查，是中山大学社会科学调查中心从 2012 年开始对中国社区、家庭和劳动力个体开展两年一度以劳动力为主题的全国性跟踪调查，该数据库的样本覆盖全国各地 29 个省、自治区、直辖市（不包括港澳台地区、西藏、海南）的 121 个城市，详细记录了劳动者个体的家庭状况、工作经历，同时也对中国妇女的生育观念、生育史进行了追踪调查，数据样本具有一定的代表性，也符合本章需要的主要指标。

本章选择的分析样本是 20—44 岁的青年女性，同时剔除从事"务农"劳动的女性样本。关于样本选择的原因，主要有两个方面考虑：一是关于青年女性及年龄的选择，根据前文的文献分析和理论分析可知，生育对女性劳动力市场参与的影响主要集中在女性生育期和职业发展黄金期相互重合时期，在女性整个生命周期中，属于女性青年时期，根据联合国世界卫生组织在 2013 年确定的人口年龄分段标准，18—44 岁为青年人口，但我国女性法定结婚年龄为 20 周岁，因此 20—44 岁青年女性是研究目标人群；二是关于剔除"务农"活动的考量，研究女性劳动力市场参与状况，而土地承包制下的务农劳动，没有进入的竞争机制，也不受组织制度、劳动力市场规则的制约，因此，关于女性劳动参与的研究，不包括从事"务农"

活动的女性样本,但这并不意味着不包含农村户籍的女性,随着我国城市化进程的快速发展,越来越多的青年女性从事非农劳动,因此,从事非务农工作的城乡青年女性是本研究的观测样本。

基于以上样本选择的考虑,以2016年中国劳动力动态调查数据库为基础,删除"有工作"女性中的"务农"样本和在校学生,剔除主要变量缺失的样本后,共筛选20—44岁青年女性的有效样本数量为2793个。

(二) 变量选择

本章以女性劳动力市场参与概率作为被解释变量,以女性生育为核心解释变量,研究生育对女性劳动力市场表现的第一个方面——劳动力市场参与状况的影响。同时,以女性的个体特征、家庭特征和生活方式等作为控制变量,具体如下:

被解释变量。女性劳动参与概率是被解释变量,以问卷中调查年份女性个体的"目前工作状态"进行测量。如果样本在调查年份"有工作"则赋值为"1",表示该个体参与劳动力市场活动,如果样本在调查年份"没有工作"则赋值为"0",表示没有参与劳动力市场活动,即被解释变量是二元赋值变量。

核心解释变量。女性生育是核心解释变量,为了体现女性的不同生育特征对其劳动力市场参与状况的影响,本章从是否生育、生育数量、子女年龄三个方面进行测量。

关于"是否生育"的核心解释变量:根据问卷题目"您生过几个孩子",将其重新编码。其中,是否生育属于二值型变量,即如果生育数量为"0个"则赋值为"0",表示"没有生育",生育数量为1个及以上则赋值为"1",表示"有生育",需要说明的是,数据库中未婚女性关于生育状况的原始数据缺失,按照已有的研究,我国女性传统观念较强,未婚生育并不常见(於嘉、谢宇,2014),因此将未婚女性的生育状况也赋值为"0"。

关于"生育数量"的核心解释变量:本章将生育数量细分为生育1个子女、生育2个子女、生育3个及以上子女。这种分类方法是以有孩子的女性为样本总体，如果生育数量为1个，则赋值为"1"；生育数量为2个，则赋值为"2"；由于生育3个以上的女性样本较少，故将生育数量为3个及以上的女性合并，并赋值为"3"。

关于"子女年龄"的核心解释变量：本章将子女年龄划分为不同阶段来反映子女需要的照料程度，以分析不同子女照料程度对女性劳动力市场参与概率的影响。在数据处理上，首先根据问卷"生育第一个孩子时，您的年龄是多少岁"进行观测，再根据女性样本自身的出生年份，推测出第一个孩子出生的年份，最后用调查年份减去第一个孩子出生年份，即得出第一个孩子目前的年龄。以此类推，根据样本"生育第二个孩子时，您的年龄是多少岁"来推算第二个孩子的年龄，其他孩子年龄的推算方法一致。据此，根据家庭中子女的年龄，细分为0—3岁、4—6岁、7—12岁、13岁及以上四大类。具体赋值方法见表5-1。这种分类标准是依据我国当前教育阶段进行划分的，分别表示家庭照料阶段、幼儿园阶段、小学阶段，用来考察子女不同照料程度对女性劳动力市场参与状况的影响。

各类控制变量。为了有效测量生育对女性劳动力市场参与决策是否存在影响，并观测其影响方向和影响程度，还需要同时控制女性个体特征、家庭因素、人力资本特征等因素。

根据以上分析，结合数据的可得性，本章的控制变量主要包括女性个体特征、家庭特征、人力资本特征三大类。按照研究假设，个体特征主要有年龄、年龄平方、健康状况、户籍、所在地区类型等；家庭特征包括家庭经济收入、是否与父辈同住；人力资本特征包括受教育程度、获得职业技能培训和或职业技能证书情况等。需要说明的是，尽管性别观念是女性劳动参与的重要因素，但受制于数据可能性的约束，关于女性性别观念的数据缺失也没有相应的替代测量指标，本部分暂不考虑女性性别观念的影响。各类变量的定义和赋值情况如表5-1所示，各变量的全样本统计情况如表5-2所示。

表 5-1　　　　生育与女性劳动参与：变量定义及赋值情况

变量类型		变量名称	赋值情况及相关说明
被解释变量		劳动力市场参与状况	"有工作"=1；"没有工作"=0
核心解释变量	是否生育（总体样本）		"无生育"=0；"生育"=1。
	生育数量（已生育样本）	生育1个	生育1个子女=1，生育2个子女=2，生育3个及以上子女=3
		生育2个	
		生育3个及以上	
	子女年龄（已生育样本）	0—3岁	由于每个家庭中子女数量不同，为避免遗漏变量和重复赋值，采用如下办法：在某个年龄段没有孩子则赋值为"0"；某个年龄段有1个孩子则赋值为"1"；某个年龄段有2个孩子则赋值为"2"。以此类推。[①]
		4—6岁	
		7—12岁	
		13岁及以上	
各类控制变量	个体特征	年龄	连续型变量
		年龄平方	连续型变量
		健康状况	"非常健康""健康"=1；"一般"=2；"比较不健康""非常不健康"=3
		户籍	农业户籍=1；非农户籍=0
		所在地区	1=东部；2=中部；3=西部
	家庭特征	家庭经济收入对数	连续型变量
		是否与父辈同住	是=1；否=0.
	人力资本特征	受教育年限（年）	小学及以下=1；初中=2；高中、中专和技校=3；大学及以上=4
		职业技术培训	最近一年有培训=1；没有参加培训=0
		职业技能证书	有证书=1；没有证书=0

---

① 例如：家庭子女中有一位3岁，一位1岁，则0—3岁=2、4—6岁=0、7—12岁=0、13岁及以上=0；又例如家庭子女中有一位3岁，一位6岁，则0—3岁=1、4—6岁=1、7—12岁=0、13岁及以上=0。以此类推。

表 5-2　　生育与女性劳动参与：样本分布

		变量	频数	比例（%）
被解释变量				
劳动力市场参与状况		有工作	2210	79.13
		无工作	583	20.87
核心解释变量				
是否生育		生育	2348	84.07
		未生育	445	15.93
生育数量		生育1个	1193	50.81
		生育2个	815	34.71
		生育3个及以上	340	14.48
子女年龄	0—3 岁	有	647	29.91
		没有	1516	70.09
	4—6 岁	有	560	25.91
		没有	1601	74.09
	7—12 岁	有	840	38.87
		没有	1321	61.13
	13 岁及以上	有	787	36.54
		没有	1367	63.46
各类控制变量				
个体特征	年龄（均值，岁）		33.34	—
	户籍	农村	1726	61.95
		城镇	1060	38.05
	健康状况	健康	2009	72.03
		一般	655	23.49
		不健康	125	4.48
家庭特征	婚姻状况	未婚	385	13.78
		已婚	2408	86.22
	家庭年经济收入（均值，元）		87278.87	—
	是否与父辈同住	同住	993	35.55
		不同住	1800	64.55

续表

	变量		频数	比例（%）
人力资本特征	受教育程度	小学及以下	378	13.54
		初中	1021	36.58
		高中、技校等	577	20.67
		大学及以上	815	29.20
	职业技术培训	有	509	18.22
		无	2284	81.78
	职业技能证书	有	696	24.92
		无	2097	75.08

（三）实证模型设定及识别

根据前一节所述，本章主要研究生育对女性劳动力市场参与的影响，从生育状况的不同维度衡量对女性劳动力市场参与是否存在影响，及其影响程度。首先设立以下基本回归模型：

$$Y_{FLP} = \alpha_0 + \beta X_{Fertility} + \theta_n X_n + \varepsilon \quad (5-1)$$

基本回归模型 [公式（5-1）] 中，Y_{FLP} 表示女性劳动力市场参与状况（Female Labor Participation）；$X_{Fertility}$ 是核心解释变量，表示女性生育状况；X_n 是各类控制变量，共有 n 个；β 是核心解释变量的回归系数，θ 是控制变量系数，α 为回归方程的常数项，ε 表示方程的随机误差项。

为了全面衡量生育对女性劳动力市场参与的影响，将女生育（$fertility_i$）细分为是否生育（$fertility_1$）、生育数量（$fertility_2$）、子女年龄（$fertility_3$）三个维度分别作为核心解释变量；控制变量包括年龄（age）、年龄平方（age_{square}）、健康状况（health）、户籍（household）、地区（area）、家庭经济收入对数（lnincome）、是否与父辈同住（together）、受教育年限（edu）、职业技术培训（traning）、职业技能证书（skill）等。

关于是否生育对女性劳动力市场参与的影响：

$$Y_{FLP} = \alpha_0 + \beta_1 X_{fertility_1} + \theta_1 age + \theta_2 age_{square} + \theta_3 health + \theta_4 household + \theta_5 area + \theta_6 lnincome + \theta_7 edu + \theta_8 together + \theta_9 edu + \theta_{10} traning + \theta_{11} skill + \varepsilon_i$$

(5-2)

生育数量对女性劳动力市场参与的影响：

$$Y_{FLP} = \alpha_0 + \beta_2 X_{fertility_2} + \theta_1 age + \theta_2 age_{square} + \theta_3 health + \theta_4 household + \theta_5 area + \theta_6 lnincome + \theta_7 edu + \theta_8 together + \theta_9 edu + \theta_{10} traning + \theta_{11} skill + \varepsilon_i$$

(5-3)

子女年龄对女性劳动力市场参与的影响：

$$Y_{FLP} = \alpha_0 + \beta_3 X_{fertility_3} + \theta_1 age + \theta_2 age_{square} + \theta_3 health + \theta_4 household + \theta_5 area + \theta_6 lnincome + \theta_7 edu + \theta_8 together + \theta_9 edu + \theta_{10} traning + \theta_{11} skill + \varepsilon_i$$

(5-4)

基于被解释变量——劳动力市场参与状况，属于离散的二分变量，因此考虑使用二元 Logit 模型，根据回归结果系数 β_1、β_2、β_3 分别判断是否生育、生育数量、子女年龄对女性劳动力市场参与的影响。Logit 模型中 β 的估计思路如下：

对于样本数据 $\{x_i, y_i\}_{i=1}^n$，根据 $P(y=1|x) = F(x,\beta) = \wedge(x'\beta) \equiv \dfrac{exp(x'\beta)}{1+exp(x'\beta)}$，第 i 个观测数据的概率密度为

$$f(y_i|x_i, \beta) = \begin{cases} \wedge(x'_i\beta), & 若 y_i = 1 \\ 1 - \wedge(x'_i\beta), & 若 y_i = 0 \end{cases}$$

其中，$\wedge(z) \equiv \dfrac{exp(z)}{1-exp(z)}$ 为逻辑分布的累积分布函数。上式可写为

$$f(y_i|x_i, \beta) = [\wedge(x'_i\beta)]^{y_i}[1-\wedge(x'_i\beta)]^{1-y_i}$$

取对数可得 $lnf(y_i|x_i, \beta) = y_i ln[\wedge(x'_i\beta)] + (1-y_i)ln[1-\wedge(x'_i\beta)]$

假设样本中的个体相互独立,整个样本的对数似然函数为

$$lnL(\beta \mid y, x) = \sum_{i=1}^{n} y_i ln[\wedge(x'_i\beta)] + \sum_{i=1}^{n}(1-y_i)ln[1-\wedge(x'_i\beta)]$$

把对数似然函数对 β 求偏导,可得一阶条件。满足一阶条件的估计量即为最大似然估计 MLE(Maximum Likelihood Estimation)估计量,记为 $\hat{\beta}_{ML}$。这样就得到了回归系数 β 的一致性估计。如果 $\beta > 0$ 则生育对女性劳动参与不存在负向影响;如果 $\beta < 0$,则生育对女性劳动力市场存在负向影响。

为了实现上述研究设计,本章使用 STATA 统计软件进行 Logit 模型估计,同时为了方便解释模型估计的经济含义,汇报估计的"几率比"和"平均边际效应",用于说明生育对女性劳动参与的影响程度。其中,"几率比"表示事件发生概率与不发生概率的比值,其经济含义是自变量变化一个单位引起因变量变化概率与原来未变化时的倍数。"平均边际效应"的数值表示自变量每变化一个单位引起因变量变化的程度,且平均边际效应的符号为"-",则表示自变量对因变量有阻碍/惩罚效应,反之则有促进作用,这也与回归系数 β 的影响方向一致。

第二节 生育对女性劳动参与影响效应的总体探析

一 是否生育对女性劳动参与的影响效应

表 5-3 显示的是主要解释变量"是否生育"对女性个体的劳动参与状况影响的 Logit 回归结果。估计结果显示:

第一,"是否生育"对女性劳动参与概率有负向影响,即生育会阻碍女性劳动力市场的参与概率。根据回归结果,"是否生育"这一核心解释变量对女性劳动力市场参与概率在5%的显著性水平上影响显著,且影响方向为负,说明女性生育对劳动力市场参与有一定的

负向影响。

第二，已生育女性劳动参与概率较低，已生育女性劳动参与概率是未生育女性的 0.4505 倍。几率比的估计结果为 0.4505，表示如果女性由"未生育"变化到"生育"，则参与劳动力市场的概率是原来的 0.4505 倍，其数值小于"1"，即已生育女性劳动力市场参与率低于未生育女性。

第三，生育导致女性劳动参与概率平均降低 11.74%。平均边际效应的数值表明，女性从"未生育"到"生育"，其劳动力市场的参与概率将平均下降 11.74%。

根据以上结论得出，女性生育行为会对其劳动力市场参与产生负向影响。因此，本章的研究假设 1 得以验证。

表 5-3　　　　　　是否生育与女性劳动参与：估计结果

变量	回归系数	几率比	平均边际效应
是否生育（参照组 = 未生育）			
生育	-0.797* (-1.87)	0.4505	-0.1174
年龄	0.145 (1.58)	1.1562	0.0214
年龄平方	-0.00140 (-1.02)	0.9986	-0.0002
户籍（参照组 = 非农户籍）			
城镇户籍	-0.2795* (-2.16)	0.7562	-0.0413
健康状况（参照组 = 健康）			
一般	-0.0408 (-0.33)	0.9601	-0.0059
不健康	-0.844*** (-3.81)	0.4301	-0.1429

续表

变量	回归系数	几率比	平均边际效应
婚姻状况（参照组=未婚）			
已婚	-0.854⁺ (-1.86)	0.4259	-0.1058
家庭经济收入对数	0.232*** (3.90)	1.2607	0.0341
是否与父辈同住（参照组=否）			
同住	0.272* (2.47)	1.3125	0.0394
受教育程度（参照组=小学及以下）			
初中	0.116 (0.78)	1.1226	0.0207
高中、中专、技校等	0.405* (2.21)	1.4992	0.0681
大学及以上	1.502*** (6.17)	4.4915	0.1909
职业技能培训（参照组=否）			
是	1.147*** (4.93)	3.1495	0.1351
职业技能证书（参照组=否）			
是	-0.0268 (-0.15)	0.9736	-0.0040
_cons	-3.426* (-2.27)	0.0242	
N		2544	
Wald chi2		222.92	
Prob > chi2		0.0000	
Pseudo R2		0.1214	

注：括号内数值表示 t 统计量；显著性水平：⁺ $p<0.01$，* $p<0.05$，** $p<0.01$，*** $p<0.001$。

从回归结果的各类控制变量看，女性不同特征对其劳动参与状况存在差异。

女性个体特征方面，城镇户籍、健康状况对其劳动参与有显著影响：城镇户籍的女性劳动参与概率大于农村，因此，推进城镇化进程可以有效帮助提高女性劳动参与概率；健康状况方面，身体不健康女性的劳动力市场参与显著低于健康女性，"不健康"的身体状况使女性劳动力市场参与率显著降低 14.29%，这一结果符合一定的客观事实。家庭特征方面，婚姻状况对女性劳动参与概率有负向影响，家庭经济水平、与父辈同住对女性劳动参与概率有正向影响：婚姻状况对女性劳动力市场参与有一定影响，相对于未婚女性，已婚女性劳动参与概率比未婚女性低 10.58%；家庭经济水平对女性劳动参与概率在 1% 水平上有显著正向影响，在该模型中，随着家庭经济水平的提高，并没有降低女性劳动参与率，结合前文的描述性分析，家庭平均年收入为 8 万左右，一定程度上反映了调查中样本家庭经济收入水平并不高，因此较高家庭经济对女性劳动参与的挤出效应并没有显现；"与父辈同住"对女性劳动参与概率在 5% 水平上有显著的正向影响，与父辈同住使女性劳动参与概率显著提高 3.94%，因此一定的家庭照料支持有助于女性提高就业概率。人力资本特征方面，较高受教育程度、参加职业技能培训对女性劳动参与概率有显著的正向影响。从受教育程度的几率比结果看，初中、高中和大学专科及以上学历女性劳动参与概率分别是小学及以下学历女性劳动参与概率的 1.1226 倍、1.4992 倍和 4.4915 倍，这说明受教育程度越高女性参与劳动力市场的概率也越大，其中大学及以上学历对女性劳动参与概率在 0.1% 的水平上有显著的正向影响，大学及以上学历促进女性个体劳动参与概率的平均边际效应达到了 19.09%，可见，接受高等教育的女性参与劳动力市场劳动具有明显的优势；接受专业技能培训对女性劳动者个体的劳动参与率有显著的正向影响，接受职业技能培训是未培训女性就业概率的 3.1495 倍，所以一定的职业技能培训有助于促进女性就业。

二 生育数量对已育女性劳动参与的影响效应

理论上，生育数量增加会阻碍女性进入劳动力市场，同时女性也会因为预期到生育后不能够有效地投入工作而减少生育数量（顾和军，2015），因此，Logit 回归可能存在互为因果的内生性问题，导致生育数量对女性劳动力市场参与状况的影响效应被低估。一般地，解决识别上的内生性问题主要办法是采用工具变量。工具变量需要同时满足与内生解释变量相关且与被解释严格外生性，关于这类问题的工具变量选择，我国的相关研究中多采用第一胎子女性别作为生育数量的工具变量（张川川，2011；陈瑛，2018），他们根据已有的研究发现中国家庭普遍存在男孩偏好，即一对夫妇在至少生育一个男孩前很少停止再生育（Monica，2003；Ebenstein，2010），且第一胎子女的性别是自然现象与女性是否参与劳动市场的决定无关。因此，在男孩偏好的情况下，第一个子女性别用作子女数量的工具变量满足工具变量选择的相关性和外生性基本原则。本节在分析"生育数量"对女性劳动力市场参与的影响时，也借鉴国内的研究经验，以第一胎子女性别作为识别子女数量的工具变量，[①] 使用含工具变量的 IVProbit 模型进行再估计，以进一步促进实证结果的可靠性。

为了工具变量使用的有效性，首先进行了 Wald 检验，结果显示 P 值为 0.0707，因此，可以认为在 10% 水平上生育数量存在内生性，需要使用工具变量进行修正。在含工具变量的 IVProbit 模型估计结果中，第一阶段估计结果显示，第一胎孩子的性别与生育数量在 1% 的水平上显著相关，满足工具变量的相关性条件，而第

---

① 本书关于"第一胎子女性别"这一工具变量的识别，结合了 2016 年 CLDS 的个人数据库和家庭数据库，通过家庭数据库中女性样本的"子女年龄"和个体数据库中计算出的"第一个孩子年龄"以及样本编号进行匹配，得出家庭数据库的第一个孩子年龄；再根据家庭数据库中该子女的性别，统计出第一个子女的性别。

一胎性别不直接影响劳动参与概率，满足工具变量的外生性条件，同时也不存在过度识别和弱工具变量的情况，所以以第一胎孩子的性别作为工具变量进行估计是有效的。为了方便比较，表5-4分别报告了 Logit 模型和 IVProbit 模型两种回归结果。回归结果显示：

第一，生育数量对女性劳动参与概率有显著的负向影响，生育数量每增加一个单位女性劳动参与概率显著下降16.40%。在不使用工具变量的情况下，Logit 回归结果显示，将生育数量作为连续型变量的估计结果中，生育数量对女性劳动参与概率在0.1%的水平上存在显著负向影响，生育数量每增加一个单位将导致女性劳动参与概率下降6.67%；使用工具变量的 IV Probit 模型调整结果显示，生育数量对女性劳动力市场参与的影响在1%的水平上仍然显著为负，因此生育数量对女性劳动参与概率有稳定的负向影响效应，生育数量每增加一个单位，女性劳动参与概率会显著下降16.4%。

第二，生育数量越多女性劳动参与概率越低。将生育数量作为分类变量处理的回归结果中，生育2个孩子和生育3个及以上数量孩子对女性劳动参与概率分别在0.1%和1%的水平上有显著负向影响，几率比显示生育2个孩子和生育3个及以上孩子的女性劳动参与概率分别是生育1个孩子女性劳动参与概率的0.5911倍和0.5095倍，其绝对值低于生育数量为1的女性劳动参与概率，平均边际效应显示生育2个数量的孩子可能导致女性劳动参与概率下降8.6%，生育3个及以上孩子可能导致女性劳动参与概率下降11.36%。

因此，生育数量对女性劳动力市场参与概率存在显著的负向影响，生育数量越多女性劳动参与概率越小。综合以上研究结论，本章的研究假设2得以验证。

表 5-4　　　　　　　生育数量与女性劳动参与：估计结果

变量	Logit 模型			IVProbit 模型	
	回归系数	几率比	平均边际效应	回归系数	平均边际效应
生育数量连续型（参照组=1个）	-0.410*** (-4.50)	0.6637	-0.0667	-0.602** (-2.94)	-0.1640
生育数量分类（参照组=1个）					
生育2个	-0.526*** (-4.26)	0.5911	-0.0860	—	—
生育3个及以上	-0.674** (-3.25)	0.5095	-0.1136	—	—
年龄	0.321** (3.29)	1.3789	0.0522	0.225*** (3.33)	0.0612
年龄平方	-0.00386** (-2.68)	0.9961	-0.0006	-0.00273** (-2.78)	-0.0007
户籍（参照组=非农户籍）					
农村户籍	0.384** (2.69)	1.4678	0.0638	0.335*** (3.33)	0.0926
健康状况（参照组=健康）					
一般	-0.0914 (-0.72)	0.9127	-0.0148	-0.0358 (-0.46)	-0.0097
不健康	-0.788*** (-3.45)	0.4549	-0.1440	-0.389** (-2.67)	-0.1154
婚姻状况（参照组=未婚）					
已婚	-0.248 (-0.51)	0.7807	-0.0382	-0.615 (-1.60)	-0.1361
家庭经济收入对数	0.205*** (3.30)	1.2276	0.0333	0.191** (2.65)	0.0296
是否与父辈同住（参照组=否）					
是	0.253* (2.20)	1.2875	0.0405	0.109** (2.83)	0.0512

续表

变量	Logit 模型			IVProbit 模型	
	回归系数	几率比	平均边际效应	回归系数	平均边际效应
受教育程度（参照组＝小学及以下）					
初中	0.0268 (0.18)	1.0272	0.0050	0.0125 (0.12)	0.0038
高中、中专、技校等	0.203 (1.06)	1.2248	0.0362	0.102 (0.74)	0.0299
大学及以上	1.238*** (4.77)	3.4488	0.1716	0.610*** (3.38)	0.1518
职业技能培训（参照组＝否）					
是	1.159*** (4.59)	3.1864	0.1511	0.548*** (4.14)	0.1315
职业技能证书（参照组＝否）					
是	−0.0424 (−0.23)	0.9585	−0.0069	−0.0305 (−0.28)	−0.0083
_cons	−7.523*** (−4.25)			−3.794** (−3.25)	
N	2125			1905	
Wald chi2	182.54			190.40	
Prob > chi2	0.0000			0.0000	
Pseudo R2	0.1028			—	
第一阶段检验	—			0.306*** (12.39)	

注：括号内数值表示 t 统计量；显著性水平：$^+ p<0.01$，$^* p<0.05$，$^{**} p<0.01$，$^{***} p<0.001$。

各类控制变量对女性劳动参与概率也有一定影响。女性个体特征方面，年龄、户籍、健康状况等因素对劳动参与有显著影响：年龄与女性劳动力市场参与率显著相关且呈"倒 U"形曲线关系，无论 Logit 模型还是 IV Probit 模型的估计，年龄对女性劳动力市场参与概率的影响始终显著，从回归系数的符号判断，女性劳动参与率先随年龄增大而增大，再随年龄增大而降低，即靠近 20 岁和 44 岁的女性劳动参与率高，而处于中间年龄的女性劳动参与率较低。其原因可能是 20—44 岁年龄区间内，较小年龄的女性生育率相对较低，而较大年龄的女性孩子已经入学需要的照顾程度较低，所以其劳动参与率也比较大；而处于中间年龄的女性生育和养育负担较重，对参与劳动力市场参与的挤出效应明显，因此劳动力市场参与率相对较低。故女性劳动力市场参与率与年龄分布呈倒"U"形曲线关系；城镇户籍和健康状况仍然是影响女性劳动力市场参与率的显著影响因素，城镇女性劳动参与高于农村，身体健康状况较差则会阻碍女性劳动力市场参与概率，这两个控制变量与"生否生育"对女性的劳动力市场参与影响的估计结果一致。在女性家庭特征中，家庭经济收入水平、与父辈同住对女性劳动参与概率有正向影响。与"是否生育"的全样本估计结果相比，家庭经济收入对已育女性劳动参与的边际效应差异不大，且影响方向为正，说明在该数据库女性家庭收入水平普遍较低的情况下，家庭经济收入水平仍然是促进女性参与劳动力市场的重要原因；已育女性与父辈同住也会显著促进其劳动力市场参与，且与"是否生育"的全样本估计结果相比，与父辈同住促进女性劳动参与的边际效为 5.12%，高于全样本"是否生育"估计的 3.94%，进一步说明了家庭内部的生育照料支持可得性，有助于促进女性劳动力市场参与率。在女性人力资本特征中，较高受教育程度、有职业技能培训等对女性劳动参与概率有稳定的促进作用。回归结果显示，接受高等教育对已生育女性劳动力市场参与率有显著的促进作用，其边际效应也与"是否生育"的全样本估计结果相似，说明较高受教育程度的女性有着稳定的就业倾向。有职业技能培训也对已育女性劳动力市场参与有显著正向影响。这说明，对于已生育的女性来说，增加职业技能培训是促进已生育女性劳动力市场参与的重要推动力。

三 子女年龄对已育女性劳动参与的影响效应

前文的研究表明，生育数量越多女性劳动力市场参与概率越低，同时与父辈同住会促进女性劳动力市场参与概率，这是否意味着生育和养育子女的责任加大会阻碍女性的劳动力市场参与呢？为了检验这一推测，本节再进一步从子女年龄视角分析生育对女性劳动力市场参与概率的影响，表5-5是不同子女年龄状况对女性劳动力市场参与概率的Logit回归估计结果。回归结果显示：

第一，0—3岁子女对女性劳动力市场参与概率存在负向影响，这种影响效应随着孩子进入小学阶段逐渐消失。从不同年龄分布看，0—3岁、4—6岁子女对女性劳动参与概率有负向影响，其中0—3岁子女对女性劳动参与概率在0.1%的显著性水平上有显著的负向影响，说明0—3岁子女对女性劳动参与存在阻碍作用。4—6岁子女对女性劳动参与的影响虽然不显著，但其影响方向为负，说明4—6岁子女也会在一定程度上降低女性的劳动参与概率；7—12岁子女和13岁及以上子女对母亲的劳动力市场参与概率影响不显著，但影响方向为正，这说明7岁及以上年龄的子女对女性劳动参与概率提高有促进作用。因此，学龄前，尤其是0—3岁子女，会阻碍女性劳动力市场参与，但随着孩子进入小学阶段后这种阻碍作用逐渐消失。

第二，0—3岁子女使女性劳动参与概率显著下降16.38%。从回归估计的几率比看，有0—3岁子女的女性劳动力市场参与概率是无0—3岁子女的女性劳动力市场参与概率的0.3518倍，即有0—3岁子女的女性劳动参与概率低；从平均边际效应看，有0—3岁子女会导致女性劳动力市场参与概率下降16.38%。

以上结论支持了前文的推断，即家庭中子女年龄越小会对女性劳动力市场参与产生负向影响效应。故本章研究假设3得以验证。

不同子女年龄对女性劳动力市场参与影响的回归结果还显示，不同的控制变量也会对女性劳动力市场参与产生影响。从女性个体特征看，不同年龄和健康状况均对女性劳动力市场参与有一定影响。子女各年龄段的女性，其劳动力市场参与概率都是先随着女性年龄增加而上升，再随着女性年龄增加而下降，即靠近20岁和44岁的女性劳动参与率较高，而中间年龄的女性劳动参与率较低；健康状况方面，身体健康状况较差的女性其劳动力市场参与概率仍然显著较低，与前文的研究结论一致，也侧面反映了模型估计具有一定稳定性。女性家庭特征方面，已婚女性对其劳动参与概率影响为负，家庭经济收入水平和与父辈同住对女性的劳动参与概率影响为正。虽然婚姻状况对女性劳动力市场参与概率影响不显著，但相对于未婚女性来说，已婚女性对其劳动力市场参与概率的影响方向为负，这说明已婚可能阻碍女性参与劳动力市场；家庭经济收入水平对女性劳动力参与概率有非常显著的正向影响，说明在目前的家庭经济状况下，家庭经济并没有对女性劳动力市场参与产生替代；与父辈同住这一因素对女性的劳动力市场参与概率影响虽然不显著，但回归系数方向为正，表明与父辈同住的女性劳动力市场参与状况好于不与父辈同住的女性，父辈提供的隔代照料一定程度上可能促进女性参与劳动力市场。女性人力资本状况方面，女性受教育程度和职业技能培训仍然对女性劳动力市场参与概率有显著的促进作用，尤其是接受高等教育的女性更能有效提高其劳动力市场参与概率。接受高等教育的女性劳动力市场参与概率是小学及以下女性的4—5倍，其平均边际效应均在20%以上；接受一定的职业技能培训也能显著提高女性的劳动力市场参与概率，平均边际效应在各年龄段子女的女性都达到了15%左右。进一步表明提高女性自身的人力资本积累是促进女性劳动力市场参与的重要途径。

表5-5 不同子女年龄与女性劳动参与：估计结果

变量	0-3岁 回归系数	0-3岁 几率比	0-3岁 平均边际效应	4-6岁 回归系数	4-6岁 几率比	4-6岁 平均边际效应	7-12岁 回归系数	7-12岁 几率比	7-12岁 平均边际效应	13岁及以上 回归系数	13岁及以上 几率比	13岁及以上 平均边际效应
0-3岁：(参照组=无0-3岁子女)	-1.045*** (-8.45)	0.3518	-0.1638									
4-6岁：(参照组=无4-6岁子女)				-0.0639 (-0.54)	0.9380	-0.0105						
7-12岁：(参照组=无7-12岁子女)							0.117 (1.19)	1.124	0.0192			
13岁及以上：(参照组=无13岁及以上子女)										0.184 (1.49)	1.2014	0.0300
年龄	0.087 (0.84)	1.0905	0.0136	0.258** (2.58)	1.2947	0.0424	0.193 (1.74)	1.2128	0.0317	0.311** (2.98)	1.3653	0.0509
年龄平方	-0.0012 (-0.79)	0.9988	-0.0002	-0.003* (-2.03)	0.9970	-0.0005	-0.0021 (-1.26)	0.9979	-0.0003	-0.0040* (-2.51)	1.3653	-0.0006
户籍（参照组=非农户籍）												
农村户籍	0.299* (2.10)	1.3480	0.0476	0.233 (1.66)	1.2629	0.0389	0.214 (1.52)	1.2388	0.0357	0.212 (1.49)	1.2357	0.0351

续表

变量	0—3 岁			4—6 岁			7—12 岁			13 岁及以上		
	回归系数	几率比	平均边际效应	回归系数	几率比	平均边际效应	回归系数	几率比	平均边际效应	回归系数	几率比	平均边际效应
健康状况（参照组＝健康）												
一般	-0.114 (-0.88)	0.8921	-0.0179	-0.0788 (-0.62)	0.9242	-0.0129	-0.0802 (-0.63)	0.9228	-0.0131	-0.0717 (-0.56)	0.9308	-0.0116
不健康	-0.803*** (-3.56)	0.4480	-0.1417	-0.762*** (-3.36)	0.4668	-0.1407	-0.748** (-3.28)	0.4733	-0.1380	-0.798*** (-3.52)	0.9308	-0.1476
婚姻状况（参照组＝未婚）												
已婚	-0.370 (-0.67)	0.6907	-0.0536	-0.379 (-0.70)	0.6846	-0.0571	-0.384 (-0.72)	0.6809	-0.0579	-0.381 (-0.70)	0.6832	-0.0571
家庭经济收入对数	0.194** (3.08)	1.2143	0.0304	0.227*** (3.58)	1.2553	0.0373	0.222*** (3.51)	1.2486	0.0365	0.224*** (3.50)	1.2515	0.0367
是否与父辈同住（参照组＝否）												
是	0.210 (1.80)	1.2340	0.0326	0.224* (1.96)	1.2514	0.0363	0.232* (2.03)	1.2614	0.0376	0.216 (1.88)	1.2414	0.0349
受教育程度（参照组＝小学及以下）												
初中	0.186 (1.22)	1.2039	0.0345	0.150 (0.99)	1.1614	0.0287	0.147 (0.97)	1.1584	0.0283	0.172 (1.12)	1.1882	0.0332

续表

变量	0—3 岁			4—6 岁			7—12 岁			13 岁及以上		
	回归系数	几率比	平均边际效应	回归系数	几率比	平均边际效应	回归系数	几率比	平均边际效应	回归系数	几率比	平均边际效应
高中、中专、技校等	0.412* (2.17)	1.5106	0.0736	0.364 (1.92)	1.4388	0.0669	0.374* (1.97)	1.4529	0.0688	0.413* (2.13)	1.5109	0.0759
大专及以上	1.684*** (6.41)	5.3863	0.2246	1.430*** (5.63)	4.1808	0.2028	1.462*** (5.69)	4.3130	0.2065	1.482*** (5.82)	4.4018	0.2101
职业技能培训（参照组=否）												
是	1.182*** (4.64)	3.2618	0.1492	1.167*** (4.62)	3.2132	0.1526	1.177*** (4.67)	3.2459	0.1538	1.168*** (4.61)	3.2170	0.1521
技能证书（参照组=否）												
是	-0.00908 (-0.05)	0.9910	-0.0014	-0.0144 (-0.08)	0.9857	-0.0024	-0.0148 (-0.08)	0.9853	-0.0024	-0.0259 (-0.14)	0.9744	-0.0043
_cons	-2.463 (-1.28)	0.0817		-6.776*** (-3.66)	0.0011		-5.713** (-2.86)	0.0033		-7.505*** (-3.94)	0.0006	
N	2104			2103			2103			2095		
Wald chi2	294.75			216.37			216.93			216.87		
Prob > chi2	0.0000			0.0000			0.0000			0.0000		
Pseudo R2	0.1275			0.0937			0.0938			0.0945		

注：括号内为 t 统计量；显著性水平 $*p<0.05$，$**p<0.01$，$***p<0.001$。

第三节　生育对女性劳动参与影响效应的异质性分析

前一节主要从生育的不同视角，及是否生育、生育数量、子女年龄三个方面分别估计了生育对女性劳动力市场参与状况的影响及其影响程度。结果表明，女性生育的三个方面都对女性劳动力市场参与都存在显著的阻碍作用，且生育数量越多、子女年龄越小对女性劳动力市场参与的阻碍作用也越大。值得注意的是，我国两孩政策实施时间较短，且本研究使用的数据是在两孩政策实施前的调查结果，在此时期之前，受户籍制度的约束女性生育数量和生育观念存在明显的城乡差别。同时，我国城乡发展不平衡，城镇女性劳动参与机会大于农村，而且前文的实证结果也表明城镇户籍对女性劳动参与概率有显著的正向影响，所以生育对女性劳动参与状况的影响存在明显的城乡差异，需要从城乡差异方面做进一步细致的估计。此外，生育行为虽然是女性责任，但养育责任则是家庭中夫妻双方的共同义务，因此，评估生育对女性劳动力市场参与的影响效应，还需要以家庭中男性为参照，进行生育对劳动力市场参与的性别差异比较。

一　生育对不同户籍女性劳动参与的影响效应

（一）不同户籍女性的样本分布

从微观层面探讨生育对女性劳动力市场参与的负向影响是否受户籍制度的制约，对于国家采取怎样的劳动力市场性别平等策略促进女性就业有着重要的理论指导意义。按照调查对象的户籍类型，分为农村户籍和城镇户籍两类，样本分布情况如表5-6所示。从劳动力市场参与状况看，城镇户籍女性劳动参与率略高于农村；从生育状况看，城乡差异主要体现在生育数量方面，城镇女性主要生育1

个孩子，占比达到77.53%；农村女性大多都生育2个及以上数量的孩子，占比57.84%，这种生育数量分布基本符合我国长期计划生育政策干预的结果。

表5-6 生育与女性劳动参与的城乡差异：样本分布

			农村户籍		城镇户籍	
			频数	比例	频数	比例
劳动力市场参与状况	有工作		1310	75.59	906	84.91
	无工作		423	24.41	161	15.09
是否生育	未生育		274	13.86	226	21.00
	已生育		1703	86.14	850	79.00
生育数量	生育1个		718	42.16	659	77.53
	生育2个		802	47.09	173	20.35
	生育3个及以上		183	10.75	18	2.12
子女年龄	0—3岁	无	1147	67.83	649	76.80
		有	544	32.17	196	23.20
	4—6岁	无	1216	71.87	662	78.53
		有	476	28.13	181	21.47
	7—12岁	无	992	58.56	547	64.96
		有	702	41.44	295	35.04
	13岁及以上	无	1039	61.77	528	62.49
		有	643	38.23	317	37.51
个体特征	年龄（均值，岁）		32.70	—	34.43	—
	健康状况	较好/很好	1503	71.06	875	72.86
		一般	498	23.55	274	22.81
		较差/很差	114	5.39	52	4.33
家庭特征	婚姻状况	未婚	250	11.78	209	17.33
		已婚	1873	88.22	997	82.67
	家庭经济收入水平（均值，元）		66638.41	—	104380.2	—
	是否与父辈同住	同住	755	35.56	195	32.75
		不同住	1368	64.44	811	67.25

续表

			农村户籍		城镇户籍	
			频数	比例	频数	比例
人力资本特征	受教育程度	小学及以下	497	23.47	59	4.92
		初中	1004	47.40	225	18.67
		高中、中专、技校等	380	17.94	284	23.67
		大学及以上	237	11.19	632	52.67
	职业技能培训	有培训	218	10.29	309	25.71
		无培训	1901	89.71	893	74.29
	职业技能证书	有证书	304	14.35	415	34.53
		无证书	1815	85.65	787	65.47

（二）生育对不同户籍女性劳动参与影响效应的估计结果

表5-7显示了生育不同维度对女性劳动力市场参与状况的影响。从城乡差异看，在控制了女性个体特征、家庭特征和人力资本等因素后，生育对女性劳动力市场参与状况影响存在较大差异。

表5-7　　生育与女性劳动参与的城乡差异：估计结果

	农村			城镇		
	回归系数	几率比	平均边际效应	回归系数	几率比	平均边际效应
是否生育（参照组=未生育）	-1.1832** (-2.23)	0.3063	-0.1558	0.1145 (0.19)	1.1213	0.0130
生育数量（连续型）	-0.3664*** (-3.56)	0.6932	-0.0658	-0.5497** (-2.84)	0.5771	-0.0705
生育数量（参照组=1个）						
生育2个	-0.4383** (-3.05)	0.6452	-0.0771	-0.7545*** (-3.25)	0.4703	-0.1078
生育3个及以上	-0.6659** (-3.05)	0.5138	-0.1221	-0.4681 (-0.81)	0.6262	-0.0622

续表

	农村			城镇		
	回归系数	几率比	平均边际效应	回归系数	几率比	平均边际效应
子女年龄						
0—3 岁	-1.1749*** (-7.94)	0.3088	-0.1996	-0.6293** (-2.48)	0.5329	-0.0808
4—6 岁	-0.0024 (-0.02)	0.9976	-0.0004	-0.3118 (-1.23)	0.7321	-0.0404
7—12 岁	0.1664 (1.48)	1.1810	0.0301	-0.0302 (-0.15)	0.9724	-0.0039
13 岁及以上	0.2081 (1.46)	1.2314	0.0375	-0.0083 (-0.03)	0.9917	-0.0011
个体特征	已控制			已控制		
家庭特征	已控制			已控制		
人力资本特征	已控制			已控制		

注：括号内为 t 统计量；显著性水平 $^*p<0.05$, $^{**}p<0.01$, $^{***}p<0.001$。此外，各类控制变量对女性劳动参与率的影响结果与前文基本一致，故不再列举分析，可详见附录 A。

第一，生育行为对农村女性的劳动参与有显著的负向影响。生育对农村女性劳动参与概率在 0.1% 的显著性水平上有负向影响，说明生育行会降低农村女性劳动参与概率，对农村女性劳动参与存在阻碍作用。几率比显示，农村已生育女性劳动参与概率使未生育女性的 0.3063 倍，因此农村已生育女性劳动参与概率低。平均边际效应值显示，生育行为使农村女性劳动参与概率平均降低 15.58%。但是，生育行为对城镇户籍女性劳动参与概率没有显著影响，这是因为城镇女性本身劳动参与概率高于农村，而生育行为也具有一定的普遍性。因此，"是否生育"对女性劳动参与的负向影响，农村女性的敏感性较强。

第二，无论城镇还是农村，生育数量对已育女性劳动参与都存在显著的负向影响，且生育数量对城镇已育女性劳动力市场参与的阻碍作用总体上大于农村。生育数量对农村女性和城镇女性都有显著的负向影响，所以，无论城镇还是农村，生育数量对已育女性劳动参与都存在显著的负向影响。从生育数量连续型变量看，生育数量每增加一个单位，农村女性劳动参与概率将平均下降 6.58%，城镇女性劳动参与概率将平均下降 7.05%；从生育数量的分类变量看，农村女性生育 2 个子女会使女性劳动力市场参与的概率下降 7.71%，而城镇女性生育 2 个子女会使女性的劳动力市场参与概率下降 10.78%，比农村女性高出 3 个百分点。描述性分析中可以看出城镇女性生育数量在 3 个及以上的样本较少，因此 3 个及以上生育数量对城镇女性的影响不显著，但却使农村女性劳动参与概率显著降低 12.21%。因此，生育数量越多对女性劳动参与的负向影响效应越大，且总体上看，生育对城镇已育女性的负向影响效应大于农村。

第三，从子女年龄看，家庭中有 0—3 岁幼儿对城镇和农村女性的劳动力市场参与都有显著的负向影响效应，且农村女性有 0—3 岁的劳动参与负向影响高于城镇女性。对农村女性而言，0—3 岁子女对母亲劳动力市场参与的概率有显著的负向影响，0—3 岁子女使农村女性劳动力市场参与的概率显著下降 19.96%；而对城镇女性而言，0—3 岁子女对母亲劳动力市场参与的概率也有一定的负向影响，有 0—3 岁子女使得城镇女性劳动力市场参与的概率平均降低 8.08%。因此，有 0—3 岁子女，对农村女性的劳动力市场参与概率的负向影响大于城镇女性。在孩子 7 岁后，无论城乡，子女年龄对女性劳动力市场参与都没有显著影响，且从影响方向上看都为正，说明当孩子进入小学阶段后，子女照料对女性劳动力市场参与的负向影响效应逐渐消失。

上述结果可以看出，农村女性受生育的影响比城镇女性更为敏感，更容易因生育而不参与劳动力市场活动；但城镇女性却会因生育数量增多而减少其劳动力市场参与的概率高于农村。在样本分布的描述性分析中，农村女性人力资本积累状况总体低于城镇女性，且农村地区的女性工作机会也较城镇少，因此，对农村女性来说促进其劳动参与率不仅要提高女性自身受教育水平、加大其职业技能培训，还需要进一步促进我国的城镇化进城为女性创造更多的就业机会。此外，0—3 岁子女会显著阻碍城乡女性参与劳动力市场，且农村女性受此影响远高于城镇，所以，缓解生育对女性劳动力市场参与的负面影响，这充分说明了孩子未满幼儿园入学年龄前，主要照料责任在于母亲并阻碍母亲的劳动力市场参与，所以要注重 0—3 岁幼儿的社会化照料支持帮助分担母亲的育儿压力，尤其是农村地区的育儿社会化照料服务建设。

二 生育对劳动参与影响效应的性别比较

（一）样本选择及变量定义

本节从性别比较的视角，分析生育对劳动力市场参与状况影响的性别差异，以进一步体现生育对女性劳动力市场参与的影响效应。使用的数据为第三期中国妇女社会地位调查，第三期中国妇女社会地位调查是全国妇联和国家统计局从 1990 年开始每隔十年组织一次全国规模的针对中国妇女社会地位的调查，调查内容包括教育、工作或劳动经历、社会保障、政治参与和政治态度、婚姻家庭、生活方式、认知和态度等方面。该调查是本研究宏观描述的主要参考来源，且在生育数量、子女照料和劳动参与等方面有详细的调查，基本满足性别比较分析的需要。按照前文的样本选择考虑因素，将 20—44 岁、从事非农生产的男性和女性作为主要研究对象，其中男性样本 2367 个，女性样本 3099 个。

在变量选取上主要遵循前文研究思路，被解释变量仍然是女性劳动参与概率，以问卷中"目前是否从事有收入的工作"进行测量。如果"是"则赋值为 1，表示该个体参与劳动力市场活动，如果"否"则赋值为 0，表示没有参与劳动力市场活动，即被解释变量是二元赋值变量。核心解释变量以生育数量进行测量，值得说明的是，由于该调查缺乏子女年龄相关数据，而且未生育的样本比较少，因此本节只从生育数量视角进行解释，"生育数量"可以根据调查对象的回答直接得出。各类控制变量基本上遵从前一节的分析,包括个体特征、家庭因素、人力资本特征等因素,此外,还有很多研究表明,研究生育对女性劳动力市场参与的影响,还需要控制女性自身的性别观念(Thornton A., 1983; Glass J., 1992; Bolzendahl & Myers, 2004; 蒋永萍, 2001; 吴小英, 2009; 杨菊华, 2014; 许琪, 2016)。各变量的定义如表5-8所示,样本分布如表5-9所示。

表5-8　　　　生育与劳动参与的性别比较:变量定义

变量类型	变量名称		赋值情况及相关说明
被解释变量	劳动力市场参与状况		"是" =1;"否" =0
核心解释变量	生育数量		连续型
主要控制变量	个体特征	年龄	连续型
		健康状况	很好/较好 =1;一般 =2;较差/很差 =3
		户籍	城镇 =1;农村 =2
	家庭特征	孩子3岁前白天由谁照顾	孩子父亲 =1;孩子母亲 =2;本人/配偶父母 =3;托儿所/幼儿园 =4;保姆/家政及其他 =5
		配偶年收入(均值)	1万元以下 =1;1—3万元 =2;3—6万元 =3;6万元及以上 =4
	人力资本特征	受教育程度	小学及以下 =1;初中 =2;高中/中专/中技 =3;大学及以上 =4
		近3年是否参加过培训或进修	是 =1, 否 =0
	性别观念	是否同意"男主外女主内"	不同意 =0, 同意 =1
		是否同意"干得好不如嫁得好"	不同意 =0, 同意 =1

表 5-9　　生育与劳动力市场参与的性别比较：样本分布

	男性		女性	
	频数	比例	频数	比例
劳动参与				
是	2232	94.30	2336	75.38
否	135	5.70	763	24.62
生育数量（均值，个）	—	—	1.10	—
年龄（均值，岁）	36.39	—	36.17	—
健康状况				
很好/较好	1837	77.64	2154	69.66
一般	430	18.17	756	24.45
较差/很差	99	4.18	182	5.89
户籍				
城镇	2225	94.0	2930	94.55
农村	142	6.0	169	5.45
孩子3岁前由谁照顾				
孩子父亲	147	6.89	27	0.98
孩子母亲	827	38.77	1421	48.92
本人/配偶父母	1046	49.04	1292	44.48
托儿所/幼儿园	113	5.3	165	5.68
配偶年收入（均值，元）	17718.42	—	31497.26	—
受教育程度				
小学及以下	89	3.76	175	5.65
初中	562	23.74	905	29.20
高中/中专/中技	744	31.43	977	31.58
大学及以上	972	41.06	1042	33.62
近3年是否参加过培训或进修				
是	873	36.88	1024	33.05
否	1494	63.12	2074	66.95

续表

	男性		女性	
	频数	比例	频数	比例
是否同意"男主外女主内"观点				
不同意	1110	6.89	1804	58.21
同意	1241	52.43	1278	41.24
是否同意"干得好不如嫁得好"观点				
不同意	1390	58.72	1731	55.86
同意	903	38.15	1306	42.14

（二）生育对劳动参与影响效应性别差异的实证结果

表5-10是生育数量对男性和女性劳动力市场参与影响效应的估计结果，回归结显示：

第一，生育对女性劳动参与产生显著的负向影响，但对男性劳动参与概率影响不显著。从回归系数的影响方向上看，生育对女性劳动参与概率在1%的显著性水平上有负向影响，这表明，生育对女性的劳动力市场参与存在负向影响；但生育对男性的影响不显著，所以，生育对男性劳动参与不存在负向影响。

第二，生育数量越多女性劳动参与概率越低，生育数量每增加一个单位女性劳动参与概率将下降6.77%。在女性样本的回归结果中，几率比显示，已生育女性劳动参与概率是未生育的女性劳动参与概率的0.6118倍，因此已生育女性劳动参与概率低于未生育女性；边际效应的值表明，生育数量每增加一个单位女性劳动参与将下降6.77%。

综上所述，生育对女性劳动参与存在显著的负向影响效应，生育数量越多女性劳动力市场参与的概率越小，而生育对男性劳动参与不产生阻碍作用。

表 5 – 10　　　　生育与劳动参与的性别比较：估计结果

	女性			男性		
	回归系数	几率比	平均边际效应	回归系数	几率比	平均边际效应
生育数量	-0.491*** (-3.94)	0.6118	-0.0677	-0.183 (-0.58)	0.8329	-0.0072
年龄	0.189 (1.50)	1.2079	0.0260	0.614* (2.25)	1.8477	0.0241
年龄平方	-0.0018 (-0.99)	0.9982	-0.0002	-0.0084* (-2.19)	0.9917	-0.0003
健康状况（参照组＝很好/较好）						
一般	-0.451*** (-3.55)	0.6371	-0.0636	-0.900** (-2.95)	0.4064	-0.0371
较差/很差	-1.730*** (-6.92)	0.1773	-0.2730	-2.717*** (-7.89)	0.0661	-0.2323
户籍（参照组＝农村）						
城镇	-0.198 (-0.85)	0.8207	-0.0265	0.453 (1.07)	1.5724	0.0203
孩子3岁前由谁照顾（参照组＝孩子父亲）						
孩子母亲	-1.4943*** (-11.96)	0.2243	-0.2137	0.839* (2.06)	2.3139	0.0434
本人/配偶父母	1.529* (2.51)	4.6128	0.2221	0.914* (2.12)	2.4931	0.0462
托儿所/幼儿园及其他	2.5242*** (3.32)	12.4811	0.2930	1.104 (1.51)	3.0153	0.0526
配偶年收入	-0.0840 (-1.14)	0.9194	-0.0116	0.236 (1.43)	1.2666	0.0093
受教育程度（参照组＝小学及以下）						
初中	-0.474* (-2.16)	0.6228	-0.0780	0.201 (0.41)	1.2221	0.0106
高中/中专/中技	0.00715 (0.03)	1.0072	0.0011	0.395 (0.78)	1.4846	0.0195

续表

	女性			男性		
	回归系数	几率比	平均边际效应	回归系数	几率比	平均边际效应
大学及以上	1.119*** (4.11)	3.0612	0.1359	1.226* (2.03)	3.4092	0.0458
近3年是否有培训或进修（参照组=否）						
是	0.765*** (5.43)	2.1493	0.1014	1.184** (2.97)	3.2668	0.0375
观点"男主外女主内"（参照组=不同意）						
同意	-0.376** (-3.29)	0.6868	-0.0524	0.357 (1.36)	1.4290	0.0140
观点"干得好不如嫁得好"（参照组=不同意）						
同意	0.0384 (0.34)	1.0391	0.0053	0.0107 (0.04)	1.0107	0.0004
_cons	-2.251 (-0.96)	0.1053		-11.66* (-2.25)	0.0000	
N	2491			1666		
Wald chi2	465.86			142.27		
Prob > chi2	0.0000			0.0000		
Pseudo R2	0.2392			0.2164		

各类控制变量的结果显示，健康状况、受教育程度、近3年参加培训情况等因素，对男性和女性的劳动参与概率有一定的显著影响且影响方向基本一致：一般地，健康状况越差对劳动参与的阻碍越强；人力资本积累越高，如受教育程度越高，近3年有参加培训或进修等，越有助于促进劳动力市场的参与。但值得关注的是，家庭特征对劳动参与的影响存在着性别差异：其中，子女3岁前由其母亲照顾对女性劳动参与概率产生显著阻碍作用，子女3岁由其母亲照顾使女性自身劳动参与概率显著降低21.37%，而子女3岁前由其母亲照顾对男性劳动参与概率在5%显著性水平上有一定的促进作

用，这说明女性承担子女 3 岁前照料会显著阻碍女性进入劳动力市场；此外，父辈提供孩子照料对男性和女性劳动参与都有显著的促进作用；托儿所/幼儿园提供照料也能显著提高女性劳动参与概率。因此，增强孩子照料的家庭成员支持和完善托幼服务体系，是帮助女性进入劳动力市场的重要途径。一定的性别观念也会对女性劳动参与产生影响。性别观念中同意"男主外、女主内"这种观念对女性劳动参与有显著的负向影响，秉持这种观念的女性会使女性劳动参与概率显著降低 5.24%。因此，女性对传统性别观念的认同会阻碍女性劳动参与概率的提高。

综上所述，生育对男女两性的劳动参与影响存在显著的性别差异，生育对女性劳动力市场参与率有显著的负向影响效应，但对男性影响虽不显著。孩子照料支持、较高的人力资本积累有助于促进女性就业，但传统的性别观念对女性进入劳动力市场决策产生阻碍。

第四节 本章小结

本章从实证分析的角度，考察生育对女性劳动力市场参与的影响效应。具体从是否生育、生育数量、子女年龄三个方面反映女性劳动参与的生育惩罚，并从城乡视角、性别视角进一步考察生育对女性劳动力市场参与的具体影响。主要结论如下：

第一，女性生育行为会对其劳动参与产生显著的负向影响效应，生育会使女性劳动参与概率显著降低 11.74%。回归结果显示，"是否生育"这一核心解释变量对女性劳动力市场参与概率在 5% 的显著性水平上有显著负向影响，"生育"女性参与劳动力市场概率是"未生育"时参与劳动力市场的概率的 0.4505 倍，倍数绝对值小于"1"，说明生育行为阻碍女性劳动力市场参与。此外，平均边际效应显示，女性生育行为将导致劳动力市场的参与概率平均下降 11.74%。

第二，生育数量越多女性劳动参与概率越低，生育数量每增加一个单位女性劳动参与概率将下降16.4%。连续型"生育数量"的估计结果显示，生育数量每增加一个单位将导致女性劳动参与下降6.67%；分类型"生育数量"的估计结果显示，生育2个孩子的女性和生育3个及以上数量孩子的女性，其劳动参与概率分别是生育1个孩子女性劳动参与概率的0.5911倍和0.5095倍，且生育2个数量的孩子可能导致女性劳动参与概率下降8.6%，生育3个及以上孩子可能导致女性劳动参与概率下降11.36%。因此，生育数量对女性劳动力市场参与概率存在显著的阻碍作用，生育数量越多女性劳动力市场参与概率越小。使用工具变量进行模型的修正后，生育数量增多仍然对女性劳动力市场参与概率有稳定的负向影响效应，生育数量每增加一个单位，女性劳动力市场参与概率将下降16.4%。

第三，0—3岁子女对女性劳动参与率存在显著的负向影响，并使女性劳动参与概率显著下降16.38%。从子女不同年龄分布的影响方向和显著性水平看，0—3岁子女对女性劳动力市场参与概率在0.1%的水平上有显著的负向影响，有0—3岁孩子的女性劳动参与概率将下降16.38%。4—6岁子女对女性劳动力市场参与的影响不显著，但其影响方向为负；7—12岁和13岁及以上子女对母亲的劳动力市场参与概率影响也不显著，但影响方向为正。这说明，家庭中有学龄前儿童确实会阻碍女性的劳动力市场参与，尤其是3岁前幼儿对女性劳动力市场参与存在显著的阻碍作用。

第四，生育对不同户籍女性劳动参与的负向影响程度不同，生育数量增多对城镇女性劳动参与的负向影响效应大于农村，而农村女性劳动参与受0—3岁子女的影响大于城镇女性。首先，生育行为对农村女性的劳动参与存在显著的负向影响效应，生育会导致农村女性劳动参与概率平均降低15.58%，但是对城镇户籍的女性劳动参与概率没有显著影响。其次，无论城镇还是农村，生育数量与女性劳动参与都存在显著的负向影响效应，但生育数量对城镇女性的负向影响程度总体上大于农村：对城镇户籍的女性来说，生育数量每增加一个单位城镇女性劳动参与概率将平均下降7.05%；对农村户籍的女性来说，生育数量每增加一个单位，农村女性劳动参与概率将平均下降6.58%。从子女年龄看，家庭中有0—3岁子女对城镇和农村女性的劳动参与都有显著的负向影响，且有0—3岁子女的农村女性其承受的负向影响程度高于城镇女性；在孩子6岁后，无论城乡，子女年龄对女性劳动参与都没有显著影响。

第五，生育对女性劳动参与存在显著的负向影响，但对男性没有显著影响。对男性样本的估计结果显示，生育数量对男性劳动参与概率没有显著影响，也不存在对劳动参与的负向影响效应。而女性样本的回归结果显示，生育数量对女性劳动参与概率有比较显著的负向影响，即生育对女性劳动参与概率存在阻碍作用，生育数量越多，女性劳动参与的概率越小。

第六，女性的健康状况、受教育程度、家务分工等控制变量对女性劳动参与率始终存在稳定的显著影响。具体地，健康状况越差对参与劳动力市场概率的阻碍越强；人力资本积累越高，如受教育程度越高，越有助于促进劳动力市场的参与；女性承担的家务劳动越多，比如家务劳动时间长、承担孩子天照顾工作等，对女性劳动参与产生显著的负向影响。

综上分析，无论从生育行为、生育数量还是子女年龄看，生育对女性劳动参与都存在显著的负向影响效应。

第六章

生育对女性就业稳定性的影响研究

为了检验生育对女性劳动力市场表现过程的影响效应,本章重点从女性劳动力市场表现过程的就业稳定性视角,依托微观调查数据,探讨生育对女性劳动力市场表现的就业稳定性影响。研究思路与第五章类似,从是否生育、生育数量、子女年龄这三个"生育"测量指标分别研究对女性就业稳定性的影响效应,并根据实证结果选择合适的视角进一步探究生育对女性就业稳定性影响的异质性和性别差异,来综合说明生育对女性劳动力市场表现过程——就业稳定性的影响及其影响程度。

第一节 理论假设与实证基础

一 生育对女性就业稳定性影响的理论假设

关于生育对女性就业稳定性的影响。生育与女性进退劳动力市场的问题总是与浓重的观念有密切联系。从经济学的角度看,这是一个供给问题。女性进入或退出劳动力市场,涉及女性劳动者自己的选择和决策,生理性别的特点以及"男主外、女主内"等观念上的束缚，使女性传统地游离于劳动力市场之外，也越发的具有家庭生产上的比较优势。女性进入劳动力市场，也是因为社会生产水平极大提高以后，使得女性生理上的束缚减小，且市场工资的提升也增加了女性非市场生产性活动的机会成本。但生育和养育子女或者其他不可避免的家庭原因，使女性家庭分工的比较优势凸显出来，又会迫使她们退出或者阶段性退出劳动力市场。据此，提出本章的第一个研究假设：

假设1：生育对女性就业稳定性会产生负向影响，生育使女性就业中断风险加大，从而对就业稳定性产生阻碍。

关于生育数量对女性就业稳定性的影响。如果生育数量增加，意味着家庭领域的生产和消费都会同步增加。家庭生产的增加体现在子女照料责任的加大，需要在家庭部门中实现；而家庭消费的增加体现在子女养育、教育等成本的提升，即家庭经济收入需求的增加，需要在市场部门中实现。对于一个多成员的家庭来说，女性在照料孩子的家庭部门中较男性更具有优势，男性在提升家庭收入的市场部门较女性更具优势，两性时间配置的最佳决策，是充分发挥家庭成员各自的技艺优势。因此，在有效率的家庭内部，女性会将自己的时间更多地配置到家庭部门，男性则倾向于将时间配置到市场中去，来是实现整个家庭的效用最大化。所以，女性更容易受到生育等一系列家庭事件的干扰而退出或者阶段性退出劳动力市场。据此，提出本章的第二个研究假设：

假设2：随着生育数量的增加，生育对女性就业稳定性的负向影响也越大，即生育数量越多女性就业稳定性性越差。

关于子女年龄对女性就业稳定性的影响。生育对女性就业稳定性的负面影响主要是由于生育增加了女性的母职压力，而母职压力的增加，一方面是因为女性生育增加或孩子年龄较小导致的照料责任加重，另一方面也是因为女性生育期间缺乏一定的照料支持，而不得不亲自承担较多的照料责任，从而导致其就业稳定性受到惩罚。已有的研究亦表明，女职压力的增加会加大就业不稳定风险（李芬，

2015；杨菊华，2019），而为女性在生育和抚育期间提供一定的经济和照料支持会有助于缓解就业中断风险（黄桂霞，2014；张琪，2017）。但当前我国托育政策与服务支持仍然不足，因此女性因生育而中断职业的可能性仍将存在，且主要体现在家庭中有学龄前子女的女性身上。据此，提出第三个主要研究假设：

假设3：子女年龄越小，生育对女性就业稳定性的负向影响效应越明显。

本章从微观视角考察生育对女性劳动力市场就业稳定性的影响。已有的研究经验显示，关于就业稳定性的微观影响因素研究主要是人力资本因素：黄乾（2009）以农民工为研究对象指出受教育水平和培训等人力资本特征是农民工获取稳定就业机会的重要影响因素；李萍等（2012）从宏观视角研究人力资本对就业稳定性和产业升级的影响，指出劳动者人力资本状况会影响其就业稳定性，就业稳定性提高有助于促进产业升级。在劳动经济学中，除了受教育程度、培训等是人力资本积累的重要表现，年龄、健康状况等也是重要的人力资本。从家庭内部来看，家务分配、家庭经济收入水平等也会通过影响家庭成员的时间、精力分配等而对劳动力市场表现产生影响，基于精力分配、比较优势等理论的解释，家庭特征也会影响女性进退劳动力市场的决策。此外，对工作岗位的期待、就业类型自身特点等也会对劳动者就业稳定性产生影响。因此，为了保证实证估计的有效性，还需同时控制影响女性就业稳定性的个体特征、家庭特征、工作特征等因素。

以上研究假设构成了本章的主要研究内容，为了检验上述研究假设的真实情况，本章在控制其他影响女性就业稳定性因素的基础上，通过建立实证模型，从是否生育以及已生育女性的生育数量、子女年龄三个不同的生育测量视角分别验证。

二 实证基础

(一) 数据来源及样本选择

基于以上研究目的和数据可得性,本章使用的微观调查数据仍然以 2016 年中国劳动力动态调查(CLDS)为主。该数据库详细记录了劳动者个体的家庭状况、工作经历,详细询问了被调查者自工作以来的失业经历,以及失业前后所在的单位类型、失业时长等,同时也对中国妇女的生育观念、生育史进行了追踪调查,数据样本具有一定的代表性,也符合本章需要的主要指标。本章的研究对象与第五章保持一致,仍然选择 20—44 岁从事"非务农"工作的青年女性样本。

(二) 变量选择

本章主要研究生育对女性劳动力市场表现的第二个方面——就业稳定的影响。被解释变量为女性就业稳定性;核心解释变量是生育;同时为保障实证估计结果的有效性,根据本章的理论分析,以女性的个体特征、家庭特征和工作特征等作为控制变量,具体如下:

被解释变量。本章的被解释变量是女性就业稳定性,以"是否有就业中断经历"作为测量指标。"是否有就业中断"主要依托问卷中"您是否有工作经历"、调查年份"目前的工作状态"和"自工作以来无工作经历次数"[①] 三个问题进行选择,具体地:首先,根据问卷题目"您是否有工作经历"进行筛选,将回答"是"的样本筛选出来,并作为样本就业状况的初始状态;其次,根据样本在调查年份"目前的工作状态"这一题目,将被调查者在调查年份回答"有工作"作为就业的最终状态,同时删除从事"务农"劳动的

---

① 问卷题目:自 1990 年以来(接受全日制教育期间不算),您一共有过几次没有工作的经历?_____次(毕业后没工作后也算)。注:这里没有工作的经历只有超过 3 个月才计算。工作指的是从事有收入的活动,不包括务农、义工、学生兼职、志愿者、家务劳动这些活动。

样本，再次进行样本筛选；最后，在两次筛选后的样本中，根据"自工作以来无工作经历次数"进行赋值，如果样本回答"无工作经历的次数"为"0"次，则赋值为"0"，表示该样本自就业以来没有发生过就业中断，如果样本回答"无工作经历的次数"为其他数值①，则赋值为"1"，表示该样本自就业以来发生过就业中断。即被解释变量是二元赋值变量。

核心解释变量。本章的核心解释变量是"生育"，依据本章的主要研究假设从是否生育、生育数量、子女年龄三个方面进行测量。具体赋值情况同第五章。

各类控制变量。根据本章的理论分析和数据的可得性，实证估计的控制变量包括女性个体特征、家庭特征、工作特征三大方面。其中，个体特征主要有年龄、健康状况、户籍、受教育程度等；家庭特征包括家庭经济收入、是否与父辈同住、家务劳动时间；工作特征包括所在单位类型或失业前的单位类型、是否是全职就业等。各类变量的定义和赋值情况如表6-1所示，各变量的全样本统计情况如表6-2所示。

表6-1　　　　　生育与女性就业稳定性：变量定义及赋值情况

变量类型	变量名称		赋值情况及相关说明
被解释变量	就业稳定性		没有就业中断经历 = 0；有就业中断经历 = 1
核心解释变量	是否生育 （总体样本）		"无生育" = 0；"有生育" = 1
	生育数量 （已生育样本）		生育1个子女 = 1；生育2个子女 = 2；生育3个及以上子女 = 3

---

① 其他数值不包括异常值（如"99998""99999"）和无工作经历次数超过就业年限的数值。

续表

变量类型	变量名称		赋值情况及相关说明
核心解释变量	子女年龄（已生育样本）	0—3 岁 4—6 岁 7—12 岁 13 岁及以上	由于每个家庭中子女数量不同，为避免遗漏变量和重复赋值，采用如下办法：在某个年龄段没有孩子则赋值为"0"；某个年龄段有1个孩子则赋值为"1"；某个年龄段有2个孩子则赋值为"2"，以此类推。[①]
各类控制变量	个体特征	年龄	连续型变量
		健康状况	"非常健康""健康" =1；"一般" =2；"比较不健康""非常不健康" =3
		户籍	农业户籍 =1；非农户籍 =0
		受教育程度	小学及以下 =1；初中 =2；高中、中专和技校 =3；大学及以上 =4
	家庭特征	家庭经济收入	连续型变量，同时为了增加数据平稳定对该数据取对数
		是否与父辈同住	是 =1；否 =0.
		日家务劳动分钟	连续型变量
	工作特征	工作单位类型	无单位（自由职业者）=1；国有或公有经济部门 =2；私营经济部门 =3；个体经济部门 =4
		就业类型	全职就业 =1；非全职就业 =2

表6-2　　　　　　　　生育与女性就业稳定性：全样本分布

	变量	频数	比例（%）
被解释变量			
就业稳定性	没有就业中断经历	2033	67.36
	有就业中断经历	985	32.64

[①] 例如：家庭子女中有一位3岁，一位1岁，则0—3岁 =2、4—6岁 =0、7—12岁 =0、13岁及以上 =0；又例如家庭子女中有一位3岁，一位6岁，则0—3岁 =1、4—6岁 =1、7—12岁 =0、13岁及以上 =0。以此类推。

续表

	变量		频数	比例（%）
核心解释变量				
是否生育	生育		2534	83.96
	未生育		484	16.04
生育数量	生育1个		1371	54.01
	生育2个		964	38.18
	生育3个及以上		199	7.82
子女年龄	0—3岁	有	731	29.20
		没有	1772	70.80
	4—6岁	有	650	25.98
		没有	1852	74.02
	7—12岁	有	981	39.19
		没有	1522	60.81
	13岁及以上	有	945	37.89
		没有	1549	62.11
各类控制变量				
个体特征	年龄（均值，岁）		33.39	—
	健康状况	健康	2143	71.08
		一般	719	23.85
		不健康	153	5.07
	户籍	农业	1948	64.72
		非农业	1062	35.28
	受教育程度	小学及以下	499	16.55
		初中	1133	37.57
		高中、中专技校等	603	19.99
		大学及以上	781	25.90
家庭特征	家庭年经济收入（均值，元）		80947.75	—
	是否与父辈同住	同住	1063	35.22
		不同住	1955	64.78
	日家务劳动分钟（均值）		132.33	—

续表

工作特征	变量		频数	比例（%）
工作特征	工作单位类型	无单位	267	11.33
		国有部门	510	21.65
		私营部门	1121	47.58
		个体部门	458	19.44
	就业类型	全职	1919	94.67
		非全职	108	5.33

（三）实证模型设定及识别

本章的因变量是"是否有就业中断"，首先设立以下基本回归模型：

$$Y_{FED} = \alpha_0 + \beta X_{Fertility} + \theta_n X_n + \varepsilon \quad (6-1)$$

基本回归模型，Y_{FED}表示女性劳动力市场中的就业稳定性（Female Employment disruption）；$X_{Fertility}$是核心解释变量，并细分为是否生育（$fertility_1$）、生育数量（$fertility_2$）、子女年龄（$fertility_3$）三个维度，表示女性的生育状况；X_n是各类控制变量共有 n 个，包括年龄（age）、年龄平方（age_{square}）、健康状况（$health$）、户籍（$household$）、受教育年限（edu）、家庭经济收入对数（$lnincome$）、是否与父辈同住（$together$）、家务劳动时间（$housework$）、目前或中断就业前的单位类型（$type$）、是否是全职就业（$full\text{-}time$）等，具体估计模型如下：

是否生育对女性劳动力市场就业稳定性的影响：

$$\begin{aligned}Y_{FLP} = {}& \alpha_0 + \beta_1 X_{fertility_1} + \theta_1 age + \theta_2 age_{square} + \theta_3 health + \\ & \theta_4 household + \theta_5 edu + \theta_6 lnincome + \theta_7 together + \\ & \theta_8 housework + \theta_9 type + \theta_{10} full\text{-}time + \varepsilon_i \end{aligned} \quad (6-2)$$

生育数量对女性劳动力市场就业稳定性的影响：

$$\begin{aligned}Y_{FLP} = {}& \alpha_0 + \beta_1 X_{fertility_2} + \theta_1 age + \theta_2 age_{square} + \theta_3 health + \\ & \theta_4 household + \theta_5 edu + \theta_6 lnincome + \theta_7 together + \end{aligned}$$

$$\theta_8 housework + \theta_9 type + \theta_{10} full\text{-}time + \varepsilon_i \qquad (6-3)$$

子女年龄对女性劳动力市场参与的影响：

$$Y_{FLP} = \alpha_0 + \beta_1 X_{fertility_3} + \theta_1 age + \theta_2 age_{square} + \theta_3 health +$$
$$\theta_4 household + \theta_5 edu + \theta_6 lnincome + \theta_7 together +$$
$$\theta_8 housework + \theta_9 type + \theta_{10} full\text{-}time + \varepsilon_i \qquad (6-4)$$

基于上述方程，分别估计方程的系数 β_1、β_2、β_3，以此判断是否生育、生育数量、子女年龄对女性劳动力市场就业稳定性的影响。由于因变量的属性是二值型，考虑使用 Logit 回归模型，回归系数 β 的估计思路与第五章的推理一致。如果 $\beta>0$ 则生育对女性就业中断有正向影响，表示就业稳定性差，即生育会阻碍女性劳动力市场就业的稳定性；如果 $\beta<0$，则生育对女性就业中断有负向影响，表示就业稳定性高。

为了实现上述研究设计，本章使用 STATA 统计软件进行 Logit 模型估计，为了方便解释模型估计结果的经济含义，表中同时计算和汇报了模型估计的"几率比"和"平均边际效应"。"几率比"表示事件发生概率与不发生概率的比值，如果绝对值大于"1"，则表示该自变量不利于女性就业稳定，即女性就业中断的概率大，如果绝对值小于"1"，则表示该自变量有助于促进女性就业稳定，不会发生就业中断。"平均边际效应"的数值表示自变量每变化一个单位，引起因变量变化的程度，平均边际效应的符号与"回归系数"影响方向一致。

第二节 生育对女性就业稳定性影响效应的总体探析

一 是否生育对女性就业稳定性的影响效应

表 6-3 显示了"是否生育"对女性就业稳定性影响的 Logit 回归结果。估计结果显示：

第一,"是否生育"对女性就业中断有显著正向影响,即生育加大女性就业中断风险。回归系数显示"是否生育"这一核心解释变量对女性劳动力市场的就业稳定性在5%的显著性水平上有显著的正向影响,因此,生育行为会带来女性就业中断发生,导致女性就业不稳定。可以判定,女性生育会对其就业稳定性产生负向影响。

第二,已生育女性发生就业中断概率是未生育女性的1.6182倍,即已生育女性就业中断概率较大。几率比的数值为1.6182,表示如果女性由"未生育"转变到"生育",则发生就业中断的概率是原来的1.6182倍,其数值大于"1",说明已生育女性就业中断概率大于未生育女性,因此女性生育行为会降低自身的就业稳定性。

第三,生育使女性就业中断概率平均提高10.15%。平均边际效应的数值是0.1015,这表明,女性从"未生育"到"生育",其发生就业中断的概率将平均提高10.15%,意味着生育使得女性就业稳定性下降10.15个百分点。

综上,生育对女性劳动力市场表现的就业稳定性存在阻碍作用,女性因生育使其自身发生就业中断的概率提高10.15%。因此,本章的研究假设1得以验证。

表6-3　　是否生育与女性就业稳定性:估计结果
（参照组=没有就业中断经历）

	回归系数	几率比	平均边际效应
是否生育（参照组=未生育）	0.481** (2.72)	1.6182	0.1015
年龄	0.119 (1.39)	1.1263	0.0251
年龄平方	-0.0022 (-1.74)	0.9978	-0.0005
户籍（参照组=农村)			
城镇	0.114 (0.93)	1.1205	0.0239

续表

	回归系数	几率比	平均边际效应
健康状况			
一般	0.397*** (3.59)	1.4877	0.0851
较差/很差	0.710** (2.98)	2.0337	0.1537
受教育程度（参照组＝小学及以下）			
初中	0.409** (2.72)	1.5059	0.0916
高中、中专、技校等	0.434* (2.50)	1.5431	0.0972
大学及以上	-0.518** (-2.63)	0.5958	-0.1042
家庭经济收入对数	-0.0458 (-0.82)	0.9552	-0.0097
是否与父辈同住（参照组＝不同住）			
同住	0.0795 (0.81)	1.0828	0.0168
家务劳动分钟对数	0.311*** (5.03)	1.3650	0.0656
单位类型（参照组＝无单位）			
国有经济部门	-0.575** (-2.93)	0.5628	-0.1158
私营经济部门	0.473** (3.01)	1.6051	0.1062
个体经济部门	-0.241 (-1.37)	0.7858	-0.0510
就业类型（参照组＝全职）			
非全职	0.5860* (2.49)	1.7968	0.1206
_cons	-3.529* (-2.34)	0.0293	

续表

	回归系数	几率比	平均边际效应
N		2139	
wald chi2		272.95	
Prob > chi2		0.0000	
Pseudo R2		0.0948	

注：括号内为 t 统计量；显著性水平：$^* p < 0.05$，$^{**} p < 0.01$，$^{***} p < 0.001$。

其他控制变量也对女性就业稳定性有一定的影响：

在个体特征中，健康状况差、受教育程度低则女性的就业稳定性也差。回归结果显示，女性健康状况、受教育程度因素分别在5%和1%的显著性水平上对就业稳定性有显著影响，健康状况越差，则女性中断就业的概率越大，身体健康状况差的女性是身体健康状况好的女性发生就业中断概率的1.487—2.0337倍；受教育程度的结果显示，初中、高中/中专/中技等受教育程度并不比小学及以下受教育程度的女性就业稳定性好，只有大学及以上学历对女性发生就业中断有抑制作用，即大学及以上学历的女性发生就业中断的概率小、就业稳定性高。家庭特征中，女性家务劳动时间越长，其就业稳定性越低。家务劳动时间对女性就业稳定性在1%水平上有显著影响，从平均边际效应的数值看，家务劳动时间每增加一个单位，则女性就业稳定性将下降6.65%。因此，女性家务劳动负担过重是影响女性就业稳定发展的关键因素。工作特征中，国有单位的女性就业稳定性高于其他部门的女性，非全职就业的女性发生就业中断的概率大于全职就业女性。回归结果显示，女性所在的单位类型和就业类型也对其就业稳定性有显著影响。从不同单位类型的回归结果看，与无单位的自由职业者相比，国有部门的就业稳定性最高，私营部门的就业稳定性最差；从就业类型看，非全职就业的女性发生就业中断的概率是全职就业女性发生就业中断概率的1.7968倍，平均边际效应数值显示，如果女性从全职就业转向非全职就业，那么她的就业稳定性将下降 12.06%。

二 生育数量对已育女性就业稳定性的影响效应

(一) 实证结果

根据上节的实证结果，女性生育会带来就业中断的风险，生育对女性劳动力市场表现的就业稳定性存在阻碍效应。本节根据已生育的女性样本，进一步探析已生育女性中不同生育数量对女性就业稳定性的影响。表 6-4 是生育对女性就业稳定的回归结果，估计结果显示：

第一，生育数量对女性就业中断有显著正向影响，即生育数量越多女性就业中断概率越大，女性的就业稳定性越差。在表 6-4 中，分别对生育数量作为连续型变量和分类变量进行处理。将生育数量作为连续型变量时，生育数量与女性就业稳定性在 10% 的显著性水平上有正向影响，即生育数量越多女性发生就业中断的概率也将增加，女性的就业稳定性越差；从生育数量的分类结果看，生育 2 个孩子对女性发生就业中断有显著正向影响，因此生育数量越多女性就业中断概率越大。

第二，生育数量每增加一个单位，女性就业中断的概率将提高 3.96%—6.78%。从生育数量的连续型变量看，生育数量每增加一个单位，女性就业中断概率将提高 3.96%；从生育数量的分类结果看，生育两个孩子对女性就业稳定性有显著影响，几率比的数值显示，如果女性生育数量从 1 个增加到 2 个，那么她发生就业中断的概率将会是原来的 1.2463 倍，平均边际效应的值显示，如果女性生育数量从 1 个增加到 2 个，则发生就业中断的概率将提高 4.75%；虽然生育 3 个及以上数量孩子对女性就业稳定性的影响不显著，但其几率比和平均边际效应的绝对值都有所增加，生育 3 个孩子可能导致女性就业中断概率提高 6.78%。

综合以上分析得出，对于已经生育的女性来说，生育数量越多女性发生就业中断的概率越高，女性的就业稳定性越低，因此，生育数量增加会加大女性就业不稳定性。故本章的研究假设 2 得以验证。

表 6-4　　生育数量与女性就业稳定性：估计结果
（参照组 = 没有就业中断经历）

	回归系数	几率比	平均边际效应
生育数量（连续型）	0.185* (2.01)	1.2028	0.0396
生育数量（参照组 = 生育 1 个）			
生育 2 个	0.2201* (1.87)	1.2463	0.0475
生育 3 个	0.3125 (1.46)	1.3668	0.0678
年龄	-0.0116 (-0.11)	0.9885	-0.0025
年龄平方	-0.0003 (-0.22)	0.9997	-0.0001
户籍（参照组 = 农村）			
城镇	0.107 (0.80)	1.1128	0.0228
健康状况（参照组 = 很好/较好）			
一般	0.330** (2.79)	1.3912	0.0714
较差/很差	0.450 (1.74)	1.5687	0.0977
受教育程度（参照组 = 小学及以下）			
初中	0.447** (2.88)	1.5633	0.0996
高中、中专、技校等	0.569** (3.07)	1.7663	0.1275
大学及以上	-0.416 (-1.94)	0.6599	-0.0847

续表

	回归系数	几率比	平均边际效应
家庭经济收入对数	-0.0505 (-0.82)	0.9508	-0.0108
是否与父辈同住（参照组＝不同住）			
同住	0.105 (0.98)	1.1108	0.0226
家务劳动分钟对数	0.349*** (5.37)	1.4180	0.0749
单位类型（参照组＝无单位）			
国有经济部门	-0.628** (-3.08)	0.5339	-0.1322
私营经济部门	0.445** (2.72)	1.56	0.1020
个体经济部门	-0.353 (-1.94)	0.7029	-0.0769
就业类型（参照组＝全职）			
非全职	0.683** (2.69)	1.9799	0.1436
_cons	-1.235 (-0.68)	0.2907	
N	1796		
wald chi2	195.37		
Prob > chi2	0.0000		
Pseudo R2	0.0939		

注：括号内为 t 统计量；显著性水平：$^* p<0.05$，$^{**} p<0.01$，$^{***} p<0.001$。

在各类控制变量中，各变量对女性就业稳定性的影响与前一节的结论基本一致。个体特征中，健康状况、受教育程度与女性就业稳定性有显著的影响，健康状况越差，女性发生就业中断的概率也越大；较低的受教育程度仍然是女性就业中断的重要因素，虽然对已生育的女性来说，接受高等教育对其就业稳定性的影响不显著，但几率比小于"1",说明接受高等教育的女性倾向于"没有就业中断经历",也在一定程度上说明,女性受教育程度提高有助于增强自身的就业稳定性。家庭因素中,女性承担的家务劳动多,做家务的时间越长,就业中断的概率越大,职业稳定性也越差,进一步验证了精力分配理论下,家务劳动对劳动力市场投入的挤出效应。工作特征中,非全职就业的女性就业稳定性也显著低于全职就业的女性,国有部门的女性就业稳定性仍然高于其他用人单位的就业稳定性,而私营经济部门女性就业稳定性最低。但不同经济所有制部门的政治约束不同,女性就业稳定性在不同部门的差异,是否含有不同经济部门本身固有特点?因此,为了减少生育对女性就业稳定性影响效应的估计偏差,还需要从不同经济所有制部门类型做异质性分析。

三 子女年龄对已育女性就业稳定性的影响效应

上节的实证结果表明,生育数量越多意味着女性照料责任越重,女性发生就业中断的概率越大,因此就业稳定性越差。而不同子女年龄也代表了不同程度的子女照料压力,进而与女性就业稳定性有密切联系。故本节从子女年龄这个视角来进一步审视生育对女性劳动力市场中就业稳定性的影响。表6-5显示了不同子女年龄对女性就业稳定性影响的回归结果,估计结果显示:

第一,0—3岁子女对女性就业稳定性会产生负向影响效应。从影响方向看,子女年龄处于0—3岁、4—6岁对女性就业中断有正向影响,子女年龄7—12岁、13岁及以上对女性就业中断有负向影响,所以,学龄前子女可能加大女性就业中断风险,学龄期子女会使女性就业中断风险降低。从显著性水平上看,0—3岁子女对女性就业中断有显著的促进作用,13岁及以上子女对女性就业中断有显著的阻碍作用。因此可以判定,0—3岁子女对女性就业稳定性会产生显著的负向影响,13岁及以上子女会显著降低女性就业中断概率。

表6-5 子女年龄与女性就业稳定性：估计结果
（参照组＝没有就业中断经历）

	0—3岁			4—6岁			7—12岁			13岁及以上		
	回归系数	几率比	平均边际效应	回归系数	几率比	平均边际效应	回归系数	几率比	平均边际效应	回归系数	几率比	平均边际效应
0—3岁（参照组＝无0—3岁孩子）	0.349**(2.58)	1.4179	0.0750									
4—6岁（参照组＝无4—6岁孩子）				0.160(1.31)	1.1244	0.0343						
7—12岁（参照组＝无7—12岁孩子）							-0.0483(-0.46)	0.9528	-0.0104			
13岁以上（参照组＝无13岁以上孩子）										-0.409**(-2.62)	0.1050	-0.0878
年龄	0.0718(0.67)	1.0745	0.0154	0.0038(0.04)	1.0038	0.0008	0.0519(0.45)	1.0533	0.0112	-0.0447(-0.41)	0.9563	-0.0096
年龄平方	-0.0013(-0.87)	0.9986	-0.0003	-0.0005(-0.38)	0.9995	-0.0001	-0.0013(-0.75)	0.9987	-0.0003	0.0005(0.30)	1.0005	0.0001
户籍（参照组＝农村）												
城镇	0.0658(0.49)	1.0680	0.0141	0.0597(0.44)	1.0615	0.0128	0.0610(0.45)	1.0628	0.0131	0.0409(0.30)	1.0418	0.0088

续表

	0—3 岁			4—6 岁			7—12 岁			13 岁及以上		
	回归系数	几率比	平均边际效应	回归系数	几率比	平均边际效应	回归系数	几率比	平均边际效应	回归系数	几率比	平均边际效应
健康状况（参照组＝很好/较好）												
一般	0.306** (2.58)	1.3585	0.0663	0.312** (2.63)	1.3662	0.0677	0.312** (2.63)	1.3668	0.0679	0.334** (2.80)	1.3969	0.0723
较差/很差	0.478 (1.89)	1.6122	0.1039	0.470 (1.83)	1.6001	0.1024	0.467 (1.82)	1.5944	0.1018	0.495 (1.95)	1.6412	0.1077
受教育程度（参照组＝小学及以下）												
初中	0.380* (2.48)	1.4629	0.0855	0.368* (2.39)	1.4447	0.0827	0.380* (2.48)	1.4627	0.0856	0.346* (2.24)	1.4137	0.0781
高中、中专、技校等	0.462* (2.54)	1.5872	0.1042	0.465* (2.54)	1.5925	0.1050	0.473** (2.59)	1.6052	0.1056	0.398* (2.15)	1.4885	0.0898
大学及以上	-0.553** (-2.58)	0.5755	-0.1130	-0.497* (-2.35)	0.6081	-0.1027	-0.492** (-2.33)	0.6113	-0.1015	-0.602** (-2.78)	0.5479	-0.1236
家庭经济收入对数	-0.0493 (-0.79)	0.9519	-0.0106	-0.060 (-0.95)	0.9418	-0.0129	-0.0526 (-0.83)	0.9487	-0.0113	-0.0462 (-0.73)	0.9549	-0.0099
是否与父辈同住（参照组＝不同住）												
同住	0.128 (1.20)	1.1371	0.0277	0.134 (1.25)	1.1430	0.0289	0.127 (1.19)	1.1355	0.0275	0.137 (1.28)	1.1470	0.0295
家务劳动分钟对数	0.334*** (4.98)	1.3963	0.0717	0.357*** (5.38)	1.4285	0.0768	0.356*** (5.36)	1.4282	0.0768	0.356*** (5.33)	1.4280	0.0764

续表

	0—3 岁			4—6 岁			7—12 岁			13 岁及以上		
	回归系数	几率比	平均边际效应	回归系数	几率比	平均边际效应	回归系数	几率比	平均边际效应	回归系数	几率比	平均边际效应
单位类型（参照组＝无单位）												
国有部门	-0.611** (-2.95)	0.5430	-0.1286	-0.625** (-3.02)	0.5354	-0.1318	-0.649** (-3.14)	0.5224	-0.1372	-0.629** (-3.02)	0.5332	-0.1326
私营部门	0.458** (2.78)	1.5805	0.1050	0.466** (2.83)	1.5939	0.1073	0.449** (2.73)	1.5675	0.1037	0.439** (2.66)	1.5515	0.1009
个体经济	-0.326 (-1.78)	0.7219	-0.0712	-0.318 (-1.74)	0.7276	-0.0698	-0.330 (-1.81)	0.7192	-0.0726	-0.331 (-1.81)	0.7181	-0.0725
就业类型（参照组＝全职）												
非全职	0.7132** (2.84)	2.0404	0.1504	0.7089** (2.81)	2.0319	0.1496	0.7130** (2.83)	2.0401	0.1505	0.7216** (2.86)	2.0572	0.1515
_cons	-0.999 (-1.16)	0.3681		-0.601 (-0.70)	0.5485		-0.477 (-0.56)	0.6207		-1.152 (-1.31)	0.3161	
N	1790			1789			1788			1783		
wald chi2	192.42			193.29			190.87			193.49		
Prob > chi2	0.0000			0.0000			0.0000			0.0000		
Pseudo R2	0.0938			0.0924			0.0912			0.0935		

注：括号中是 t 统计量；显著性水平：* $p<0.05$，** $p<0.01$，*** $p<0.001$。

第二，有0—3岁子女的女性就业中断概率较大，有0—3岁子女的女性就业中断概率是没有0—3岁子女的1.4179倍。从几率比的数值看，如果一个母亲有0—3岁子女，那么她发生就业中断的概率是原来（没有0—3岁子女）就业中断概率的1.4179倍，因此，有0—3岁子女的女性容易发生就业中断。

第三，子女年龄在0—3岁会使女性就业中断风险发生的概率提高7.5%。从平均边际效应的值得出，与没有0—3岁子女的女性相比，有0—3岁子女的女性就业中断概率会提高7.5%。而孩子年龄在13岁及以上，女性发生就业中断的概率将显著下降8.78%。

此外，4—6岁子女、7—12岁子女对女性就业稳定性没有显著影响。从几率比和平均边际效应的数值判断，4—6岁子女对女性就业中断的促进作用小于0—3岁，7—12岁子女会阻碍女性就业中断风险，但这种阻碍作用也小于13岁及以上子女的影响。平均边际效应也显示，4—6岁子女对女性就业中断的正向影响边际效应小于0—3岁，7—12岁子女对女性就业中断负向影响的边际效应也小于13岁及以上子女。综合以上分析可以得出，0—3岁子女对女性就业稳定性有显著阻碍作用，随着孩子年龄的增大，这种阻碍作用逐渐消失。自此，本章研究假设3得以验证。

实证结果显示，各类控制变量对女性就业稳定性也有一定的影响：女性个体特征中，健康状况越差女性的就业稳定性越低，接受高等教育的女性就业稳定性较高。其中，女性身体状况一般或较差对就业中断的影响为正，这说明健康状况不好的女性更容易中断就业，在子女不同年龄段中，女性因健康状况不好发生就业中断的概率会提高6.63%—7.23%；在不同受教育程度中，女性学历为高中及以下对就业中断都有显著的正向影响，而学历为大学及以上对就业中断的影响为负，这说明接受高等教育的女性就业稳定性高于未接受高等教育的女性，平均边际效应显示，在孩子0—3岁、4—6岁、7—12岁和13岁及以上四个阶段中，女性接受高等教育会使其就业中断发生的概率分别显著下降11.3%、11.27%、10.15%和

12.36%。在女性家庭特征中，家务劳动时间越长女性就业中断的概率越大，就业的稳定性越差。女性家务时间分钟数与其就业中断有显著的正向影响，在孩子0—3岁、4—6岁、7—12岁和13岁及以上这四个阶段中，女性家务劳动每增加一个单位，则其就业中断发生的概率将分别显著增加7.17%、7.68%、7.68%和7.64%，所以女性家务时间增多会阻碍女性就业稳定性。女性工作特征中，国有单位的女性在孩子不同年龄段都对其就业中断发生的概率有显著的负向影响。相对于无单位的个体工商、自由职业者的女性而言，国有单位女性的就业中断概率在孩子不同年龄阶段将下降13%左右，私营经济部门的女性在孩子不同年龄段发生就业中断概率会显著提高10%左右。个体经济部门对女性就业中断影响虽不显著但方向为负，一定程度上说明个体经济的女性也不容易发生就业中断。因此从子女不同年龄对其就业稳定性的影响有一定的部门差异，国有部门就业稳定性最高，而私营部门的女性就业稳定性最差。此外，相对于全职就业的女性而言，非全职女性就业中断发生的概率会显著提高15%左右，这也符合一定的客观现实。

第三节　生育对女性就业稳定性影响效应的异质性分析

随着社会文明的进步和发展，性别平等越来越受到各国的重视，对女性生育和养育阶段的劳动保护政策不断增强，女性的就业稳定性也有了一定的保障。但是政治或经济主体的性质不同、制度约束不同，女性的就业稳定性也不一样，在我国，国有经济部门、机关事业单位等体制内的用人单位，受政治体制的约束力强，在贯彻落实性别平等和女性劳动权益保障方面比较规范，女性的就业稳定好于私营经济部门或其他类型的就业单位。而且，在前文的分析中，无论从"是否生育""生育数量"视角考察生育对女性就业稳定的影响,还是从"子女年龄"视角考查生育对女性就业稳定性的影响,不同的单位类型对女性就业稳定性都有显著的影响。为了减少生育对女性就业稳定性惩罚效应的估计偏差,本节首先从不同经济所有制部门类型做异质性分析。此外,生育是家庭的行为,养育孩子也是夫妻双方共同的义务,但受历史、文化、习俗、观念等影响,女性始终是养育孩子的主要承担者,为了进一步直观显示生育对女性劳动力市场中就业稳定性的惩罚效应,本节也从性别比较的视角进行异质性分析。

一 生育对不同所有制部门女性就业稳定性的影响效应

(一) 不同所有制部门女性样本分布

分析生育对不同所有制部门女性就业稳定性的影响差异,需要对不同所有制部门进行比较合理的分类。一般来说,党政机关、人民团体、军队、国有/集体事业单位、国有企业等公共属性比较强,具有较强的社会目标,受政治体制的影响也比较深,本节将这类工作单位归为"国有部门";民营/私营企业、外资/合资企业等主要遵循市场经济运行规律,以追求利润最大化为目标,私有化属性的特征明显,将这类工作单位归为"私营部门";除以上工作单位类型外的个体工商户、自由职业者等归纳为"个体及其他"。三类部门的样本分布如表6-6所示。

表6-6　　生育与不同所有制部门女性就业稳定性:样本分布

		国有部门		私营部门		个体及其他	
		频数	比例	频数	比例	频数	比例
就业稳定性	没有就业中断经历	403	84.13	642	63.50	477	73.38
	有就业中断经历	76	15.87	369	36.50	173	26.62
是否生育	未生育	103	21.50	234	24.87	65	10.55
	已生育	376	78.50	707	75.13	551	89.45

续表

		国有部门		私营部门		个体及其他	
		频数	比例	频数	比例	频数	比例
生育数量	生育1个	302	79.68	424	60.06	251	45.23
	生育2个	73	19.26	246	34.84	254	45.77
	生育3个及以上	4	1.06	36	5.10	50	9.01
子女年龄	0—3岁 无	294	77.98	514	72.60	423	76.91
	0—3岁 有	83	22.02	194	27.40	127	23.09
	4—6岁 无	286	76.06	523	74.08	417	75.54
	4—6岁 有	90	23.94	188	25.92	135	24.46
	7—12岁 无	249	66.05	417	59.23	308	55.80
	7—12岁 有	128	33.95	287	40.77	244	44.20
	13岁及以上 无	246	65.08	477	67.85	302	54.91
	13岁及以上 有	132	34.29	226	32.15	248	45.09
个体特征	年龄（均值，岁）	34.31	—	32.13	—	34.44	—
	户籍 农村	134	28.03	674	66.67	486	74.43
	户籍 城镇	344	71.97	337	33.33	167	25.57
	健康状况 较好/很好	356	74.32	730	72.13	472	72.17
	健康状况 一般	110	22.96	249	24.60	150	22.94
	健康状况 较差/很差	13	2.71	33	3.26	32	4.89
	受教育程度 小学及以下	12	2.51	114	11.23	129	19.79
	受教育程度 初中	64	13.36	358	35.27	301	46.17
	受教育程度 高中、中专、技校等	87	18.16	226	22.27	137	21.01
	受教育程度 大学及以上	316	65.97	317	31.23	85	13.04
家庭特征	家庭经济收入水平（均值，元）	105243.7	—	95961.03	—	78336.38	—
	是否与父辈同住 同住	177	36.95	392	38.62	224	34.25
	是否与父辈同住 不同住	302	63.05	623	61.38	430	65.75
	家务劳动分钟数（均值）	100.54	—	96.03	—	126.43	—
工作特征	就业类型 全职	464	96.87	980	96.55	586	89.74
	就业类型 非全职	15	3.13	35	3.45	67	10.26
	样本量	479		1015		654	

从样本分布的基本情况看，国有部门中女性有就业中断经历的比例最低，仅为 15.87%；其次是个体及其他部门（主要是个体工商与自由职业者），占比 26.62%；私营部门中女性有就业中断的比例最高，占比达到 36.50%，比国有部门高出 20.72%。从生育数量上看，国有部门 79.68% 的女性只生育 1 个孩子；私营部门中女性生育数量分布最多的也是 1 个，不过生育两个孩子的女性占比也比较大；个体和其他部门的女性生育数量分布最多的是生育 2 个。国有部门的女性大多属于体制内员工，受以往计划生育政策的限制程度最大。以上结果也与我国生育政策调整前长期计划生育干预的结果一致。总体来看，样本分类后的分布具有一定的合理性。

（二）实证结果及分析

表 6-7 是生育对不同经济所有制部门女性就业稳定性影响的 Logit 回归结果。从生育对国有部门的女性就业稳定性影响看，"生育数量"对女性就业稳定性都没有显著的影响，主要原因可能是国有部门的女性受以往计划生育政策限制比较严格，生育数量基本一致，因此核心解释变量没有显著的差异，进而对因变量的影响不显著。子女年龄对国有部门女性就业稳定性的影响也不显著，国有企业在保护女性职工权益方面的规范性较强，能够严格执行女性的产假、津贴政策，并且在母婴公共服务方面配套措施相对完善，因此，对于有子女的女性职工，无论孩子年龄多大，因生育而中断就业的可能性都比较小。

从私营部门的回归结果看，女性的生育行为对其就业稳定性有比较显著的阻碍作用，从几率比的数值上看，已生育的女性发生就业中断的概率是未生育的女性发生就业中断概率的 1.6308 倍，从平均边际效应看，如果女性从"未生育"转变化为"生育"，那么她发生职业中断的概率将会增加 10.86%。虽然"生育数量"对私营部门女性的就业稳定性影响不显著，但从几率比的数值上看，无论生育几个孩子，女性就业中断风险发生的概率差异都不大。这说明，在私营部门中，女性就业稳定性主要与生育行为有关，而生育数量

表 6—7　生育与不同所有制部门女性就业稳定性：估计结果
（参照组 = 没有就业中断经历）

	国有部门			私营部门			个体及其他		
	回归系数	几率比	平均边际效应	回归系数	几率比	平均边际效应	回归系数	几率比	平均边际效应
是否生育（参照组 = 未生育）	-0.0036 (-0.01)	0.9964	-0.0004	0.4891*** (3.55)	1.6308	0.1086	0.210 (0.50)	1.2342	0.0402
生育数量（连续型）	0.254 (0.76)	1.2891	0.0302	0.249 (1.64)	1.2832	0.0571	-0.0911 (-0.54)	0.9129	-0.0176
生育数量（参照组 = 1 个）									
生育 2 个	0.2160 (0.56)	1.2411	0.0266	0.0972 (0.50)	1.1021	0.0222	0.237 (1.04)	1.2670	0.0467
生育 3 个及以上	0.7226 (0.66)	2.0597	0.1005	0.808* (2.15)	2.2443	0.1884	-0.787 (-1.58)	0.4554	-0.1224
子女年龄									
0—3 岁	-0.245 (-0.57)	0.7830	-0.0292	0.3216*** (2.79)	1.3793	0.0737	0.0565 (0.20)	1.0581	0.0109
4—6 岁	0.362 (1.02)	1.4340	0.0430	0.2470** (2.02)	1.2801	0.0568	0.233 (0.95)	1.2623	0.0473
7—12 岁	-0.3235+ (-1.67)	0.7236	-0.0410	-0.0501 (-0.45)	0.9511	-0.0115	-0.0357 (-0.16)	0.9649	-0.0069

续表

	国有部门			私营部门			个体及其他		
	回归系数	几率比	平均边际效应	回归系数	几率比	平均边际效应	回归系数	几率比	平均边际效应
13岁及以上	0.0127 (0.03)	1.0193	0.0023	-0.4722*** (-3.97)	0.6237	-0.1073	-0.636* (-2.06)	0.5296	-0.1217
个体特征	已控制			已控制			已控制		
家庭特征	已控制			已控制			已控制		
人力资本特征	已控制			已控制			已控制		

注：t statistics in parentheses；* $p<0.05$，** $p<0.01$，*** $p<0.001$；表中各模型中控制变量的详细估计结果可参考附录B。

的多少与其就业稳定性影响的差异不大。此外，子女年龄对女性就业稳定性的影响也有比较显著的影响，在孩子0—3岁，女性就业中断风险发生的概率会显著增加7.37%，在孩子4—6岁，女性就业中断风险发生的概率会显著增加5.68%，因此，学龄前幼儿的存在，会对私营部门的女性就业稳定性产生阻碍作用。但这种阻碍作用会随着孩子入学后逐渐消失，待孩子成长到13岁以后，女性的就业稳定性则显著增强，从平均边际效应看，孩子在13岁及以上，女性发生就业中断风险的概率将显著下降10.73%。

个体及其他部门的回归结果中，"生育数量"和"子女年龄"对个体部门女性就业稳定性的影响也不显著。这类部门的女性，主要是个体工商户和自由职业者，她们的职业本身就具有工作弹性大、时间灵活、工作的组织约束性小等特点，因此也兼具就业稳定性不高的特点；此外，从事个体和自由职业的女性，她们的生育和就业自由度大，因此生育对其就业稳定性没有显著影响。

综合以上生育对不同部门类型女性就业稳定性影响情况的分析可以发现：第一，生育对女性就业稳定性的阻碍作用主要集中在私营部门中，女性生育行为和0—3岁子女的存在都会对女性就业稳定性产生阻碍；第二，对于女性就业权益保障到位、母婴公共服务保障充足的国有部门，以及就业灵活性高的个体部门，则生育对女性就业稳定性影响不显著。因此，未来在提高女性就业稳定性方面，要注重落实女性劳动力市场的各项权益保障，尽快建立和完善0—3岁幼儿的托管教育资源，同时，探索适应于女性特点的灵活就业岗位，以及鼓励和支持女性创业。

二 生育对就业稳定性影响效应的性别比较

（一）样本选择及变量定义

为了从性别比较的视角直观反映生育对劳动力市场就业稳定性影响的性别差异，也为了与第三章宏观描述部分使用的数据相呼应，本节仍使用第三期中国妇女社会地位调查数据进行分析。数据和样本选择与第五章一致，研究对象仍然是年龄在 20—44 岁、从事非农生产的男性和女性。在剔除主要变量的缺失值后，男性样本 2337 个，女性样本 2780 个。

在变量选取上，被解释变量仍然是女性就业稳定性，测量指标为"是否有就业中断经历"，该指标来源于问卷中"自工作以来是否有过半年及以上无工作也没有收入的情况"这一问题。如果被调查者回答"有"则赋值为 1，表示该个体有就业中断的经历，代表就业稳定性弱；如果被调查者回答"否"则赋值为 0，表示表示该个体没有就业中断的经历，代表就业稳定性强。核心解释变量以生育数量进行测量。"生育数量"可以根据调查对象的回答直接得出。各类控制变量基本上遵从前一节的分析，包括个体特征、工作特征、家庭因素、性别观念等因素。各变量的定义如表 6-8 所示，样本分布如表 6-9 所示。

表 6-8　　　生育与就业稳定性的性别比较：变量取值及定义

变量类型	变量名称		赋值情况及相关说明
被解释变量	是否有就业中断经历		是 = 1；否 = 0
核心解释变量	生育数量		连续型
主要控制变量	个体特征	年龄	连续型
		健康状况	很好/较好 = 1；一般 = 2；较差/很差 = 3
	人力资本特征	受教育程度	小学及以下 = 1；初中 = 2；高中/中专/中技 = 3；大学及以上 = 4
		近 3 年是否参加过培训或进修	是 = 1，否 = 0
		是否具有国家评定的专业技术职称	是 = 1，否 = 0

续表

变量类型	变量名称		赋值情况及相关说明
主要控制变量	工作特征	单位性质	机关事业单位=1；民非或社会团体=2；企业=3；个体工商户及其他=4
	家庭特征	孩子照顾程度	从不/很少=1；约一半=2；大部分/一直=3
		配偶年收入	连续型
	性别观念	是否同意"男主外女主内"	不同意=0，同意=1，不清楚=2
		是否同意"干得好不如嫁得好"	不同意=0，同意=1，不清楚=2

表6-9 生育与就业稳定性的性别比较：样本分布

	男性		女性	
	频数	比例	频数	比例
有无工作中断经历				
是	451	19.30	1052	37.84
否	1886	80.70	1728	62.16
生育数量（均值）	1.03	—	1.08	—
年龄	36.42	—	36.13	—
健康状况				
很好/较好	1818	77.83	1945	70.09
一般	424	18.15	678	24.43
较差/很差	94	4.02	152	5.48
受教育程度				
小学及以下	89	3.81	131	4.71
初中	545	23.32	743	26.73
高中/中专/中技	734	31.41	888	31.94
大学及以上	969	41.46	1018	36.62
近3年是否参加过培训或进修				
是	1464	62.64	997	3588

续表

	男性		女性	
	频数	比例	频数	比例
否	873	37.36	1782	64.12
是否具有国家评定的专业技术职称				
是	1611	69.35	717	25.94
否	712	30.65	2047	74.06
单位性质				
机关事业单位	660	33.67	720	30.89
民非或社会团体	90	4.59	213	9.14
企业	971	49.49	1016	43.59
个体工商户及其他	240	12.24	382	16.39
配偶年收入（均值，元）	17856.03	—	32536.78	—
承担照顾孩子工作				
从不/很少	1204	85.51	218	10.92
约一半	152	10.80	1054	52.78
大部分/全部	52	3.69	725	36.30
是否同意"男主外女主内"的观点				
不同意	1103	47.48	1681	60.47
同意	1220	52.52	1099	39.53
是否同意"干得好不如嫁得好"的观点				
不同意	1378	60.81	1605	57.73
同意	888	39.19	1175	42.27

从样本分布来看，男性有就业中断的比例是19.3%，而女性有就业中断的比例是37.84%，初步判断女性的就业稳定性较男性差。健康状况方面女性健康状况稍好于男性，但在受教育程度方面，女性的受教育程度总体低于男性，其他人力资本方面，男女相差不大。家庭收入、工作单位以及性别观念的性别分布差异较小，但家务分工中照顾孩子方面存在明显的性别差异，男性照料孩子的投入远远小于女性，照顾孩子的负担主要由女性承担。总体上看，以上样本

的分布比较合理。

(一) 实证结果

根据因变量的属性选择二值 Logit 模型进行回归分析,实证结果如表 6-10 所示。回归结果显示:

在女性样本的回归结果中,生育数量对女性就业稳定性在 0.1% 的显著性水平上有显著的正向影响,即生育数量增加会加大女性就业中断概率,因此生育数量增多会加大女性就业的不稳定性,可以判定,生育对女性就业稳定性存在显著的阻碍作用。几率比的数值是 1.5378,表示女性生育孩子的数量每增加一个单位,比如从 1 个增加到 2 个,那么她发生就业中断的概率是生育 1 个孩子时发生就业中断概率的 1.5378 倍,也就是说女性在生育 2 个孩子时就业中断发生概率大于生育 1 个孩子时就业中断发生的概率。以此推测,生育数量增多,女性就业中断发生的概率越大,则就业不稳定性也越高。平均边际效应的数值显示,生育数量每增加一个单位,则女性就业中断的概率将显著提高 7.66%。

在男性样本中,生育数量对男性的就业稳定性没有显著影响,且回归系数的符号为正,说明生育数量增加不会导致男性就业中断。因此可以判定,生育对男性就业稳定性没有影响。

表 6-10　　　　生育与就业稳定性的性别比较:估计结果

(参照组 = 无就业中断)

	女性			男性		
	回归系数	几率比	平均边际效应	回归系数	几率比	平均边际效应
生育数量	0.430*** (3.26)	1.5378	0.0766	0.0046 (0.02)	0.0046	0.0005
年龄	0.163 (1.41)	1.1775	0.0291	-0.0609 (-0.32)	-0.0609	-0.0065

续表

	女性			男性		
	回归系数	几率比	平均边际效应	回归系数	几率比	平均边际效应
年龄平方	-0.0027 (-1.61)	0.9973	-0.0005	0.0008 (0.31)	0.0008	0.0001
健康状况（参照组＝很好/较好）						
一般	0.680*** (5.61)	1.9730	0.1262	0.711*** (3.81)	0.7112	0.0844
较差/很差	0.667* (2.56)	1.9481	0.1237	1.794*** (5.29)	1.7941	0.2638
受教育程度（参照组＝小学及以下）						
初中	0.470 (1.47)	1.6005	0.0976	0.460 (1.02)	0.4604	0.0672
高中/中专/中技	0.310 (0.97)	1.3633	0.0636	-0.118 (-0.26)	-0.1178	-0.0148
大学及以上	-0.716* (-2.12)	0.4885	-0.1279	-0.908 (-1.85)	-0.9076	-0.0909
近3年是否有培训或进修（参照组＝否）						
是	0.0206 (0.17)	1.0208	0.0037	0.193 (1.07)	0.1930	0.0208
是否具有国家评定的专业技术职称（参照组＝否）						
是	-0.173 (-1.25)	0.8410	-0.0309	-0.218 (-1.13)	-0.2176	-0.0228
单位性质（参照组＝机关事业单位）						
民非或社会团体	1.186*** (5.69)	3.2742	0.2051	1.511*** (3.96)	1.5106	0.1500
企业	1.266*** (8.25)	3.5466	0.2216	1.181*** (4.80)	1.1809	0.1051
个体工商户及其他	1.491*** (7.69)	4.4413	0.2691	1.588*** (5.26)	1.5876	0.1615
配偶年收入	-0.285*** (-3.86)	0.7517	-0.0508	-0.331** (-3.26)	-0.3311	-0.0354

续表

	女性			男性		
	回归系数	几率比	平均边际效应	回归系数	几率比	平均边际效应
承担照顾孩子工作（参照组＝从不/很少）						
约一半	0.339 (1.66)	1.4030	0.0613	-0.499 (-1.42)	0.6072	-0.0503
大部分/全部	0.595** (2.77)	1.8136	0.1099	-1.043 (-1.28)	0.3523	-0.0913
是否同意"男主外女主内"的观点（参照组＝不同意）						
同意	0.277* (2.49)	1.3197	0.0499	0.103 (0.63)	0.1030	0.0110
是否同意"干得好不如嫁得好"的观点（参照组＝不同意）						
同意	-0.120 (-1.08)	0.8871	-0.0212	0.247 (1.50)	0.2474	0.0267
_cons	-1.745 (-0.84)	0.1746		1.350 (0.39)	1.3496	
N	2061			1545		
Wald chi2	473.48			180.82		
Prob > chi2	0.0000			0.0000		
Pseudo R2	0.1781			0.1881		

注：显著性水平：$^*p<0.05$，$^{**}p<0.01$，$^{***}p<0.001$。

各类控制变量对不同性别就业稳定性也有一定的特点：

个体特征中，健康对男女两性的就业稳定性影响基本一致。结果显示，健康状况越差男女两性在劳动力市场中就业中断发生的概率越大，就业的稳定性也越弱。其中，健康状况对男性就业稳定性的影响更加明显，如果男性健康状况为"较差/很差"，则就业中断的概率将达到26.38%，因此，对男性而言健康状况是影响其就业稳定性的关键因素。受教育程度对两性就业稳定性存在一定差异。大学及以上学历对男性的影响不显著，但是对女性的影响显著为负，这说明，接受高等教育会显著降低女性就业中断的概率。工作特征中，相对于机关事业单位来说，民办非企业、各类企业、个体工商等的就业稳定性都比较低。从回归系数看，相对于机关事业单位，其他类型的就业单位对男性和女性的就业中断呈显著的正向影响，说明这些单位工作的员工就业稳定性低于机关事业单位；从几率比和平均边际效应的绝对值看，女性就业稳定性较男性更低：如果女性从机关事业单位转向其他类型的单位，那么她发生就业中断的概率将会显著提高20.51%—26.91%，而男性如果从机关事业单位转向其他类型的单位，那么他发生就业中断的概率将会显著提高15%—16.15%，因此，各单位类型的女性就业稳定性均低于男性。家庭特征、性别观念特征对劳动力市场的参与影响存在着性别差异。在家务分工中孩子照顾责任的承担方面，女性承担"大部分/全部"照顾责任会显著提高其就业中断发生的概率，但是男性承担较多的孩子照顾责任，则对其就业稳定性没有显著影响；配偶收入水平对男性和女性就业中断发生的概率都起显著的制约作用，说明夫妻双方收入水平的提高，有助于促进各自就业稳定性；同意"男主外、女主内"这种观念对男性就业稳定性没有显著影响，但同意该观点的女性就业稳定性显著较低。

第四节　本章小结

本章从实证分析的角度，考察生育对女性劳动力市场就业稳定性的影响效应。首先，以是否生育、生育数量、子女年龄三个方面分别研究对女性劳动力市场就业稳定性的影响。其次，从不同部门和性别分析两个角度进一步考察生育对女性劳动力市场就业稳定性影响的异质性。主要结论如下：

第一，生育对女性就业稳定性存在阻碍作用，女性生育行为可能导致其就业中断发生的概率显著提高10.15%。实证估计结果显示,"是否生育"这一核心解释变量对女性就业中断发生的概率在5%的显著性水平上有显著的正向影响,说明生育对女性劳动力市场表现的就业稳定性存在阻碍。"生育"女性在劳动力市场中发生就业中断的概率是"未生育"女性的1.6182倍。平均边际效应的数值表明,女性从"未生育"到"生育",其发生就业中断的概率将平均提高10.15%,因此,生育不利于女性在劳动力市场中的就业稳定性。

第二,生育数量越多女性劳动力市场就业稳定性越差,生育数量每增加一个单位女性就业中断的概率将提高3.96%。生育数量增加会带来就业中断的风险,不利于女性就业稳定。连续型"生育数量"的平均边际效应显示,生育数量每增加一个单位,女性就业中断的概率将提高3.96个百分点。分类型生育数量的估计结果显示,生育两个孩子对女性就业稳定性有显著影响,如果女性生育2个孩子,那么她发生就业中断概率将提高4.75%;虽然生育3个及以上数量孩子对女性就业稳定性的影响不显著,但其几率比和平均边际效应的绝对值都有所增加,一定程度上说明了,对于已经生育的女性来说,生育数量越多,发生就业中断的概率越高,女性的就业稳定性越低。

第三,有0—3岁子女会阻碍女性劳动力市场就业稳定性,0—3岁子女使女性就业中断的概率增加7.5%。0—3岁子女对女性就业中断的影响在5%的显著性水平上显著为正,说明0—3岁幼儿的存在会增加女性劳动力市场就业中断风险,不利于女性就业稳定。估计结果显示,如果一个母亲有0—3岁子女,那么她发生就业中断的概率是原来(没有0—3岁子女)的1.4179倍;平均边际效应的值显示,孩子年龄在0—3岁会使女性就业中断风险发生的概率提高7.5%。因此,0—3岁子女的存在会对女性就业稳定性带来阻碍。4—6岁子女、7—12岁子女对女性就业稳定性没有显著影响。13岁及以上年龄的子女对女性就业中断的影响在5%的显著性水平上为负,说明孩子年龄在13岁及以上女性就业中断的概率越低,平均边际效应显示，子女年龄在 13 岁及以上则女性发生就业中断的概率将下降 8.78%。因此，学龄前幼儿使阻碍母亲就业稳定性的重要原因，随着孩子年龄的增长，在幼儿园、学校等教育资源的支持下，女性的就业稳定性也逐渐得到提升。

第四，生育对不同部门女性就业稳定的影响有差异，生育对国有部门的女性就业稳定性影响不显著，但对私营部门的女性就业稳定性存在显著的阻碍作用。从生育行为的估计结果看，女性生育行为对国有部门的女性就业中断概率没有显著影响，但对私营部门女性就业中断概率显著为正，且私营部门女性生育行为会使其就业中断发生的概率显著增加 10.86 个百分点。生育数量对所有部门的女性就业稳定性影响不显著，但 0—3 岁子女对私营部门女性就业稳定性存在显著的影响：对私营部门女性来说，有 0—3 岁子女使其发生就业中断的概率显著增加 7.37%。但是子女年龄对国有部门、个体经济等部门女性的就业稳定性影响不显著。所以私营部门的女性就业稳定性更容易受到生育的影响。

第五，从性别差异看，男性就业稳定性受生育的影响不显著，但女性就业稳定受生育的影响比较显著。在男性样本中，生育数量对男性的就业稳定性没有显著影响，说明生育数量增加不会导致男性就业中断。在女性样本的估计结果显示，生育数量对女性就业稳定性在 0.1% 的显著性水平上有正向影响，表明生育数量越多女性发生就业中断的概率越大，因此，生育数量增加会给女性带来就业中断的风险，女性生育数量每增加一个单位，发生就业中断的概率将显著提高 7.66%，进一步证明生育阻碍女性就业稳定性。

第六，女性的健康状况、受教育程度、所在单位性质和孩子照料等控制变量对女性劳动力市场表现的就业稳定性有显著影响。其中，健康状况越差就业中断发生的概率越大，就业的稳定性也越弱；人力资本积累越高，如受教育程度越高，越有助于促进就业稳定性；相对于机关事业单位，民办非企业、各类企业、个体工商等的就业稳定性都比较低；在家务分工中孩子照顾责任的承担方面，女性承担"大部分/全部"照顾责任会对显著提高其就业中断发生的概率。

综上分析，无论从生育行为、生育数量还是子女年龄看，生育对女性劳动力市场就业稳定性都存在显著的阻碍作用，异质性分析的结果进一步说明了生育对女性劳动力市场就业稳定性的阻碍作用在私营部门女性中影响更加显著。

第七章

生育对女性工资收入的影响研究

女性在整个生育过程中间断地脱离工作岗位、减少工作投入或者中断就业，不仅仅会固化用人单位的性别歧视、影响就业稳定性，还会影响女性自身的人力资本积累。这种影响体现在女性劳动力市场表现的结果中，即导致女性在劳动力市场的工资收入降低。为了检验生育对女性劳动力市场表现结果的影响效应，本章重点从女性工资收入视角，依托微观调查数据，探讨生育对女性劳动力市场表现的工资收入影响。研究思路仍然从是否生育、生育数量、子女年龄这三个"生育"测量指标分别研究女性工资收入的生育影响，并根据实证结果选择合适的视角进一步探究生育对女性工资收入影响的异质性，以综合说明生育对女性工资收入的影响及其影响程度。

第一节 理论假设与实证基础

一 生育对女性工资收入影响的理论假设

关于生育数量对女性工资收入的影响。理论方面，明塞尔（Mincer）1989年提出的人力资本理论指出较多人力资本积累的劳动者具有较强的生产力与技能，能为雇主带来更高生产效率与更多利润，从而获得较高薪水。但女性生育和照料幼儿期间，可能错失培训机会，也可能会中断工作，甚至退出劳动力市场，使就业的投入性和连续性受损，影响了人力资本累积，进而导致生育过的女性与未生育过的女性之间的工资差距。贝克尔（Becker）1985年从精力分配论指出，个体的时间精力分配决定其在劳动力市场中的经济回报。对女性而言，即便是生育期间不中断或退出劳动力市场，但生育和生育数量的增多意味着个体在家庭中投入时间、精力增加，而投入到劳动力市场中的时间精力自然减少，从而使工作投入程度和工作效率下降，劳动力市场经济回报降低。赫希（Hersch）2009年从补偿性工资差异理论视角解释生育对女性劳动收入的影响，认为收入水平不仅取决于劳动者的工作能力和质量，还取决于工作本身的性质和条件，生育和抚养子女还会通过限制女性的工作选择而影响收入，已生育女性一般倾向选择或被动接受技术能力更新缓慢、工作弹性高、精力消耗少的"母职友好型"工作（Felfe C., 2012），从而使得相关职业的女性劳动力供给过量，而导致职业内工资水平降低（England P., 2006）。菲尔普斯（Phelps）1972年的统计性歧视理论认为由于信息不对称或获取成本过高，雇主在选择雇员时往往借用多数性原则或已有经验，来识别劳动者的生产率。而生育过的女性育男性和未生育女性相比，承担了更多的家庭照料责任，工作中经常请假、工作投入不足，因而生产效率较低，因此雇主不愿招聘已育女性，或支付较低的报酬来替代雇用损失。这种歧视还会导致女性人力资本投资的收益预期，进而减少劳动力市场前的人力资本投资，进一步降低收入水平（张抗私，2010）。另一种歧视则与雇主偏好相关，即雇主支付给女性较低的工资，不是因为其工作效率低或者人力资本不足的刻板印象，仅仅是因为雇主自身或工作单位的同事、客户等不愿意与她们一起工作或者不喜欢女性，从而不愿意雇用女性或者支付给女性较低的工资。根据以上理论分析，本章的第一个研究假设为：

假设1：生育数量会对女性工资收入产生负向影响，生育数量越多女性的工资收入越低。

子女年龄也可能会影响目前的工资收入。孩子幼年时期照料负担重,因此对母亲的收入负面影响较高(Lehrer,1992),当孩子长大后,母亲的工资会有所上升(Adair,2002)。也有学者指出,提供完善的儿童照顾政策对性别工资差距有抑制作用(Borck,2014),在北欧儿童福利政策的保护下,女性的生育工资惩罚也较其他国家小;但子女年龄越小,女性承受的工资收入惩罚效应也越大(Matysiak & Vignoli,2008),这也侧面证明了,较小年龄的子女对女性工资收入有抑制作用。故提出本章的第二个主要研究假设:

假设2:女性工资收入与子女年龄有关,子女年龄越小女性的工资收入越低。

此外,不同的地区经济法发展水平是产生工资收入差异的重要影响因素。我国学者在研究生育对女性工资收入的影响方面发现,生育对东部地区女性工资收入的负向影响高于中西部地区(张沛莹、冯照晴,2018);熊海珠(2017)的研究也指出东部地区的女性工资收入受生育二孩的负面影响大于中部和西部地区。事实上,我国东、中、西的地区经济发展水平不平衡,不同地区的工资收入水平也有所差异。因此,本章的第三个主要研究假设为:

假设3:生育对不同地区特征女性的工资收入影响有差异,东部地区工资水平较高,故生育对东部地区女性的工资影响更大。

以上研究假设构成了本章的主要研究思路,即在检验不同生育数量对女性工资收入影响的基础上,进一步分析不同子女年龄对女性工资收入的影响及其影响程度。同时,结合影响工资收入的关键因素,进一步细致分析生育对女性工资收入影响的异质性。

二 实证基础

(一)数据来源与样本选择

本章采用的数据仍以2016年中国劳动力动态调查(CLDS)数据为主,关注的研究对象仍然是20—44岁、从事非务农劳动的青年女性。根据问卷设定,以观测年份女性获得非务农工资性收入进行筛选，剔除主要变量缺失的样本后，20—44 岁青年女性有效样本数量为 3317 个。

（二）变量选择

根据本章的研究目的，被解释变量是工资收入，即女性在劳动力市场中获取的劳动报酬。调查询问了被访者年工资总收入，为了使数据更加平稳对样本的工资收入取自然对数，得到"工资收入对数"作为因变量的测量指标。

为了考察生育对女性工资收入的影响，选择生育数量和子女年龄两个方面作为核心解释变量。根据女性对自身生育数量的回答，将"生育数量"分为未生育、生育 1 个、生育 2 个和生育 3 个及以上四大类。该分类包含了生育数量为"0"的样本，故不再重复考察"是否生育"这一变量对女性工资收入的影响。为了避免遗漏变量的情况，对"子女年龄"的划分方式仍然按照第五章、第六章的方式进行分类。

依照已有的研究经验影响城镇青年女性工资收入的控制变量主要包括样本的个体特征、工作特征、家庭特征。於嘉和谢宇（2014）的研究发现，生育对受教育程度高、国有部门工作的女性工资收入的负面影响更为显著；熊海珠（2017）的研究指出女性的个体差异、家庭特征及其配偶特征在很大程度上显著影响生育二孩对女性工资的影响；张沛莹等（2019）的研究也发现女性生育数量的增多会显著降低其工资收入，且这种效应对不同地区、城乡和产业方面都存在一定差异。基于以上分析和数据的可得性，本章主要控制变量包括女性个体特征，比如，受教育程度、婚姻状况、健康状况、户籍、所在地区等；工作特征，主要有受雇类型、工作类型、就业类型、工龄、所在单位类型等；家庭特征包括家庭经济收入水平、是否与父辈同住和家务劳动时间等。主要变量的定义和描述性统计如表 7-1 和表 7-2 所示所示。

表7-1　　　　　生育与女性工资收入：变量及赋值说明

变量类别			赋值说明
被解释变量	工资收入		连续型变量
核心解释变量	生育数量		未生育=0；生育1个=1；生育2个=2；生育3个及以上=3
	子女年龄		赋值方法同第五章
各类控制变量	个体特征	受教育程度	小学及以下=1；初中=2；高中、中专、技校等=3；大学及以上=4
		婚姻状况	未婚=1；已婚=2
		健康状况	很好/较好=1；一般=2；较差/很差=3
		户籍	农村=1；城镇=2
		所在地区	东部=1；中部=2；西部=3
	工作特征	受雇类型	雇主/自雇=0；雇员=1
		就业类型	非全职就业=0；全职就业=1
		工龄	连续型变量
		单位类型	国有部门=1；私营部门=2；个体或其他=3
	家庭特征	家庭经济收入	连续型变量；不包含家庭成员中青年女性的工资收入
		是否与父辈同住	不同住=0；同住=1
		家务劳动分钟	连续型变量

表7-2　　　　　　　生育与女性工资收入：样本分布

变量			频数	比例（均值）
工资收入（均值，元）			3317	30534.93
生育数量	未生育		483	15.87
	生育1个孩子		1384	45.48
	生育2个孩子		976	32.07
	生育3个及以上孩子		200	6.57
子女年龄	是否有0—3岁孩子	没有	1791	70.82
		有	739	29.18
	是否有4—6岁孩子	没有	1875	74.15
		有	653	25.85

续表

变量			频数	比例（均值）
子女年龄	是否有 7—12 岁孩子	没有	1536	85.10
		有	993	24.90
	是否有 13 岁及以上孩子	没有	1562	61.98
		有	958	39.12
个体特征	受教育程度	小学及以下	556	16.80
		初中	1224	36.98
		高中、中专、技校等	662	20.00
		大学及以上	868	26.22
	婚姻状况	未婚	456	12.87
		已婚	2871	87.23
	健康状况	很好/较好	2374	71.74
		一般	770	23.27
		较差/很差	165	4.99
	户籍	农村	2111	63.87
		城镇	1194	36.13
	所在地区	东部	1722	51.91
		中部	713	21.50
		西部	882	26.59
工作特征	受雇类型	雇主/自雇	436	19.75
		雇员	1772	80.25
	就业类型	全职就业	2090	94.66
		非全职就业	110	5.34
	工龄（均值，岁）		3310	15.696
	单位类型	国有部门	574	22.48
		私营部门	1207	47.28
		个体或其他	772	30.24
家庭特征	家庭经济收入（均值，元）		3296	68735.88
	是否与父辈同住	不同住	2174	65.54
		同住	1143	34.46
	家务劳动分钟对数（均值）		3280	131.171

(三) 模型选择及研究方法

根据本章因变量的属性，首先构建生育对女性工资收入影响的基准识别模型，假设工资收入由公式（7-1）表示：

$$ln\,W_1 = \alpha + \beta(child\_num) + \gamma x_1 + \delta x_2 + \eta x_3 + \varepsilon \quad (7-1)$$

其中 lnW 为女性工资收入的对数。$child\_num$ 表示城镇青年女性生育状况，x_1、x_2、x_3 分别用于控制城镇青年女性个体特征、工作特征、家庭特征等。ε 是方程随机扰动项。系数 β 是要估计的生育给城镇青年女性带来的工资收入"惩罚"。

由于本研究使用的第一个核心解释变量为子女数量，一方面生育会增加女性职业中断风险、减少工作投入等从而对城镇青年女性工资收入产生抑制作用，但如果女性为了获得更高的收入，也会选择少生育甚至不生育。故理论上分析，自变量与因变量之间可能存在互为因果的内生性问题，这将低估测量结果导致估计结果出现偏差。为了避免内生性问题，国内外学者大多采用工具变量法进行改正。

我国的相关研究中多采用第一胎子女性别作为生育数量的工具变量（张川川，2011；陈瑛，2018）。他们根据已有的研究发现中国家庭普遍存在男孩偏好，即一对夫妇在至少生育一个男孩前很少停止再生育（Monica，2003；Ebenstein A.，2010），且第一胎子女的性别是自然现象与城镇青年女性工资收入无关。因此，在男孩偏好的情况下，第一个子女性别用作子女数量的工具变量满足工具变量选择的相关性和外生性基本原则。本研究借鉴已有的研究经验，以第一胎子女性别作为识别子女数量的工具变量，使用含工具变量两阶段最小二乘法（2SLS）进行基本回归分析。

但使用两阶段最小二乘法估算出的生育数量对女性工资收入的影响只是一种集中趋势，女性个体特征、家庭特征、工作特征不同则收入也会存在差异，因此两阶段最小二乘法无法反映出生育对女性工资收入影响的全貌；此外，传统的均值回归容易受极端值的影响，为此，科恩克和巴塞特（Koenker & Bassett）1978 年提出了"分位数回归"来减少极端值影响，并且能够提供自变量对因变量影响的全面信息。相比于 OLS 回归，分位数回归可以选取任一分位数进行参数估计。以 $F_{iq}(\ln w_i \mid X_i)$ 表示给定的解释向量 X 的情况下，第 i 个女性的被解释变量 $\ln w_i$ 的 q 分位数，建立如下分位数回归方程：

$$F_{iq}(\ln w_i \mid X_i) = X'_i \beta_{iq} + \mu_{iq} \quad (7-2)$$

对于不同的分位数 q，系数向量 β 也不同，类似于普通 OLS 回归系数的估计值是通过残差平方和的最小化得到的，分位数回归系数的估计值是通过残差绝对值的加权平均最小化得出，即：

$$\widehat{\beta_{iq}} \in arg_{\beta_i} min(\sum_{\ln w_i \geq X\beta_{iq}} q_i \mid \ln w_i - X_i \beta_{iq} \mid +$$

$$\sum_{\ln w_i < X\beta_{iq}} (1 - q_i) \mid \ln w_i - X_i \beta_{iq} \mid) \quad (7-3)$$

如果 $q = 1/2$，则表示"中位数回归"，此时公式（7-3）可以简化为如下公式：

$$min \sum_{i=1}^{n} \mid \ln w_i - X_i \beta_{iq} \mid \quad (7-4)$$

显然它比均值回归更不易受极端值的影响。

本章也借鉴这种研究思想，首先基于两阶段最小二成反映生育数量和子女年龄对女性工资收入的集中趋势，再使用"分位数"回归分生育数量和子女年龄对女性不同工资收入影响的全貌。

第二节 生育对女性工资收入影响效应的总体探析

一 生育数量对女性工资收入的影响效应

表 7-3 显示了生育数量对女性工资收入影响的两种模型回归结

果。表中第（1）列是使用两阶最小二成法进行生育数量对女性工资收入影响的估计结果，表中数值表示各变量对女性工资收入的边际效应，从总体上看，生育数量每增加一个单位，女性的工资收入将会降低70.4%，这说明生育对女性工资收入存在负向影响；该数据接近于张川川在2015年的研究结论，但也与其他学者的研究结论有一定的差距，这种情况的原因主要与所使用的实证模型和数据有关，因此使用古典回归模型，通过均值测量女性劳动力市场工资收入的生育惩罚效应具有一定的局限，进一步说明了分为数回归的必要性。

表7-3中第（2）列至第（6）列是女性收入不同分位数的回归结果。估计结果显示：

第一，生育对女性工资收入存在显著的负向影响，生育数量每增加一个单位，女性不同工资分位数上的工资水平将下降6.3%—9.28%。将"生育数量"作为连续型变量进行估计的结果显示，生育数量对女性工资收入的影响均为负向影响，表明生育对女性劳动力市场表现的工资收入确实存在负向影响；从显著性水平看，生育对女性工资收入的负向影响在25%、50%和90%的收入水平上显著，说明生育对中低收入和高收入女性群体影响更大；从边际效应（估计系数）的数值看，生育对女性工资收入的边际效应变化为 $-0.063 \rightarrow -0.083 \rightarrow -0.032 \rightarrow -0.093$，呈现出波浪形的曲线趋势，且不难看出，随着生育数量增多，高收入女性群体受到的收入水平降低程度越大，即生育数量每增加一个，对高收入层次的女性来说，其工资收入将下降9.28%。

第二，生育1个孩子会导致女性工资收入下降10.5%—28.9%。将生育数量作为分类变量纳入模型中，结果显示：生育1个孩子对收入在0.25和0.75的工资分位数上有显著负向影响；生育1个孩子在0.25的工资分位数上使女性工资收入下降24.2%，在0.75的工资分位数上使女性工资收入下降28.9%。其他分位数上的估计结果虽然为负向影响但影响不显著，这说明，女性生育行为对中低、中高收入层次的女性会产生显著的负向影响。

第三，生育 2 个孩子使女性工资收入降低 19.2%—35.8%。生育 2 个孩子对女性 0.1 以上分位数的工资收入均有显著的负向影响。在 0.25、0.5、0.75 和 0.9 四个不同分位数上，生育两个孩子会导致女性工资收入分别减少 31.1%、19.2%、35.8% 和 28.4%。这说明，生育 2 个孩子对女性工资收入的负向影响效应具有普遍性。

第四，生育 3 个及以上孩子在 0.25 的工资分位数上使女性工资显著下降 39%。生育 3 个及以上数量孩子，对女性不同工资分位数水平上都有负向影响，但仅对收入在 0.25 分位数的女性有显著负向影响。这说明，生育多个孩子主要会对中低收入层次的女性带来显著的收入负向影响效应。

综上分析，生育 1 个孩子会对中层收入的女性带来显著的负向影响效应，生育 2 个孩子对不同收入女性均有显著的负向影响效应，生育 3 个及以上孩子则会使收入水平低的女性面临更大的工资收入水平降低风险。这一方面表明生育数量增多，对女性工资收入水平降低的风险也会增大；另一方面，无论生育数量多少，较低收入水平的女性都会面临稳定的负向影响。综合以上研究结果本章的研究假设 1 得以验证。

表 7-3　　　　　　　　生育数量与女性工资收入：估计结果

	(1)	(2)	(3)	(4)	(5)	(6)
	2sls	qr_10	qr_25	qr_50	qr_75	qr_90
生育数量（连续型）	-0.704 * (0.388)	-0.0630 (0.0678)	-0.0838 ** (0.0396)	-0.0811 ** (0.0318)	-0.0322 (0.0376)	-0.0928 * (0.0542)
生育数量（参照组=未生育）						
生育 1 个孩子		-0.233 (0.210)	-0.242 ** (0.120)	-0.105 (0.0993)	-0.289 *** (0.111)	-0.192 (0.147)
生育 2 个孩子		-0.230 (0.221)	-0.311 ** (0.126)	-0.192 * (0.105)	-0.358 *** (0.117)	-0.284 * (0.155)
生育 3 个及以上孩子		-0.437 (0.287)	-0.390 ** (0.164)	-0.0786 (0.136)	-0.231 (0.151)	-0.170 (0.201)

续表

	(1)	(2)	(3)	(4)	(5)	(6)
	2sls	qr_10	qr_25	qr_50	qr_75	qr_90
受教育程度（参照组=小学及以下）						
初中	-0.113	0.0237	0.0276	-0.120*	-0.0371	-0.0315
	(0.122)	(0.146)	(0.0850)	(0.0684)	(0.0809)	(0.117)
高中、中专、技校等	-0.0399	0.187	0.135	-0.00828	0.149	0.147
	(0.159)	(0.170)	(0.0991)	(0.0797)	(0.0943)	(0.136)
大学及以上	0.301*	0.552***	0.551***	0.323***	0.397***	0.414***
	(0.164)	(0.186)	(0.109)	(0.0875)	(0.103)	(0.149)
婚姻状况（参照组=未婚）						
已婚	-0.0549	-0.216	-0.0317	-0.113*	-0.143*	-0.0688
	(0.201)	(0.138)	(0.0804)	(0.0647)	(0.0765)	(0.110)
健康状况（参照组=很好/较好）						
一般	-0.0735	-0.152*	-0.0216	-0.0483	-0.0612	-0.0702
	(0.0540)	(0.0837)	(0.0489)	(0.0393)	(0.0465)	(0.0670)
较差/很差	-0.333**	-0.826***	-0.276**	-0.180**	-0.198*	-0.290*
	(0.132)	(0.190)	(0.111)	(0.0890)	(0.105)	(0.152)
户籍（参照组=农村）						
城镇	-0.0482	0.131	0.103*	0.100**	0.109**	0.147**
	(0.124)	(0.0923)	(0.0539)	(0.0433)	(0.0512)	(0.0738)
所在地区（参照组=东部）						
中部	-0.0907	-0.204**	-0.151***	-0.163***	-0.0951*	-0.0622
	(0.0664)	(0.0978)	(0.0571)	(0.0459)	(0.0543)	(0.0783)
西部	-0.207***	-0.209**	-0.103**	-0.167***	-0.169***	-0.298***
	(0.0581)	(0.0892)	(0.0521)	(0.0419)	(0.0495)	(0.0714)
受雇类型（参照组=雇主/自雇）						
雇员	-0.301***	-0.234*	-0.138*	-0.158**	-0.524***	-0.737***
	(0.0880)	(0.140)	(0.0817)	(0.0657)	(0.0777)	(0.112)
就业类型（参照组=全职就业）						
非全职就业	-0.228**	-0.338**	-0.412***	-0.278***	-0.210**	-0.0287
	(0.103)	(0.165)	(0.0964)	(0.0775)	(0.0917)	(0.132)

续表

	(1)	(2)	(3)	(4)	(5)	(6)
	2sls	qr_10	qr_25	qr_50	qr_75	qr_90
工龄	0.0576***	0.0963***	0.0496***	0.0474***	0.0422***	0.0449***
	(0.021)	(0.021)	(0.012)	(0.0096)	(0.0114)	(0.0164)
工龄平方	-0.0012**	-0.0024***	-0.00096***	-0.0012***	-0.0011***	-0.0010**
	(0.0005)	(0.0006)	(0.0004)	(0.0003)	(0.0003)	(0.0005)
单位类型（参照组=国有部门）						
私营部门	0.0650	-0.0262	0.0352	0.0237	0.0131	0.0214
	(0.0632)	(0.0923)	(0.0539)	(0.0433)	(0.0513)	(0.0739)
个体或其他	-0.139	-0.491***	-0.254***	-0.168***	-0.193***	-0.148
	(0.0957)	(0.129)	(0.0751)	(0.0604)	(0.0715)	(0.103)
家庭经济收入对数	0.103***	0.181***	0.150***	0.124***	0.107***	0.0755***
	(0.0250)	(0.0467)	(0.0227)	(0.0174)	(0.0197)	(0.0256)
是否与父辈同住（参照组=不同住）						
同住	-0.0702	-0.206***	-0.145***	-0.0653*	-0.0754*	-0.0555
	(0.0483)	(0.0726)	(0.0424)	(0.0341)	(0.0403)	(0.0581)
家务劳动分钟对数	0.00928	-0.0178	-0.0532**	-0.0400*	-0.0432*	-0.0538
	(0.0422)	(0.0457)	(0.0267)	(0.0215)	(0.0254)	(0.0366)
_cons	7.444***	5.248***	6.137***	6.968***	7.865***	8.552***
	(0.661)	(0.552)	(0.322)	(0.259)	(0.306)	(0.441)
N	1205	1505	1505	1505	1505	1505

注：括号内数值表示稳健标准误，显著性水平 $^*p<0.05$，$^{**}p<0.01$，$^{***}p<0.001$。

各类控制因素对女性工资收入水平也有一定的影响：

个体特征的控制变量中受教育程度、健康状况、户籍、所在地区等对其工资收入产生显著影响。回归结果显示，大学及以上学历对女性工资收入有显著的正向影响，有大学及以上学历的女性其工资收入在10%、25%、50%、75%和90%的分位数上分别显著增加55.2%、55.1%、32.3%、39.7%和41.4%，可见，较高的教育程度能够促使女性工资收入的提高；相对于未婚女性来说，已婚对女性工资收入有一定的负向影响,对收入在50%和75%分位数上有显著影响,边际效应分别是11.3%和14.3%,不难推测,已婚女性往往面临更多的家务事物如养育、照料孩子等进而影响其收入水平;健康状况较差的女性对工资收入的抑制性也十分显著,尤其对低收入阶层的女性影响最大,这种结果符合一定的客观事实,故提升女性健康水平是提高女性适应劳动力市场活动的重要保障;相对于农村户籍的女性来说,城镇女性收入在各分位段上均大于农村女性的收入,这也与当前我国城乡收入水平的一般特征一致,因此进一步缩小城乡之间的发展水平或加快城镇化建设,有助于提高劳动者的收入;从地区差异看,中部和西部的女性收入在各分位数中均低于东部地区,相对于东部地区,处于西部地区的女性收入水平更低,从边际效应看,如果一位收入水平在10%分位数的女性从东部转入西部,其工资会降低20.9%,若收入在90%分位数的女性从东部转入西部,那么其工资收入将会减少29.8%。由此可以看出,由于地域差异带来的工资收入差别也较大,那么,这是否意味着,由于存在地域差异导致的女性工资收入差异,影响了核心解释变量的解释力?为此,还需要从不同地域差别做进一步异质性分析。

在女性的工作特征的控制变量中,受雇类型、就业类型、工龄及单位性质也对女性工资收入有显著影响。相对于雇主和自雇人员来说,雇员的工资收入一般都比较低,在回归结果中,如果女性从雇主转向雇员,则其工资收入在10%分位数会显著降低23.4%,随着分位数的提高收入减少的概率也不断增大,到90%分位数上女性收入将减少73.7%,由此可见,雇佣类型是影响女性收入的重要因素,新时期增加女性劳动力市场收入,可以多鼓励女性创业、增加就业方式的多样性;从就业类型看,非全职就业的女性工资收入普遍低于全职就业的女性,尤其是在较低收入层次中,从事非全职工作会导致女性工资收入降低41.2%,反映了当前劳动力市场中,非全职就业女性工资收入的窘境,进一步说明了女性如果因生育、抚养孩子或者照顾家庭而减少工作投入或从事非全职就业,将会产生较大的收入损失；工龄是工作经验的主要衡量指标，工龄越长意味着劳动者工作经验积累越多，则越有可能在劳动力市场中获得较高的收入，实证研究的结果也证实了这一点。单位性质也是影响工资收入水平的重要因素，不同单位性质的工作要求、薪酬设计不同，因此工资收入也不一样，从实证结果看，个体经济部门和自由职业者的工资收入相对于国有部门普遍较低，比如在国有部门工作的女性如果转入个体经济部门，其收入会在 10% 的分位数上显著降低 49.1%，但随着收入分位数的上升这种差异会逐渐缩小，到 90% 的收入分位数上则影响不显著，这表明不同经济所有制部门工资收入的差异，会随着收入水平的提高而缩小。

女性家庭特征方面，家庭经济收入水平、是否与父辈同住以及女性家务劳动时间也会对其工资收入产生影响。在本模型中，家庭经济收入水平对女性工资收入有正向的促进作用，在不同的收入分位数上，边际效应的变化值是 $0.181 \rightarrow 0.150 \rightarrow 0.124 \rightarrow 0.107 \rightarrow 0.0755$，这种变化趋势表明，家庭经济水平对女性工资收入有显著影响，其中家庭经济收入水平对低收入层次的女性促进作用，高于高收入层次的女性，这表明提高家庭经济收入水平更有助于提升较低层次的女性劳动收入，但对高收入层次的女性作用较小；与父辈同住会对女性工资收入产生一定影响，一方面父辈对幼儿提供的隔代照料支持有助于缓解女性养育压力，促进其劳动力市场投入，进而获得较高劳动报酬；但另一方面，与父辈同住也会增加女性对老年人的照料压力，阻碍其在劳动力市场的投入进而使得工资收入水平降低，在本节的分析模型中，与父辈同住对女性工资收入主要表现为负向影响，而且对较低收入层级的女性负向影响更大，这表明，当前我国人口结构的变化，使传统的隔代育儿照料模式受到冲击，与父辈同住不能够有效缓解女性的育儿压力，社会化的养育机制应该尽早规划和建立。

二 子女年龄对已育女性工资收入的影响效应

女性不仅是生育的主体,同时也是养育子女的主要承担者,从生育的长期视角看,养育子女付出的时间和精力必然会对女性在劳动力市场中的投入产生冲击,进而影响女性的工资收入。但孩子成长阶段不同,需要付出的照料精力也不相同,可能对女性的劳动力市场表现也有差异。因此,本节从"子女年龄"视角考察生育对女性劳动力市场结果,即工资收入的影响,来进一步分析生育对女性工资收入的影响效应。表7-4是显示了子女年龄对女性工资收入影响的估计结果。

表7-4　　　　　子女年龄与女性工资收入:估计结果

	(1)	(2)	(3)	(4)	(5)	(6)
	ols	qr_10	qr_25	qr_50	qr_75	qr_90
0—3岁（参照组=无）	-0.140*** (0.0491)	-0.261** (0.113)	-0.211*** (0.0496)	-0.119*** (0.0400)	-0.0124 (0.0492)	0.00168 (0.0818)
4—6岁（参照组=无）	-0.0215 (0.0398)	0.0176 (0.0989)	-0.0731 (0.0544)	-0.0388 (0.0390)	-0.0140 (0.0438)	-0.0379 (0.0744)
7—12岁（参照组=无）	0.0246 (0.0348)	-0.0144 (0.0818)	0.0411 (0.0444)	0.0387 (0.0307)	0.0341 (0.0365)	-0.0219 (0.0555)
13岁及以上（参照组=无）	0.0632* (0.0364)	0.188*** (0.0722)	0.122*** (0.0416)	0.0500 (0.0318)	0.00839 (0.0370)	0.0359 (0.0593)
个体特征	控制	控制	控制	控制	控制	控制
工作特征	控制	控制	控制	控制	控制	控制
家庭特征	控制	控制	控制	控制	控制	控制

注:括号内数值表示稳健标准误;显著性水平 * $p<0.05$,** $p<0.01$,*** $p<0.001$;表中各模型中控制变量的详细估计结果可参考附录C。

表7-4的第(1)列是基于普通OLS模型的估计结果,回归结果显示:0—3岁子女、4—6岁子女对女性工资收入影响为负,7—12岁子女、13岁及以上子女对女性工资收入影响为正,且0—3岁

和13岁及以上子女对女性工资收入的影响显著。因此，0—3岁子女对女性工资收入有显著的"惩罚"效应，13岁及以上子女则有助于促进女性工资收入水平的提高。

表7-4的第（2）—（6）列是不同子女年龄对女性工资收入影响的分位数回归结果，估计结果显示：

第一，0—3岁孩子对50%及以下分位数的女性存在显著的负向影响效应，女性工资收入将显著下降11.9%—26.1%。从估计系数的影响方向和显著性水平上看，在10%、25%、50%的工资分位数中，0—3岁子女对女性的工资收入都存在显著的负向影响，相应地，女性工资收入将分别降低26.1%、21.1%、11.9%。此外，75%分位数上0—3岁子女对女性工资收入影响虽为负，但不显著；在90%分位数上，0—3岁子女对女性工资收入也不显著但影响方向为正。因此可以进一步推断，0—3岁对中低收入女性的工资收入有负向影响效应，对高收入女性则不存在负向影响。

第二，随着孩子年龄的变大，女性工资收入受到的负向影响也逐渐减弱至消失。从影响方向和显著性水平看，4—6岁子女对女性工资收入有普遍的负向影响但影响不显著；7—12岁子女仅对10%和90%工资分位数上的女性收入有负向影响；13岁及以上子女则对女性工资收入的影响都为正，且对10%和25%工资分位数的女性有显著的正向影响。由此可以推测，随着孩子年龄的变大，母亲的工资收入受到的负向影响也逐渐减弱，当孩子进入小学教育阶段（7—12岁），仅对低收入和高收入女性存在一定的负向影响，且当孩子进入中学阶段后（13岁及以上），女性的照料责任减弱，有更多的时间和精力投入工作，所以收入会显著提升。

综合以上研究结论，孩子年龄越小对母亲工资收入存在负向影响越高，且0—3岁子女是母亲性工资收入下降的重要掣肘，这种负向影响主要集中在中低层次收入水平的女性群体中；随着孩子进入学龄期，这种负向影响逐渐减弱，并在孩子成长到13岁以后会促进母亲工资收入水平的提高。故本章的研究假设2得以验证。

第三节 生育对女性工资收入影响效应的异质性分析

上一节从生育的两个维度，即"生育数量"和"子女年龄"分别估计对女性工资收入的影响效应。从研究结论看，生育对女性工资收入的影响存在较大的地区差异，并且就业类型等控制变量对女性工资收入的影响也存在较大差异，为了增强核心解释变量估计的准确性，本节从不同区域类别、不同就业类型对样本进行群体划分，进一步研究生育对女性工资收入的影响效应。

一 生育对不同地区女性工资收入影响效应的比较

关于区域划分的标准，本节根据经济发展水平，并参考全国人大六届四次会议通过的"七五"计划对我国地区的划分来进行分类。按照问卷的省份编码，将北京、天津、河北、辽宁、上海、江苏、浙江、福建、山东、广东这10各省（市）的样本归为东部地区；将山西、吉林、黑龙江、安徽、江西、河南、湖北、湖南这8省的样本归为中部地区；将内蒙古、广西、重庆、四川、贵州、云南、陕西、甘肃、宁夏和新疆这10个省级行政区的样本归为西部地区，完成对所有样本的地区归类。不同地区的女性生育状况对其工资收入的影响估计结果如表7-5所示。

表7-5　　生育与不同地区女性工资收入：估计结果

	ols	qr_10	qr_25	qr_50	qr_75	qr_90
			东部地区			
生育数量（参照组=未生育）						
生育1个	-0.1184 (0.1341)	-0.380 (0.282)	-0.240 (0.162)	-0.0492 (0.115)	-0.271** (0.132)	-0.119 (0.223)

续表

	ols	qr_10	qr_25	qr_50	qr_75	qr_90
生育2个	-0.1857 (0.1408)	-0.394 (0.298)	-0.283* (0.171)	-0.129 (0.121)	-0.341** (0.140)	-0.133 (0.236)
生育3个及以上	-0.1625 (0.1870)	-0.576 (0.378)	-0.503** (0.217)	-0.102 (0.153)	-0.178 (0.177)	0.181 (0.298)
0—3岁（参照组=无）	-0.158** (0.0629)	-0.316** (0.125)	-0.220*** (0.0720)	-0.0857 (0.0538)	-0.0496 (0.0738)	0.00870 (0.100)
4—6岁（参照组=无）	-0.0170 (0.0470)	0.0358 (0.115)	-0.0862 (0.0658)	-0.0299 (0.0485)	-0.00849 (0.0607)	-0.0396 (0.102)
7—12岁（参照组=无）	0.0288 (0.0402)	-0.0492 (0.0882)	0.0267 (0.0501)	0.00522 (0.0374)	0.0387 (0.0483)	0.0246 (0.0783)
13岁及以上（参照组=无）	0.0859** (0.0423)	0.174** (0.0860)	0.140*** (0.0540)	0.0967** (0.0389)	0.0240 (0.0522)	0.00331 (0.0790)
中部地区						
生育数量（参照组=未生育）						
生育1个	-0.547 (0.350)	-1.037* (0.566)	-0.272 (0.532)	-0.377 (0.345)	-0.644 (0.400)	-0.605 (0.605)
生育2个	-0.529 (0.362)	-0.905 (0.586)	-0.280 (0.550)	-0.441 (0.357)	-0.500 (0.414)	-0.499 (0.626)
生育3个及以上	-0.828* (0.443)	-1.333* (0.717)	-0.410 (0.674)	-0.191 (0.437)	-0.494 (0.507)	-0.626 (0.767)
0—3岁（参照组=无）	-0.0827 (0.130)	-0.0284 (0.250)	-0.173 (0.184)	-0.100 (0.114)	0.221 (0.167)	0.148 (0.175)
4—6岁（参照组=无）	-0.154 (0.109)	-0.0839 (0.274)	-0.187 (0.161)	-0.0191 (0.102)	-0.139 (0.130)	-0.182 (0.164)
7—12岁（参照组=无）	0.149* (0.0882)	0.400** (0.199)	0.217 (0.150)	0.0861 (0.104)	-0.0125 (0.103)	0.187 (0.170)
13岁及以上（参照组=无）	0.0454 (0.111)	-0.0489 (0.180)	0.0565 (0.136)	0.0239 (0.0807)	0.126 (0.111)	-0.0797 (0.152)

续表

	ols	qr_10	qr_25	qr_50	qr_75	qr_90
			西部地区			
生育数量（参照组＝未生育）						
生育1个	-0.0133 (0.263)	0.548 (0.734)	-0.343 (0.299)	-0.372* (0.217)	-0.00645 (0.187)	0.0495 (0.290)
生育2个	-0.213 (0.275)	0.117 (0.767)	-0.434 (0.312)	-0.444* (0.226)	-0.0383 (0.195)	-0.0812 (0.303)
生育3个及以上	-0.166 (0.426)	0.627 (1.187)	-0.291 (0.484)	-0.372 (0.350)	0.0208 (0.302)	-0.180 (0.470)
0—3岁（参照组＝无）	-0.179* (0.107)	-0.5835* (0.309)	-0.261** (0.109)	-0.177* (0.0930)	-0.0802 (0.0848)	-0.0278 (0.145)
4—6岁（参照组＝无）	0.0018 (0.092)	-0.0885 (0.376)	-0.0695 (0.121)	-0.0543 (0.102)	-0.0051 (0.0897)	0.0934 (0.148)
7—12岁（参照组＝无）	-0.0865 (0.0883)	-0.163 (0.284)	-0.00681 (0.101)	0.0468 (0.0737)	0.0391 (0.0713)	-0.112 (0.0905)
3岁及以上（参照组＝无）	0.0710 (0.0771)	0.227 (0.223)	0.101 (0.0848)	0.0585 (0.0613)	0.0542 (0.0595)	0.0786 (0.0938)
个体特征	控制	控制	控制	控制	控制	控制
工作特征	控制	控制	控制	控制	控制	控制
家庭特征	控制	控制	控制	控制	控制	控制

注：括号内数值表示稳健标准误；显著性水平 $^* p<0.05$，$^{**} p<0.01$，$^{***} p<0.001$；表中各模型中控制变量的详细估计结果可参考附录D。

生育对不同地区女性工资收入回归结果显示：

第一，东部地区的结果表明，无论生育数量多少都对女性工资收入有负向影响，且在0.25和0.75工资分位数上，生育对女性工资收入有显著的负向影响效应。总体上看，普通OLS和分位数估计结果都显示，生育数量对女性工资收入影响方向为负，说明，生育可能降低女性工资收入。分位数估计结果显示，生育1个孩子在75%工资分位数上使性工资收入显著降低27.1%，生育两个孩子使女性工资收入显著降低34.1%；生育3个孩子在25%分位数上使女性工资收入显著降低50.3%。因此，对东部地区而言，生育数量对性中高、中低收入层次的女性有负向影响效应，且生育数量越多，中低层次收入的女性收入受到的负向影响越大。

第二，0—3岁子女对东部地区低收入层次的女性工资收入显著有负向影响。普通OLS估计结果显示，生育数量每增加一个单位，东部地区女性工资收入将显著降低15.8%。分位数回归结果进一步显示了，0—3岁子女对女性工资收入存在负向影响主要体现在10%、25%工资分位数上，0—3岁子女使10%和25%工资分位数上的东部地区女性工资分别下降31.6%和22%，其他分位数上受0—3岁子女影响虽然不显著，但影响方向为负，边际效应和逐渐减低。因此，0—3岁子女更容易使东部地区女性是工资收入受到负向影响，且这种负向影响主要体现在低收入层次的女向群体中。此外4—6岁和7—12岁子女对东部地区的女性工资收入均没有显著影响，且4—6岁子女的影响方向大多为负向，7—12岁的影响方向主要是正向，13岁及以上的子女则会显著促进女性工资收入的提升。可以进一步推测，有学龄前孩子可能会降低东部地区女性工资收入，低收入水平上女性工资收入的负效应随着孩子年龄的增大而变化。

第三，中西部地区生育数量对女性工资收入影响总体上不显著，但0—3岁子女对西部地区低收入水平的女性工资收入有一定的负影响。从影响方向上看，生育数量对中部、西部地区女性工资收入的影响虽然为负向影响，但总体上影响不显著，因此，中西部生育数量对女性的工资收入的负向影响不明显。从子女年龄看，学龄期子女有助于提高中部地区低收入水平的女性工资；在西部地区0—3岁子女对女性工资收入影响普遍为负，且0—3岁子女对女性工资收入的负向影响主要存在于较低收入的女性群体中，其边际效应高达58.35%。

综合以上分析，生育数量增多对女性工资收入的负向影响主要集中在东部地区的中高收入群体中；0—3岁子女仍然是影响各地区女性收入的重要因素，且对西部地区的女性工资收入影响更大。这表明，生育和养育孩子是降低女性劳动收入的重要因素，未来在建设和完善东部地区学龄前儿童托育方面的社会化支持体系的同时，也要格外重视西部地区儿童学龄前的社会支持措施。

二 生育对工资收入影响效应的性别比较

（一）变量选择与样本分布

宏观描述中，男性和女性工资收入水平存在显著的性别差异，不少研究从劳动力市场性别歧视、人力资本理论、家庭分工比较优势和精力分配理论等视角解释了性别工资差异的原因。但这些理论的背后都根源于女性自身附着的生育成本和育儿压力。那么，生育到底带来多大的性别工资差异？本节从性别比较的视角进一步分析生育对女性工资收入的影响效应。为了与宏观描述数据保持一致，本节仍然使用第三期妇女社会地位调查进行分析。样本筛选与前文一致，仍然是20—44岁的从事"非务农"劳动的青年男性和女性。剔除学生样本和主要变量的缺失值后，男性样本为2352个，女性样本为3083个。变量赋值和样本分布如表7-6和表7-7所示。

表7-6　　生育与工资收入的性别比较：变量取值及定义

变量类型	变量名称		赋值情况及相关说明
被解释变量	工资收入对数		连续型
核心解释变量	生育数量		连续型
主要控制变量	个体特征	受教育程度	小学及以下=1；初中=2；高中/中专/中技=3；大学及以上=4
		健康状况	很好/较好=1；一般=2；较差/很差=3
		户籍	城镇=1；农村=2
		所在地区	东部=1；中部=2；西部=3
	工作特征	单位性质	机关事业单位=1；民非或社会团体=2；企业=3；个体工商户及其他=4
		就业身份	雇主/自雇=1；雇员=2

续表

变量类型	变量名称		赋值情况及相关说明
主要控制变量	工作特征	是否具有国家评定的专业技术职称	是=1，否=0
	家庭特征	孩子3岁前白天由谁照顾	孩子父亲=1；孩子母亲=2；本人/配偶父母=3；托儿所/幼儿园=4；保姆/家政及其他=5

表7-7　生育与工资收入的性别比较：样本分布

	男性		女性	
	频数	比例（均值）	频数	比例（均值）
工资收入水平（均值，元）	2352	31185.7	3083	19054.43
生育数量（均值）	2352	1.034	3083	1.099
受教育程度				
小学及以下	86	3.66	174	5.64
初中	558	23.72	897	29.10
高中/中专/中技	740	31.46	972	31.53
大学及以上	968	41.16	1040	33.73
健康状况				
很好/较好	1828	77.75	2145	69.73
一般	424	18.03	751	24.41
较差/很差	99	4.21	180	5.85
户籍				
城镇	2213	94.09	2916	94.58
农村	139	5.91	167	5.42
所在地区				
东部	1082	46.00	1290	41.84
中部	721	30.65	994	32.24
西部	549	23.34	799	25.92
单位性质				
机关事业单位	660	33.69	728	30.63
民非或社会团体	90	4.59	217	9.13

续表

	男性		女性	
	频数	比例（均值）	频数	比例（均值）
企业	969	49.46	1036	43.58
个体工商户及其他	240	12.25	396	16.66
就业身份				
雇主/自雇	446	19.41	434	15.86
雇员	1852	80.59	2303	84.14
是否具有国家评定的专业技术职称				
是	1605	69.33	2092	74.13
否	710	30.67	730	25.87
孩子3岁前白天由谁照顾				
孩子父亲	146	6.91	27	0.93
孩子母亲	819	38.74	1408	48.75
本人/配偶父母	1043	49.34	1290	44.67
托儿所/幼儿园	29	1.37	51	1.77
保姆/家政及其他	77	3.64	112	3.88

从样本分布看，男性年平均工资收入水平为 31185.7 元，女性年平均工资收入水平 19054.43 元，男性比女性高 38.9%，样本特征基本符合宏观描述状况。受教育程度、健康状况、地区分布和工作特征方面男性和女性差异不大；但孩子 3 岁前白天照料情况存在较大的性别差异，男性（父亲）承担照料责任的比例远远低于女性（母亲），女性和父辈是当前家庭子女照料的主要责任主体，托儿所、幼儿园承担的责任尚且十分有限，这些情况也符合我国当前幼儿照料的基本现实。

（二）实证结果

表 7-8 是生育数量对不同性别工资收入影响的普通 OLS 回归和分位数回归结果。普通 OLS 回归结果显示，生育数量对男性工资收入在 5% 的显著性水平上有负向影响，生育数量每增加一个单位，男性工资收入将下降 9.66%；在女性样本中，生育数量对女性工资收入

表 7-8 生育与不同性别工资收入：估计结果

	男性						女性					
	(1) qr_90	(2) ols	(3) qr_10	(4) qr_25	(5) qr_50	(6) qr_75	(7) qr_90	(8) ols	(9) qr_10	(10) qr_25	(11) qr_50	(12) qr_75
生育数量（连续型）	-0.0966* (0.0566)	-0.0658 (0.0926)	-0.0655 (0.0636)	-0.0364 (0.0484)	-0.0705 (0.0481)	-0.0514 (0.0788)	-0.103** (0.0513)	-0.139* (0.0776)	-0.147*** (0.0567)	-0.107** (0.0517)	-0.162*** (0.0611)	0.0142 (0.0808)
受教育程度（参照组=小学及以下）												
初中	0.141 (0.137)	0.180 (0.219)	0.0941 (0.150)	0.0789 (0.114)	0.126 (0.114)	0.292 (0.186)	0.0148 (0.0934)	0.0374 (0.141)	0.0074 (0.103)	0.0070 (0.0941)	-0.0203 (0.111)	-0.037 (0.147)
高中、中专、技校等	0.444*** (0.133)	0.536** (0.217)	0.435*** (0.149)	0.369*** (0.114)	0.387*** (0.113)	0.605*** (0.185)	0.222** (0.092)	0.220 (0.140)	0.133 (0.102)	0.200** (0.0932)	0.183* (0.110)	0.235 (0.146)
大学及以上	0.831*** (0.134)	0.971*** (0.220)	0.828*** (0.151)	0.717*** (0.115)	0.766*** (0.115)	0.996*** (0.188)	0.578*** (0.0947)	0.554*** (0.145)	0.482*** (0.106)	0.511*** (0.0963)	0.511*** (0.114)	0.663*** (0.151)
健康状况（参照组=很好/较好）												
一般	-0.108** (0.0434)	-0.135* (0.0786)	-0.105* (0.0540)	-0.0756* (0.0411)	-0.096** (0.0408)	-0.0436 (0.0669)	-0.135*** (0.0322)	-0.149*** (0.0549)	-0.105*** (0.0402)	-0.164*** (0.0366)	-0.166*** (0.0433)	-0.112** (0.0572)
较差/很差	-0.386*** (0.111)	-0.566*** (0.177)	-0.470*** (0.122)	-0.412*** (0.0927)	-0.211** (0.0921)	-0.230 (0.151)	-0.332*** (0.0768)	-0.331*** (0.122)	-0.237*** (0.0891)	-0.260*** (0.0811)	-0.336*** (0.0960)	-0.321** (0.127)
户籍（参照组=城镇）												
农村	-0.0394 (0.0604)	0.0758 (0.132)	0.0523 (0.0903)	0.0515 (0.0688)	0.00541 (0.0684)	-0.110 (0.112)	-0.0241 (0.0783)	-0.0341 (0.115)	0.0278 (0.0843)	-0.0608 (0.0767)	-0.105 (0.0908)	0.152 (0.120)

续表

	男性							女性				
	(1)	(2)	(3)	(4)	(5)	(6)	(7)	(8)	(9)	(10)	(11)	(12)
	qr_90	ols	qr_10	qr_25	qr_50	qr_75	qr_90	ols	qr_10	qr_25	qr_50	qr_75
地区（参照组=东部）												
中部	-0.371*** (0.0371)	-0.219*** (0.0714)	-0.288*** (0.0490)	-0.352*** (0.0374)	-0.390*** (0.0371)	-0.495*** (0.0608)	-0.284*** (0.0328)	-0.257*** (0.0559)	-0.239*** (0.0409)	-0.266*** (0.0372)	-0.365*** (0.0440)	-0.300*** (0.0582)
西部	-0.173*** (0.0406)	-0.175** (0.0776)	-0.116** (0.0532)	-0.131*** (0.0406)	-0.172*** (0.0403)	-0.226*** (0.0660)	-0.143*** (0.0347)	-0.146** (0.0587)	-0.107** (0.0430)	-0.0839** (0.0391)	-0.177*** (0.0463)	-0.205*** (0.0612)
单位类型（参照组=机关事业单位）												
民非/社会团体	-0.206** (0.0861)	-0.555*** (0.150)	-0.470*** (0.103)	-0.226*** (0.0785)	-0.0155 (0.0781)	0.0305 (0.128)	-0.360*** (0.0551)	-0.353*** (0.0861)	-0.424*** (0.0629)	-0.413*** (0.0573)	-0.387*** (0.0678)	-0.359*** (0.0896)
企业	0.188*** (0.0347)	-0.00721 (0.0724)	0.0410 (0.0497)	0.185*** (0.0379)	0.299*** (0.0377)	0.336*** (0.0617)	0.0191 (0.0367)	-0.0374 (0.0592)	-0.0696 (0.0433)	-0.0136 (0.0394)	0.0851* (0.0467)	0.163*** (0.0616)
个体及其他	-0.196*** (0.0700)	-0.351*** (0.122)	-0.300*** (0.0838)	-0.186*** (0.0638)	-0.0549 (0.0634)	0.124 (0.104)	-0.264*** (0.0528)	-0.372*** (0.0876)	-0.308*** (0.0640)	-0.283*** (0.0583)	-0.223*** (0.0690)	-0.148 (0.0912)
就业身份（参照组=雇主/雇员）												
雇员	-0.862*** (0.117)	-0.471*** (0.144)	-0.447*** (0.0989)	-0.706*** (0.0754)	-0.972*** (0.0749)	-1.663*** (0.123)	-0.611*** (0.0914)	-0.372*** (0.126)	-0.405*** (0.0922)	-0.470*** (0.0840)	-0.713*** (0.0994)	-0.958*** (0.131)

续表

	男性							女性				
	(1)	(2)	(3)	(4)	(5)	(6)	(7)	(8)	(9)	(10)	(11)	(12)
	qr_90	ols	qr_10	qr_25	qr_50	qr_75	qr_90	ols	qr_10	qr_25	qr_50	qr_75
是否有专业技术职称（参照组=没有）												
有	0.0797**	0.0658	0.0399	0.0642*	0.0773**	0.144**	0.183***	0.207***	0.156***	0.205***	0.258***	0.200***
	(0.0346)	(0.0669)	(0.0459)	(0.0350)	(0.0348)	(0.0569)	(0.0325)	(0.0563)	(0.0411)	(0.0375)	(0.0443)	(0.0586)
孩子3岁前白天照顾（参照组=孩子父亲）												
孩子母亲	0.110	0.0109	0.0594	0.101	0.0727	0.103	-0.197	-0.187	-0.285	-0.385**	-0.180	0.0113
	(0.0686)	(0.130)	(0.0889)	(0.0677)	(0.0673)	(0.110)	(0.125)	(0.256)	(0.187)	(0.170)	(0.202)	(0.266)
本人配偶父母	0.121*	0.0181	0.0707	0.118*	0.130*	0.113	0.0417	0.0631	-0.0616	-0.175	0.0223	0.246
	(0.0669)	(0.128)	(0.0882)	(0.0672)	(0.0668)	(0.109)	(0.124)	(0.255)	(0.186)	(0.170)	(0.201)	(0.265)
托儿所/幼儿园	0.183	-0.0410	0.122	0.260*	0.181	0.152	-0.0101	-0.464	-0.0482	-0.135	0.0426	0.164
	(0.128)	(0.265)	(0.182)	(0.139)	(0.138)	(0.226)	(0.164)	(0.300)	(0.219)	(0.199)	(0.236)	(0.312)
保姆/家政工	0.233**	0.0354	0.0719	0.153	0.187*	0.203	0.324**	0.214	0.223	0.0829	0.333	0.411
	(0.0999)	(0.196)	(0.134)	(0.102)	(0.102)	(0.166)	(0.136)	(0.272)	(0.199)	(0.181)	(0.214)	(0.283)
_cons	10.52***	9.393***	9.823***	10.38***	10.91***	11.72***	10.30***	9.472***	9.999***	10.41***	10.85***	10.91***
	(0.185)	(0.310)	(0.213)	(0.162)	(0.161)	(0.264)	(0.185)	(0.339)	(0.248)	(0.226)	(0.268)	(0.353)
N	1674	1674	1674	1674	1674	1674	1858	1858	1858	1858	1858	1858

注：括号内数值表示稳健标准误；显著性水平 *$p<0.05$，**$p<0.01$，***$p<0.001$。

在 1% 的显著性水平上有负向影响，生育数量每增加一个单位，女性工资收入将下降 10.3%。因此可以初步判定，生育对男性和女性工资收入都产生一定的负向影响，但女性工资收入的生育负向影响效应更加显著，影响程度也较男性高。但普通 ols 结果不能解释不同收入层次上的性别工资差异，也难以避免极端值对估计结果的偏误，因此，本节主要从分位数回归结果进行性别比较。分位数估计结果显示：

第一，生育对女性工资收入存在显著的负向影响，对男性工资收入无显著影响。从影响方向和显著性水平上看，生育数量对女性和男性工资收入都有负向影响，但生育数量对男性工资收入的影响不显著。女性样本中，生育数量在 10% 工资分位数上对女性工资收入有显著的负向影响；在 50% 工资分位数上对女性工资收入有显著的负向影响。在 25% 和 75% 工资分位数上对女性工资收入有非常显著的负向影响。因此，与男性相比，女性工资水平更容易遭受生育的负向影响。

第二，生育数量每增加一个单位，女性工资收入将显著降低 10.7%—16.2%。在 10%、25%、50% 和 75% 工资分为数上，生育数量每增加一个单位，女性工资收入将显著降低 13.9%、14.7%、10.7% 和 16.2%。虽然生育数量对男性不同分位数上的工资收入影响不显著，但总体影响方向为负，从边际效应看，生育数量每增加一个单位男性工资收入的降低幅度仅为 3.64%—7.05%。一定程度上可推测，生育对女性工资收入的负向影响大于男性。此外，90% 分位数上，生育对女性工资影响虽不显著但方向为正，说明高收入女性工资水平不会受到生育行为的影响。

综合本节的异质性分析结果可知，生育对不同地区女性劳动力市场表现结果的工资收入存在一定的差异，生育数量增多对东部地区高收入水平的女性存在较大的负向影响效应，对中西的负向影响主要集中在中低收入水平的女性中；0—3 岁子女对东中西部女性的负向影响都集中在低收入水平群体中。而不同性别的估计结果进一步证明了在劳动力市场中，女性工资收入水平较男性更容易受到生育的负向影响，且这种负向影响主要体现在中等及以下收入层次的女性群体中。

第四节 本章小结

本章主要考察生育对女性劳动力市场工资收入的影响效应。以生育数量、子女年龄两个维度作为生育的测量值指标，以分位数回归和两阶段最小二乘为主要研究方法，来分析生育对女性工资收入的影响效应，并从不同地区、不同部门视角进一步考察生育对女性劳动力工资收入影响的异质性。主要结论如下：

第一，生育数量对女性劳动力市场工资收入存在一定的负向影响，生育数量每增加一个单位，女性工资收入将下降70.4%。两阶段最小二成的估计结果显示，生育数量对女性工资收入有比较显著的负向影响，估计系数显示，生育数量每增加一个单位，女性的工资收入将会降低70.4%。

第二，在不同收入分布水平上，生育数量对女性工资收入的负向影响在8%—9%。将"生育数量"作为连续型变量进行估计的结果显示，生育数量对女性工资收入的影响均为负向影响；从显著性水平看，生育对女性工资收入的负向影响在25%、50%和90%的收入水平上显著，说明女性劳动力市场中的工资收入容易受到生育的负向影响，且对中低收入和高收入女性群体影响更为显著；从边际效应（估计系数）的数值看，生育对女性工资收入的边际效应变化为 $-0.063 \rightarrow -0.083 \rightarrow -0.032 \rightarrow -0.093$，呈现出波浪形的曲线趋势，且不难看出，随着生育数量增多高收入女性群体受到的收入减少风险最大。

第三，生育2个孩子对所有收入水平的女性均存在负向影响，无论生育数量多少，低收入的女性都会面临稳定的收入降低风险。

分类型生育数量的估计结果看，生育 1 个孩子对收入在 25% 和 75% 的分位数上有显著影响；生育 2 个孩子对几乎所有分位数的女性收入均有显著影响；生育 3 个及以上数量孩子，仅对收入在 25% 分位数的女性有显著影响。这说明，生育 1 个孩子会对中层收入的女性带来显著的负向影响效应，生育 2 个孩子对不同收入女性均有显著负向影响效应，生育 3 个及以上孩子则会使收入水平低的女性面临更大的负向影响。这一方面表明了生育数量增多，对女性工资收入的惩罚效应也会增大；另一方面，无论生育数量多少，较低收入的女性都会面临稳定的收入水平下降情况。

第四，0—3 岁子女对女性工资收入的负向影响达到了 11.9%—26.1%。子女年龄的估计结果显示，0—3 岁子女对女性工资收入有显著的负向影响，在 10%、25%、50% 的分位数上，女性工资将显著下降 26.1%、21.1%、11.9%，其他子女年龄段则不存在显著的负向影响效应。因此，0—3 岁子女是女性工资收入下降的重要原因，且低收入女性工资水平受 0—3 岁子女负向影响最大。

第五，生育数量对东部地区中高收入分位数的女性负向影响效应最显著。东部地区的估计结果显示：生育 1 个孩子和生育 2 个孩子对在 75% 工资收入分位数的女性工资有显著的负向影响（边际效应分别是 27% 和 34.1%），生育 3 个及以上数量孩子在 25% 收入分位数的女性工资有显著的负向影响。因此，对东部地区的女性而言，生育数量的增加会对中高收入的女性带来负向影响效应。而中部地区的估计结果中，生育数量对在 10% 收入分位数的女性有一定的负向影响；西部地区的估计结果中，生育数量对在 50% 收入分位数的女性有一定的负向影响。从显著性水平看，生育数量对女性工资收入的负向影响效应主要表现在东部地区的高收入女性人群中。

第六，0—3 岁子女对东部地区和西部地区低收入分位数的女性负向影响效应最显著。东部地区的估计结果显示，0—3 岁子女会对 10% 和 25% 收入分位数的女性工资有显著的负向影响，4—6 岁和 7—12 岁子女影响不显著，13 岁及以上子女对 50% 及以下收入分位数的女性工资有显著的促进效应。中部地区子女年龄的影响不显著。西部地区 0—3 岁子女会对 10% 收入分为数水平的女性带来显著的负向影响效应。所以，低收入水平上的女性受 0—3 岁子女的负向影响最显著。

第七，女性的个体特征、工作特征、家庭特征对女性工资收入有显著影响。其中，个体特征和家庭特征对女性工资收入的影响，主要表现在受教育程度、健康状况、婚姻状况、与父辈同住等方面，通常具体的，健康状况越好、受教育程度越高，女性工资收入也越高，已婚女性、与父辈同住的女性一般承担的家庭事务、照料责任也越多，因此工资收入会有一定降低。工作特征中，非全职就业女性工资收入明显较低，且非全职就业本来兼具工作不稳定特点，这也一定程度上说明了，0—3 岁子女对女性工资收入的负向影响主要集中在低收入水平人群中，主要是因为低收入人群从事的工作稳定性低，工作积累不连续不仅会阻碍人力资本积累更会持续地产生收入水平的弱势积累。

第八，生育对女性工资收入的负向影响效应较男性强，女性工资收入随生育数量的增多将显著降低 10.7%—16.2%。在不同工资分为数上，生育数量对男性的影响不显著，且边界效应的绝对值也小于女性。虽然，高收入女性工资水平不会受到生育行为的负向影响，但其他分位数上女性都面临这显著的生育负向影响效应，生育数量每增加一个单位，女性工资收入会显著降低 10.7%—16.2%。

总之，生育数量和子女年龄对女性劳动力市场的工资收入会带来一定的负向影响。对东部经济发展水平高的地区而言，生育数量越多，较高收入水平的生育工资水平下降风险也越大；中西部经济发展水平较低的地区，生育数量越多，较低收入水平的女性更容易遭受生育的负向影响。且子女年龄在 0—3 对女性工资收入的影响都集中在较低收入人群中。

第八章

生育对女性劳动力市场表现影响的再审视及应对举措

前文分别从理论机制和实证研究两个视角分别分析和检验了生育对女性劳动参与决策、劳动力市场职业发展的稳定性和劳动力市场结果工资收入这三大方面的影响效应。一方面有利于直观审视生育对女性劳动力市场表现是否存在负向影响以及影响程度;另一方面也为帮助缓解生育对女性劳动力市场的负向影响寻找合适的政策支持落脚点。本章在总结主要研究结论的基础上,首先对女性劳动力市场表现的生育因素影响效应做出总体判定,归纳生育对女性劳动力市场表现产生阻碍的关键途径;其次,从国际相关政策比较的视角进行分析,反思我国当前在保障女性劳动就业权益和家庭生育福利政策方面存在的不足;最后,在以上分析的基础上提出完善我国女性生育和劳动力市场保护的措施和建议。

第一节 生育对女性劳动力市场表现影响效应的判定

在理论分析中,女性生育行为一方面固化了雇主或用人单位的刻板印象，另一方面也使女性自身的家庭责任加重，在家庭分工比较优势、工作/家庭边界、精力分配等理论基础的相互作用下，使女性在入职、职业稳定性以及工资收入等劳动力市场表现诸多方面存在生育的负向影响。实证分析结果进一步表明了生育的女性劳动力市场表现负向影响的存在。

一 生育降低女性劳动参与，0—3 岁孩子的影响效应突出

从是否生育对女性劳动参与的影响看，已生育女性参与劳动力市场的概率是未生育时劳动参与概率的 0.45 倍，生育将导致女性劳动参与概率平均下降 11.74%；对于农村户籍女性来说，生育对其劳动参与的负向影响效应更高，达到了 19.56%。从生育数量看，生育数量每增加一个单位女性劳动参与概率将平均下降 16.4%；更具体的，生育两个孩子会导致母亲参与劳动力市场的概率下降 8.6%，生育三个及以上孩子的母亲劳动参与概率将下降 11.36%，这表明生育数量越多对女性劳动参与的负向影响效应也越大。

从不同子女年龄对女性劳动参与的影响结果看，0—3 岁幼儿对女性劳动参与概率存在显著的负向影响，而其他年龄段对女性劳动参与的影响不显著。3 岁前幼儿的存在会导致母亲的劳动参与概率平均下降 16.38%，这一负向影响在孩子 7 岁后消失。异质性分析的结果显示，0—3 岁幼儿对城乡女性劳动力市场参与概率均存在负向影响效应，且对农村女性劳动参与概率的负向影响效应高于城镇女性。性别比较的结果还显示，孩子 3 岁前白天由其母亲照顾，对男性的劳动力市场参与概率没有显著影响，但对女性劳动力市场参与概率存在显著的负向影响。因此，0—3 岁孩子是制约女性劳动参与的关键因素。

二 生育增加女性就业中断风险，私营部门就业稳定性最差

生育行为对女性劳动力市场的就业稳定性存在显著的负向影响效应。已生育女性发生就业中断的概率是未生育女性发生就业中断

概率的 1.6182 倍,生育导致女性就业不稳定的风险平均提高 10.15%。从生育数量看,生育数量越多女性劳动力市场就业不稳定风险越大。女性生育数量每增加一个单位,女性在劳动力市场中的就业中断风险将显著提高 3.96%。具体地,生育 2 个孩子的女性发生就业中断的概率是生育 1 个孩子时发生就业中断概率的 1.2463 倍,女性生育 2 个孩子会导致就业中断风险显著提高 4.75%,生育 3 个及以上孩子使女性发生就业中断的概率提高 6.78%,一定程度上说明生育数量越多,对女性劳动力市场就业稳定性的惩罚效应也越大。性别分析结果进一步表明,生育数量每增加一个单位女性就业中断概率会显著提高 7.66%,但对男性没有显著影响。0—3 岁幼儿也会增加母亲就业中断的风险,对母亲的职业稳定性产生负向影响效应,但随着孩子年龄的增大,这种负向影响也逐渐消失。家庭中 0—3 岁幼儿的存在将导致女性就业中断的概率显著增加 7.50%;4—6 岁孩子对女性就业中断概率仍然有正向影响,但影响不显著;7—12 岁孩子对女性就业中断概率影响也不显著,但其影响方向为负,这说明,孩子 7 岁后将促进女性就业的稳定性;随着孩子年龄的进一步增加女性就业稳定性越显著,13 岁及以上孩子对女性就业中断存在显著的抑制作用,使女性发生就业中断风险的概率显著下降 8.78%。

不同经济所有制部门的异质性分析显示,生育对私营经济部门的女性就业稳定性有显著的负向影响效应。三类不同经济所有制部门的回归结果显示,生育对国有部门就业稳定性不存在负面影响,对个体部门女性就业稳定性有负面影响但影响不显著,而对私营经济部门女性的就业稳定性存在非常显著的负向影响效应,其中已生育女性就业中断概率是未生育女性的 1.6308 倍,生育行为会导致女性就业中断的概率显著提高 10.86%。且 0—3 岁、4—6 岁孩子都会增加私营经济部门女性的就业不稳定性,0—3 孩子使女性就业中断概率提高 7.37%,4—6 岁孩子使女性就业中断概率提高 5.68%。因此,私营经济部门的女性受生育的负向影响效应最明显,且孩子年龄越小,私营经济部门女性就业稳定性越差;从女性就业稳定性视角看,相对于国有部门,私营经济部门的用工规范性还需要进一步提升。

三 生育降低工资收入,对女性收入的影响高于男性

生育数量对女性在劳动力市场中的工资收入有显著的负向影响。这表明,生育数量越多的女性工资收入下降风险越大。实证结果得出,女性生育数量每增加一个单位,可能引起工资收入下降70.4%。分位数回归的实证研究结论还显示,生育数量增加对中等收入水平和中低等收入水平的女性群体影响更显著,其中,生育数量每增加一个单位,使处于中等收入水平的女性工资下降8.11%,使处于中低等收入水平的女性工资下降8.38%。可见,生育数量越多,女性面临的工资收入降低风险越大,且这种影响效应主要集中在中等及以下收入水平的女性群体中。0—3岁孩子的存在对母亲工资收入有显著的负向影响效应,0—3岁孩子使女性工资收入平均下降14%,尤其是处于中等及以下收入水平的母亲,孩子年龄越小母亲的生育工资下降风险越大,且主要存在于西部地区的女性群体中。随着孩子年龄的增大,7—12岁孩子对母亲工资收入的负面影响逐渐减弱,13岁及以上孩子会显著促进低收入水平的母亲工资收入。这一方面说明了学龄前幼儿会对母亲工资收入产生阻碍,另一方面也表明受生育因素的影响女性工资收入降低风险主要存在于低收入的群体中。

生育对工资收入影响的性别差异结果表明,生育状况对男性工资收入影响不显著,但生育数量每增加一个单位,女性工资收入将显著降低10.7%—16.2%。这说明生育数量增加对男性工资收入没有显著影响,但却会使女性面临严重的工资收入下降风险,工资收入下降风险的程度在10.7%—16.2%。且这种负向影响主要体现在在10%、25%、50%和75%工资分为数上,即生育对女性劳动力市场的工资收入负向影响集中在中等及以下收入水平的

女性群体中，而高收入女性工资水平不会受到生育行为的负向影响。

综上所述，生育行为对女性劳动力市场表现的劳动参与、就业稳定性、工资收入都存在一定的负向影响效应；生育数量越多，女性在劳动力市场的3个方面受到的负向影响也相对较大。异质性分析中，生育对劳动参与的负向影响集中在农村女性群体中；生育对就业稳定性的负向影响主要体现在私营经济部门的女性群体中；生育对女性工资收入的地区分布差异中，东部地区受生育数量的影响比较敏感，西部地区受0—3岁孩子的影响比较突出。因此，完善劳动力市场就业保护政策，尤其是规范私营经济部门的用工规范和监督是提高女性就业稳定性的重要突破点。此外，0—3岁子女会对女性劳动力市场表现的3个主要考察方面均产生显著的负向影响效应，所以，0—3岁子女托育政策的恰当解决，是缓解生育对女性劳动力市场表现负向影响的关键，尤其要重视西部欠发达地区0—3岁子女的托育服务。

第二节　国外女性劳动力市场保护和生育保障相关政策梳理及评价

通过对基于理论和实证研究结论的原因梳理可知，生育对女性劳动力市场表现的惩罚效应在客观层面的原因，主要集中在劳动力市场保护的不足和生育配套政策支持的不完善两大方面。毋庸置疑，对怀孕女性职工的保护和女性产后的休养是保护女性健康和儿童成长的关键，关系到每一个国家人口的发展和延续。同时，促进性别平等，保障女性在劳动力市场就业权益也是国际共识。本节从国际比较的视角，进一步梳理国外关于女性劳动力市场保护和生育保障政策的主要措施，以期对完善我国的相关政策提供经验参考。

一 部分国家女性劳动力市场保护政策的经验介绍

女性作为一直被弱化的社会群体，与男性劳动者有不同的物理特性和生理差异，在女性参与到劳动力市场过程中时，往往需要通过一系列政策机制对其合法权益进行保障，才能使其获得同男性较为平等的发展机会。女性在劳动力市场上的不平等地位在世界上许多国家都存在，不同国家都根据自身的实际情况探索出不同的道路，不少经济发达国家通过一系列特殊的女性劳动力市场保障政策，为女性权益保障提供了良好的范本。其中，德国女性"三期"保护政策以及美国的"反就业性别歧视"政策比较具体和详细。

（一）德国女性"三期"劳动权益保障介绍

1949年联邦德国建立后，在民主化有了进一步发展和经济社会发展逐步恢复的背景下，女性在劳动力市场上迎来了相对平和的社会环境和工作机会。在此影响下，联邦德国的妇女在劳动力市场上的发展空前活跃，妇女就业在结构和形式等方面都出现了多种多样的变化，其就业规模和就业率总体上都表现出增长态势。本部分选取德国最具实操性的《就业母亲保护法》，对其适用范围、相关权益的规定进行分析，为完善女性生育权益保障提供借鉴。

德国《就业母亲保护法》自出台后，经历了一系列的调整，并且不断完善。该法律围绕女性"三期"（即孕期、产期、哺乳期）相关的各种劳动保障权益进行了详细的规定，包括使用范围的具体对象、享受权益的告知义务、各权益的具体规定等，为职场母亲权益维护和有效落实提供了权威依据。比如进一步提高了准妈妈们的经济保障待遇水平，还大幅增加了休息时间，产假的时间也延长到了14周，而且生育的费用完全由保险公司负担，此外从2007年开始还给准爸爸也发放生育津贴。如表8-1所示。

表8-1 德国《就业母亲保护法》对女性"三期"劳动权益的保障

	具体规定	主要作用
适用范围	适应于所有就业的女性。包括非全时工作妇女、女家政服务员、试用期妇女、被培训妇女和由于工作量有限不需要缴纳社会保险的就业女性。	所有就业形态的女性都受保护。
告知义务	雇佣双方都承担告知义务：怀孕女雇员应该在得知怀孕的时候，告知雇主怀孕之事及预产期；雇主在被告知怀孕消息后，必须将此情况立即通知监管部门。	既可以给雇主岗位工作安排的调整；又可以监督雇主遵守母亲保护的规定。
产假	明确规定产后8周内不允许工作；分娩前6周不允许工作，除非个人声明有工作能力，且可以随时收回声明。	具有强制性的产假规定，不给用人单位法律依据的漏洞；也留有弹性安排产假的空间。
陪产假	虽未在法律法规中明确写入，但专门出台了《联邦父母津贴和育儿假法》。	鼓励父亲履行照顾孩子的责任。
育儿假	具体规定在《联邦父母津贴和育儿假法》中：作为雇员的父母双方可以在子女满3周岁前申请育儿假，被批假后，双方可享受12个月（最长14个月）的带薪假期；育儿假最长可延长到三年，且休假期间享有"停薪留职"待遇，保证休假后返回原工作岗位，不得解雇；休假期间允许从事每周最长30小时的兼职工作。	为父母双方提供平等机会休假照顾子女，促进性别平等。
产假津贴	参加法定医疗保险的，在规定的产前、产后及分娩保护期内，按照就业女性产前三个月的平均薪酬扣除法定税款计算，每天最高13欧元；未参加法定医疗保险的，在规定的保护期，也可以得到总计最高210欧元的产假津贴。《就业母亲保护法》还规定了"对产假津贴的补贴"，如果女雇员平均净工资每日超过13欧元，雇主有义务以补贴的形式支付差额，确保女工生育期收入不降低。	通过法定保险和单位保护，为女性提供产假津贴，确保生育期收入不降低。

续表

	具体规定	主要作用
生育医疗津贴	参加法定医疗保险的妇女可以在孕产期享有：医疗护理和助产士；供应药物、敷料等	为孕产期女性提供多方位医疗服务。
哺乳期保护	对哺乳时间、劳动禁忌、工作设施提供都进行了标准化的规定。	保障婴儿的母乳健康。
解雇保护	雇主在了解怀孕或分娩，或者在解雇后两周得到通知，这两个前提下，都不得解雇怀孕期间和分娩后4个月的女雇员，同样适应于家政服务的女性；雇主解雇只有在充分法律许可情况下，且必须证明解雇行为与生育无关，并以书面形式得到劳动保护最高机构认定。 育儿假期间的父母，解雇保护期可延长到育儿假结束。 处于试用期的女工怀孕，也受解雇保护。	加强女职工保护，落实平等待遇原则。
重返原来或同等工作岗位	享受育儿假的雇员可在休假结束后返回原岗位，如因岗位取消等原因需调岗，则新岗位须保持与原岗位同等级，不允许降低岗位或减少薪酬。	更好地保障妇女产后的就业权利。

资料来源：田真：《中德就业女性孕期、产期和哺乳期劳动权益比较研究》，硕士学位论文，中国人民大学，2013年，第28—44页。

此外，为了保障就业女性"三期"的劳动权益有效落实，德国政府制定了有效的监督管理机制。《就业母亲保护法》明确了设立监管机关来监管各项条例的落实。监管机关在不同的联邦州有不同的主体，如工商业监管局、劳动保护监管局等，同时将法律明示作为强制性要求，形成企业内部的自我监管。当雇主违反了《就业母亲保护法》中规定的相关条款时，相关部门会根据其违法的情况及其严重程度给予具体的惩罚措施。但尽管德国一系列女性权益保障政策大大保障了女性的劳动权益，但由于德国传统社会的家庭观念及其在此影响下形成的整个社会的保守模式，联邦德国的女性就业仍然存在着就业水平不高、职业类型和收入水平上的性别隔离以及"工作—家庭"冲突等诸多的问题。

德国在女性孕期、产期、哺乳期"三期"保护中，以《就业母亲保护法》和《联邦父母津贴和育儿假法》为基础，形成了生育期一系列就业保护和健康保护措施，包括产假、津贴、雇佣、重返工作岗位等。这些规定类似于我国的《女职工劳动保护特别规定》和生育保险规定，但德国就业女性"三期"保护项目更注重细节操作和落实，并呈现出自己的特点：

第一，注重性别平等意识，女性"三期"保护不仅局限于就业权、健康权，还注重女性的发展权、男性的家庭责任参与。在德国，针对女性权益保障的法律不仅仅局限于生存、健康和就业等基本权利的保护，如禁止解雇怀孕女性、保护女性"三期"的劳动条件和身体健康，而是更加注重从社会性别的角度出发，对男性和女性给予平等对待。根据德国法律规定，女性生育期间的女性生育期间的劳动权益保障应从现代以人为本的角度进行综合考虑，要重点保障女性享有平等的社会地位和平等的社会发展权利，同时无论全日制工作还是非全日制工作，雇主都应给予同等的对待，目的是增加工作机会，特别是为男性和女性创造平等的就业机会，女性可以根据自身的身体条件弹性安排工作时间。

第二，设立育儿假，鼓励年轻父母共同承担家庭责任。德国的育儿假设置，为父母双方提供平等的休假机会来照顾子女，有利于孩子的健康成长。德国法律规定，不仅仅是针对母亲，作为照料孩子的重要主体之一，父亲也可以休育儿假，父母双方都可以离开工作岗位抽出一定时间来照顾年幼的孩子，通常育儿假可以跟产假或陪产假相连，这些权益受到法律的保护。父母平等参与育儿假的规定，促使父亲也可以抽出时间来照顾年幼的孩子，不仅能让男性有效分担家庭责任，还有利于减少对女性生育的歧视，提高女性产后就业率。但实际上，有56%的男性休假时间不超过两个月，主要的照料责任还是由女性承担。虽然"停薪留职"的规定保障了重返工作岗位的可能性，但长期的假期和离职，也会影响其职业生涯发展，对缓解母亲照顾儿童的责任作用亦有限。

第三，女职工怀孕后，雇主和女职工都必须履行相应的告知义务，更好地保护了女职工的健康和权益，规避了"隐孕"带来的劳动纠纷。德国的《就业母亲保护法》要求怀孕女雇员在得知怀孕后须告知雇主，雇主须告知监管部门，即双方都必须履行一定的告知义务。在职场竞争日益激烈的当下，有的女性为避免入职时因怀孕而被用人单位歧视，选择"隐孕"，不仅会给公司带来影响，也会加重女性就业歧视现象。而双方都履行告知义务，既可以给用人单位的岗位工作和人员安排一定的反应时间，也可以对用人单位有一定的监督，并且能够维护女职工的合法权益，为就业女性提供更好的生育保障。

（二）美国的反就业歧视法律及特点

第二次世界大战结束后，美国女性的就业历史进入了一个新的发展篇章，不少美国女性开始走出家庭的藩篱，参与社会生产，同男性一样加入劳动力市场。而与此同时，女性在工作条件、工资待遇、心理健康等方面得到了一定改善，就业的职业范围也相应地有所扩大，这些变化发展很大程度上得益于美国对于男女平等就业的重视以及一系列反就业歧视法律的制定。

美国是一个移民国家，不同种族间文化和观念的差异较大，为了社会经济稳定和有序的发展，美国特别尊重契约精神、重视法律制定和遵守。为了将反就业歧视落到实处，美国在反就业歧视方面更加注重法律的支持和法律可操作性，不仅对就业歧视现象进行了清晰的界定，还建立了比较规范的判定方法和举证模式。美国反就业歧视的法律，是由不同的法律构建而成的体系，并基于实践需要不断地修改和完善，详见表8-2。

表8-2　　　　　　　　　美国反就业歧视的法律与相关规定

相关法律	有关规定
《同工同酬法》（1963年）	对何谓"同等的工作"进行了严格限制：必须是在同一雇主的同一企业内；必须是在类似的工作环境中工作；工作所要求的技能、努力和责任也必须是同等的。
《民权法》（1964年）	主要包括四方面： 规定该法的约束主体包括雇主、职介机构和劳工组织；列出属于歧视性非法雇用实践的各种情况①；创设了平等就业机会委员会；规定雇主要承担的责任形式和范围。
《平等就业机会法》（对1964年《民权法》的修订）	主要修改了三个方面的内容： 扩大了法案约束的主体范围；加强了平等就业机会委员会的职责；延长了受害人提起诉讼的时间。
《怀孕歧视法》（1978年）	一方面规定雇主不得因女性怀孕、分娩或者相关健康状况而拒绝雇用、解雇、限制怀孕妇女恢复原职或者强迫其提前离职等。另一方面规定妇女如因怀孕、分娩或相关医学情况而无工作能力时，应该和其他医学情况引起的无能力一样对待，享有同样的健康和残疾保险或病假。

---

①　各种情况包括雇主不得因为个人的种族、肤色、宗教信仰、性别或者来源国而不雇用、拒绝雇用或解雇该人；不得在有关赔偿金、工作期限、条件或雇用权利方面歧视该人；不得对雇用进行限制、隔离或者分类从而剥夺或倾向于剥夺个人工作机会或者影响其雇员地位。职介机构不得因为以上原因而不为该人推荐或者拒绝为其推荐就业机会，不得以此对人进行分类。劳动组织不得因为个人的种族、肤色、宗教信仰、性别或者来源国而拒绝接纳或者开除该人的成员资格。另外该法还规定，在学徒期和培训期不能因为性别等歧视该人；在招聘广告中也不能有无理的偏好、差别待遇；不得对提起、帮助、参与了依本章条文而进行的任何形式的调查、诉讼、听证或在其中作证的个人进行报复性歧视。

续表

相关法律	有关规定
《民权法》（1991年，对《1964年民权法》的修正）	又新增了以下内容： 增加了惩罚性赔偿和补偿性赔偿两种责任承担方式[①]；对差别影响歧视性案件中的举证模式做了规定； 明确规定混合动机也构成歧视[②]；创设了玻璃天花板委员会；对性骚扰进行了规定。
《玻璃天花板法》（1991年）	成立了玻璃天花板委员会，借用政府公权力的介入来打破两性职业隔离，促进两性平等，以消除女性晋升的障碍[③]。

资料来源：陈虹：《美国现当代反就业性别歧视法律制度研究》，安徽大学，2013年。根据美国各项反就业性别歧视法律条文整理。

美国在就业歧视的认定和反就业歧视的举证方面，规定了严格的判定方法和举证操作模式。美国联邦法院，从就业歧视证明的角度，将就业歧视行为分为两类：差别对待歧视（disparate treatment discrimination）和差别影响歧视（disparate impact discrimination）。差别对待歧视是关于故意使人遭受法律不允许歧视的做法或事件。差别影响歧视则涉及中立的雇佣政策，如能力测试等，该政策对属于一个受保护群体的个人具有非故意的歧视性效果。这两种类型的歧视有各自的表现形式、举证规则和抗辩事由。如表8-3所示。

[①] 两种责任承担方式是如果原告能够证明原告恶意地或不计后果漠视受害人平等就业权利实施了歧视行为，可以获得惩罚性赔偿。补偿性赔偿指受害人在获得了1964年《民权法》第七章706条款规定的恢复原职、返还欠薪等其他形式的救济后仍不能得到合理救济的情况下，给予受害人的补偿。包括未来的财产损失和感情伤害、痛苦以及生活乐趣的损失等各种形式的精神损失。

[②] 新修订的《民权法》规定如果起诉方能够证明种族、肤色、宗教信仰、性别和来源国是雇用实践的动机之一，即便也有其他的动机引起该实践，那么就构成非法歧视行为。如果雇主证明在不考虑性别等因素时也会做出同样的决定，那么他首先会被法院确认侵权并发出禁令，承担原告的律师费和因提起诉讼而发生的相关费用。但接下来雇主不需要承担损害赔偿或者复职、晋职或者偿付报酬等责任。

[③] 孔静珣：《美国妇女就业问题研究》，《中华女子学院山东分院学报》2010年第2期，第55—62页。

表8-3　　　　　　美国反就业歧视的判定方法和举证模式

	表现形式与判定方法	举证模式
差别对待歧视①	表现为：根据性别对男女两性进行工作分类。如岗位录用和职责要求形成性别壁垒②，如在招聘环节形成雇用的歧视性分类。③	三阶段举证模式： 由原告证明表面上证据确凿的就业性别歧视案件成立④； 雇主提出一个合法理由证明自己的行为并非性别歧视行为⑤； 原告证明雇主上一阶段提出的理由只是借口，实际上存在歧视的故意，具有歧视的动机。
	表现为：拒绝雇用结婚女性和有学龄前孩子的母亲。如考虑已婚和孩子大小等理由，拒绝录用女性。	

---

① 差别对待歧视的发生往往是由于雇主受传统观念的影响，对女性存在刻板成见。

② 例如西北航空公司的"服务员""乘务员"和"事务长"这三个职位在职责方面其实没有实质性的差别，但事务长这一职务全由男性担任，而乘务员和服务员全由女性担任，并且几个工种之间的工资待遇和工作环境等明显不同。因此构成对女性的歧视行为。

③ 例如原告的职位是特殊推销员，这个职位与公司的常规推销员相区别，特殊推销员都是女性，而常规推销员都是男性，并且工资待遇明显不同。公司在招聘中就是对这两个职位分开招聘的，而且常规推销员只面向男性而将女性排除在外，最终法院认定雇主的行为属于对工作进行分类的性别歧视行为。

④ 要具备的四个条件：第一，原告属于被保护的类型；第二，原告申请雇主提供的工作，且符合雇用条件；第三，原告被拒绝；第四，原告被拒绝后，该职位仍然空缺，雇主还在继续寻找。当然不是在每个案件中原告都必须同时具备这四个条件，针对具体案件这四个条件可以有变通。

⑤ 这里的理由包括两大类：第一，明确的、合法的与性别无关的拒绝雇用的理由。第二，真实职业资格。1970年《性别歧视指导意见》中列出不正当地适用真实职业资格理由的几种情况：A. 基于对女性职业特点的一般假定。比如，认为女性的稳定性不如男性。B. 基于性别产生的刻板成见。比如认为女性的推销能力差一些。男性更适合做管理者。不歧视原则要求雇主根据个人的能力而不是根据某个群体的一般特点来决定是否雇用。C. 因为共同工作者、雇主、客户或消费者的喜好拒绝雇用某个人。法院审理案件的过程中，也将许多不应属于真实职业资格的情况排除在外，不能以家庭义务、女性体能不足、工作艰辛和顾客偏好为由拒绝录用女性。

续表

	表现形式与判定方法	举证模式
差别影响歧视	表现为：雇主对女性身体条件的要求，主要表现在身高体重要求和体能测试等方面。	举证分为三步： 原告证明表面上证据确凿的歧视案件成立；[1] 雇主进行反驳和抗辩；[2] 原告证明存在一项替代雇用措施，但雇主拒绝采纳该替代雇用措施。[3]

资料来源：陈虹：《美国现当代反就业性别歧视法律制度研究》，硕士学位论文，安徽大学，2013年，第12—20页。

除了法律约束外，对历史积累下来的不平衡，政府还采用积极行动计划，进行弥补和纠正。积极行动计划的实施方式有三种：第一，配额制，即在工作岗位、项目资助以及招生名额等经济或社会资源中专门为少数族裔或女性预留一定份额。如芝加哥的行政事务委员会组织的针对巡逻警察的考试有歧视少数族裔的情况，发出积极行动命令，要求在雇用的600人中应包括100名女性和300名少数族裔男性。第二，优先权，即在积极行动中的优先权指同等条件下享有优先录用的权利，优先权与配额制的不同之处在于，它没有刚性的数字要求，具有一定的弹性。如孟菲斯市在招聘消防员时，同意少数族裔和女性可以优先于白人男性申请消防员职位。第三，建立目标和时间表。建立人员安置目标和目标实现的时间是积极行

---

[1] 实践中最高法院及下级法院一般都是以统计数据为重要参考，同时结合具体案情具体分析。

[2] 这一阶段雇主的抗辩方式有两种：一是证明雇用实践并没有造成差别影响；一是进行业务必要性抗辩。首先，证明其雇用做法是与工作相关的，其次，证明其雇用措施是业务所必需的。

[3] 该替代雇用措施必须同样能够满足雇主的业务需要，并且相比之前的雇用措施具有较少的歧视性。如果该雇用措施在相当程度上增加了雇主的雇用成本或负担，则这样的替代雇用措施将不被法院认可。

动计划的主要实施方式。承担积极行动义务的雇主应制订书面计划，分析现有雇用员工的构成与可利用劳动力构成。将两者进行比较，看他们所雇用的少数族裔或女性是否和人口统计数据一致。如果结果显示未充分利用少数族裔或女性劳动力，则义务主体必须对就业机会进行数量估计，并设定合理具体的纠正现存歧视的目标和实现目标的时间表。

就业性别歧视在市场经济选择下具有普遍性，各国都比较重视通过立法来注重劳动力市场的雇用秩序，防范就业性别歧视。美国不仅有一系列较为完善的法律保护，而且注重法律的细节设置，纵观美国反就业歧视的举措，具有如下特点：

第一，美国反就业歧视一直处于不断完善的过程中，多部法律组成了完备的反就业歧视法律体系。美国反就业歧视的法律从具体的问题开始，逐渐建立和完善形成了一个完备的体系，对劳动力市场中同工同酬、就业机会平等、反怀孕歧视等现象，都制定了一定的法律依据。如增加了女职工怀孕、生育的劳动保护，并专门出台《怀孕歧视法》，怀孕歧视被严格禁止，美国的基本态度是尽量消解而不是强化怀孕女性的特殊性，这更有利于保障女性的平等就业权；废除了基于男女生理差异，而对女性劳动时间、劳动范围的限定，使女性就业与男性享有同样标准，保障其就业权益。这些法律体系的构成，都注重劳动力市场中不同歧视现象的清晰界定，这对于明确法律责任、寻找维权依据起到了重要的保护作用。

第二，法律制度的可操作性强，规定了就业歧视的法律判定标准和反就业歧视的举证模式。美国自《民权法》（1964 年）颁布实施以来，即确立了禁止歧视原则，要求贯彻到雇用的整个过程，包括雇用前的招聘广告、雇用过程以及最后的解雇，并确立了禁止歧视的具体要求、歧视的法律责任以及维权途径。美国法院在具体案件的审理中，又进一步确立判定就业性别歧视的方法以及举证规则，并将禁止歧视原则分为禁止差别对待歧视和禁止差别影响歧视，分别建立了不同的判定标准。美国差别影响歧视原则的建立对反就业性别歧视具有重要意义，它和差别对待原则就像是构成了一只完整的网，将雇主的故意歧视行为和表面中立的而具有歧视效果的行为都网罗在内。这样详细的法律规定，为女性维护自己的平等就业权益提供了法律保障。

第三，不仅注重形式平等，也追求实质平等，实施了配额制等积极行动计划。美国早期的反歧视法主要是针对公然的直接歧视，禁止无正当理由下的相同情况差别对待，以保证形式上的平等。随着反歧视法的进一步推进，美国开始注重对就业女性权益的实质保护，强调不同情况不同对待，对历史上积累下来的不平衡，政府还采用积极行动计划，进行弥补和纠正。反差别影响歧视原则的建立、对生育期女性的就业保障以及积极行动计划都体现了美国反歧视法对实质平等的追求。积极行动计划的实施方式有三种：配额制、优先权、建立目标和时间表。积极行动计划中，通过配额制和优先录用的方法，赋予女性或少数族裔在同等条件下享有一定优先权，促进女性就业，促进实质平等。

二 部分国家生育保障政策的经验介绍

生育不仅是家庭和女性的责任，更关乎一个国家和民族的发展，关乎整个社会经济发展的根本动力。政府参与家庭生育责任分担，逐渐成为部分发达国家制定生育保障政策的共识，这对帮助女性就业者平衡工作和家庭至关重要。其中，瑞典和法国已经形成了较为完善的、针对家庭的各项政策体系，成为许多国家研究和借鉴的对象。

（一）瑞典的家庭生育福利政策及特点

瑞典以其具有社会自由主义倾向以及极力追求平等为人所共知，社会福利政策完善，平等意识较强。瑞典女性就业率高达74%，这得益于被称为"福利国家橱窗"的高水平生育福利。瑞典不仅给了生育女性相当长的生育假期，而且生育期间的津贴水平也相当高，为女性生育权益提供了良好的保障。

瑞典高福利政策的重要表现之一就是家庭福利政策。在瑞典，为了体现男女平等的理念，鼓励性别平等的家庭福利政策，规定父母双方都可以根据家庭的实际情况和需要，自由选择分配和安排育儿假期。并且通过父亲产假（paternity leave）和较高的收入补贴，鼓励父亲多参与到年幼的孩子照料过程中，从而帮助母亲尽快回到劳动力市场。同时，瑞典政府还通过完善的儿童日托服务和稳定的经济支持，大大减轻了父母生育的压力。

瑞典的生育假期，由480天的育儿假和10天的额外父育假构成。父亲和母亲在生育子女时可以共同获得480天带薪休假，其中父母各方至少有60天育儿假，并且不能替代，其他360天育儿假父母双方不能同时享有。单一法定监护人有权享受所有产假。产假期限可以从预产期前60天开始，至子女满8岁结束（2014年1月1日后出生的，可延长至12岁）。政府还鼓励父母双方平均分享育儿假（父母双方各240天），瑞典在2008年推行"性别平等奖励"，鼓励父母平等地使用育婴假，即对于平均使用育儿假的家庭，父母工资较低的一方给予额外税收减免，减免额最高不超过3000克朗/月。

与生育假期相配套，生育假期的父母经济补偿由雇主缴费形成的"父母保险"予以补贴，按照补贴的用途，分为产假期间的父母补贴（parental benefit）、临时性父母补贴（temporary parental benefit）、怀孕补贴（pregnancy benefit）和生育医疗护理补贴四类。生育子女的父母可以享受产假并领取"产假期间的父母补贴"，旨在补偿家长因生育和照顾子女造成的收入中断。对有工作的父母而言，孩子生病时往往需要父母占用自己的工作时间进行照料，为了方便父母对子女的照顾，提供"临时性父母补贴"，缓解孩子生病而占用的父母工作时间中断所带来的收入损失。瑞典对怀孕女性的劳动保护，不仅有相关的政策规定，如孕妇有权要求雇主将其岗位换到轻体力或不危险工作中，但如果无法换岗，则可获得50天的"怀孕补贴"，以保护胎儿健康。瑞典的生育福利还表现在"生育医疗护理补贴"

方面,即生育期间,与生育有关的服务费用如产科、病房护理、产前产后检查费用,全部由政府承担。这四部分的补贴及补贴水平,如图8-1所示。

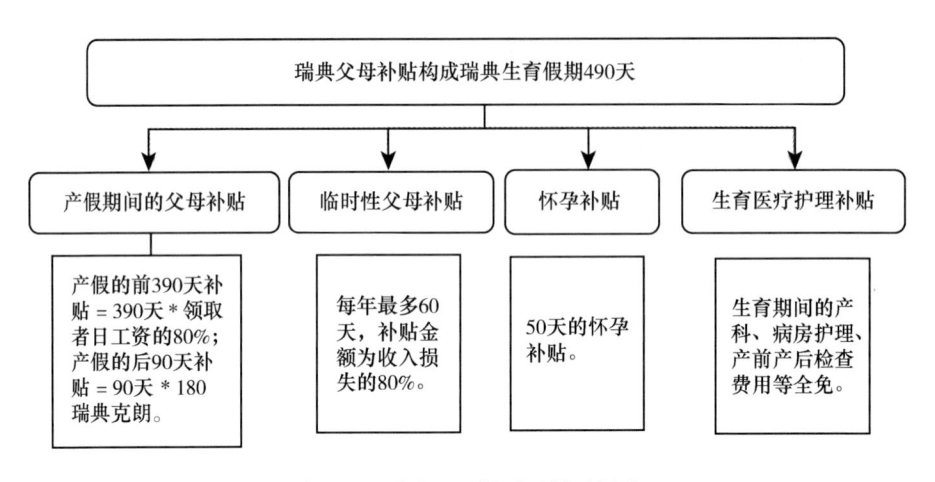

```
                    瑞典父母补贴构成瑞典生育假期490天
        ┌───────────────┬───────────────┬───────────────┐
   产假期间的父母补贴    临时性父母补贴      怀孕补贴       生育医疗护理补贴
   ┌─────────────┐   ┌─────────────┐  ┌─────────────┐ ┌─────────────┐
   产假的前390天补      每年最多60       50天的怀孕       生育期间的产
   贴=390天*领取       天,补贴金        补贴。           科、病房护理、
   者日工资的80%;      额为收入损                        产前产后检查
   产假的后90天补       失的80%。                        费用等全免。
   贴=90天*180
   瑞典克朗。
```

图8-1 瑞典父母补贴及补贴标准

除了上述的产假和父母补贴外,瑞典与生育有关的家庭政策还表现在通过福利政策提供高额的"儿童津贴"和"照看儿童津贴"。儿童津贴的设置,是为缩小有孩子与没有孩子家庭生活水平的差距,按照家庭中儿童数量每月支付一定的补贴金额。儿童津贴一直支付到孩子16岁为止,根据孩子的数量支付不同的费用,这些资金足以支付照看孩子的需要。为了确保儿童健康成长,缓解生病儿童家庭的经济负担,按照儿童病重程度,对需要特殊照顾的生病儿童或残疾儿童的父母,支付"照看儿童津贴",有25%、50%、75%和100%四种比例,当补贴比例是100%时,为8833瑞典克朗。[①]

瑞典实行慷慨的家庭福利政策的主要目标是推动性别平等和实

---

① 每月支付的补贴金额是每位儿童1050瑞士克朗,拥有两个及以上孩子的家庭可获得大家庭补助:第二个孩子每月额外获得150瑞典克朗,第三个额外获得454瑞典克朗,第四个额外获得1010瑞典克朗,第五个及以上额外获得1250瑞典克朗。支付期限从孩子出生至满16周岁所处的季度末。

现充分就业。这种家庭政策模式意味着工作和照料责任的分担不仅在国家、市场和家庭之间,更是在男性和女性之间。瑞典的家庭福利政策不是只关注家庭自有资源方面,而是为男女双方提供各种不同的资源支持,在最大限度上减少女性对家庭的依赖,给女性提供就业或居家照顾孩子的自由选择。

瑞典与生育有关的家庭福利政策,通过社会保险和社会福利相结合的方式,为生育子女的父母和儿童提供多层次、高水平的保障。推动性别平等,让男性和女性平等地工作或平等地参与育儿养老和家务劳动,是应对人口变迁挑战的一种路径,这是瑞典家庭福利政策的重要特点。总体来看,瑞典的家庭福利政策具有如下特点:

第一,通过保险和福利供给的方式为生育的父母双方和年幼的孩子提供待遇优厚的各种补贴。瑞典的家庭福利政策从全方位给予生育的家庭以保障,父母可以通过保险获得津贴,政府对儿童提供福利支持,保险和福利的保障项目都非常丰富而且待遇优厚。其中生育的父母补贴包含产假期间的父母补贴、临时性父母补贴、怀孕补贴以及生育医疗护理补贴,为产假带来收入损失、子女生病需要照顾等情况下的父母,提供相应的补贴,彰显了制度的人性化设计。此外,父母双方合计480天的带薪产假,世界上没有哪个国家像瑞典这样提供如此慷慨的带薪育儿假。而且瑞典政府还从立法的角度确保女性劳动力市场上的各项权益,综合考虑了女性劳动力市场参与和男性家庭参与及其陪产假权利。

第二,实行鼓励生育的人口政策,由政府和社会共同分担生育成本。瑞典的生育保障和福利政策背后的一个重要原因和背景是瑞典的鼓励生育政策,瑞典明确规定,当家庭孩子超过1个之后,每多生一个孩子,产假在原有的基础上多增加180天,且这期间的津贴水平不得降低。在对子女的照顾方面,瑞典以赋税的方式,让社会全体共同负担儿童照顾的成本,通过福利政策提供高额的"儿童津贴"和"照看儿童津贴"。儿童津贴的设置,是缩小有孩子与没有孩子家庭、多子女和少子女家庭之间生活水平的差距,按照家庭中儿童数量每月支付一定的补贴金额。瑞典的儿童津贴制度是普惠性的福利，儿童津贴支付自出生到满16周岁，家中孩子越多，平均每位孩子领取的就越多，将抚养孩子的成本社会化。瑞典因生育带来的高水平待遇在很大程度上体现了其高福利、全民福利的特征。

第三，注重性别平等，倡导"父母共同照顾"。作为世界上公认的性别最平等的国家之一，瑞典给予生育的父母480天育儿假期，父母双方可以自由分配，其中父亲至少要休满60天，以促进男性参与到育儿照料中，从而推动两性家庭责任的共担。除此之外，瑞典还设立了"平等奖金"，即当父母双方平均使用育儿假期时，父母工资较低的一方给予额外税收减免，以鼓励父母双方共同负担育儿责任。父母双方共同照顾年幼的孩子、共休育儿假是瑞典性别平等政策的中的重要体现，这不仅可以保证女性劳动力市场上的职业稳定，还能保证男性在生育儿女过程中扮演相应的父亲角色。

（二）法国的家庭友好政策及特点

法国是个极度浪漫、自由的国度，是世界现代思想的发源地，在资产阶级革命时期，提出了天赋人权、自由、平等、博爱等影响整个世界的思想。对妇女的谦恭礼貌也是法国人引以为傲的传统，在这些思想和社会背景之下，女性就业率则稳步上升，性别差异明显降低。这些变化很大程度上得益于法国家庭友好政策的实施，使其在保持较高生育水平的同时，女性就业率也较高。

法国家庭友好政策是引导或促进就业的社会政策。家庭政策通过为父母提供既适合其收入来源又适宜于儿童发展的儿童照看机构，支持父母在工作和看管孩子之间做出自己的选择，以推动就业中男女两性间的平等，并使家庭生活和职业生活的冲突得到一定程度的调和。同时，促进家庭生活和职业生活的和谐与衔接，帮助年轻人履行父母的责任和义务，也是法国现行家庭政策的主要目标之一。法国家庭友好政策体系的核心理念是干预和支持父母以利于儿童和家庭发展，帮助父母特别是女性平衡家庭和工作。政策主要包含实行鼓励生育的政策、促进儿童早期发展的补贴政策和推动女性家庭和工作平衡的家庭政策。

　　法国实行鼓励生育的家庭政策，对多子女家庭发放家庭补助。应对人口出生率下降的现实挑战，加快人口再生产，是法国鼓励生育政策的重要初衷。在政策的支持和引导下，19世纪末开始，一些雇主就开始向子女数量多的家庭发放补贴，以为他们提供相应的经济支持，减轻育儿负担。① 目前，妇女生育1个孩子每月可领到177欧元津贴，直至孩子长到3岁；3年内若生第二胎，孩子6岁前每月津贴达600欧元；如生第三胎，政府会负责孩子到18岁，每月津贴为900欧元。据估计，法国两个孩子以上的多子女家庭仅占现有家庭总数的1/5，而他们获得的各种家庭补助金却占家庭补助基金总额的50%多。根据法国经济研究与统计所的人口统计数据，2011年1月1日法国人口总数第一次超过6500万，比30年前多了1000万，② 这与法国较早实行鼓励生育的家庭政策密不可分。

　　法国政府也非常重视3岁以下儿童的权利促进和保护，为了鼓励母亲自己抚养子女，法国政府对亲自抚养自己子女的家庭给予补贴。比如，母亲从怀孕7个月开始就可以休产假，生第一、第二个孩子，有18周的产假，生第三个孩子有24周的产假；父亲也可以休两周的陪产假；母亲如果选择在家照顾孩子，除生育津贴外，每个月还可以再领取300欧元，直到这个孩子年满3岁为止。同时，法国政府还给日益增多的单亲家庭发放单亲家庭补贴。据统计，目前，法国大概有240万名3岁以下的儿童，由其父母特别是母亲照

---

① 1891年法国香槟地区（Champagne）一家大型棉纺厂的老板阿梅尔（Léon Harmel）首先建立了"家庭补助管理机构"（Caisse de famille），旨在为担负子女养育责任的雇员发放家庭补助（现金补贴或实物帮助），并委托一个工人委员会来管理。这是法国最早出现的家庭津贴管理机构。在当时工业社会大步前进的时代背景下，这一举措包含着企业主在经济考量与人力资源管理等方面的精心计算发放家庭补的经济代价远比普遍增长工资要小得多。恰是这种利益权衡，逐步推动企业主向雇员发放家庭补助成为一种普遍制度。到第一次世界大战前夕，法国已有40多家企业向雇员发放家庭补助。

② 王鹏：《法国的家庭政策》，《学习时报》2012年10月8日第2版。

看的比例大约占到45%。另外,为了确保孩子们都能受到普及教育,法国政府对3—6岁幼儿实行免费教育制度;对6—18岁青少年发放入学津贴,不管他们是在公立学校还是私立学校就读。

同时,法国政府特别注重制定能够缓减父母工作与家庭生活的矛盾的家庭政策,特别是包括提供适宜的、能够满足父母需要的儿童照看方式,来帮助父母参与现代生活中极为重要的社会活动而又同时能够养育好子女(和建花,2008)。正处于职业上升期的年轻父母尤其是女性在面临着工作和家庭之间的冲突时,往往难以协调时间管理的矛盾,同时还会面临着职业收入的下降。因此,法国家庭政策给予丰厚的现金福利,包括"家庭津贴""幼儿津贴"和"特殊家庭津贴"(单亲家庭津贴、患儿父母津贴、残疾儿童父母特别津贴等),这些丰厚的现金福利,从1976年开始就惠及大部分法国家庭。它们弥补了法国家庭生育和养育子女所需要的成本,也给法国就业女性提供了从市场购买所需照顾服务的可能,一定程度上缓解了时间管理与经济收入间的矛盾。

除了上述这些政策工具,政府还有一部分重要政策,如鼓励雇主创造对于家有幼儿雇员友好的工作场所,帮助们认识到帮助员工平衡工作和家庭生活也会带来"企业效益":更高生产率,更低的员工流失率,更低的缺勤率。2008年,法国开始实施"观察企业中身为父母的雇员状况"(Observatory of Par-enthood in Corporations)的年度调查,制定了如何对待企业中身为父母雇员的章程。签署章程的企业都要求管理人员考虑身为父母雇员的特殊需求,创造对于他们友好的环境(陈远,2016)。2008年12月,法国政府还以工作、社会关系、家庭和社会团结部的名义联合建立"企业父母观察所",实际上是鼓励企业采取一些利于有孩子的职工的措施,其目标是帮助生育的父母双方有效平衡工作和家庭冲突,实现男女在就业领域的平等。政府在此期间会对雇主在缓和生育职工生活家庭冲突的措施进行综合评估,并引导企业间就一些好的措施和经验进行分享,这些政策正是法国政府对于家庭福利政策的重要体现。

法国的家庭政策与其他多数欧洲国家的政策相比，概念较为明确、发展历史较长、制度相对完善、政府的重视程度较高，其在减缓妇女工作与家庭的生活矛盾以及对人口增长的贡献方面所起的作用也较大。在法国，家庭政策被定位为促进就业和推动男女平等服务的工具。家庭政策的目标就是通过健全儿童照看体制等来减缓家庭生活与职业的矛盾，促进就业，实现男女两性的平等。纵观法国家庭友好政策，可以发现以下特点：

第一，法国的家庭政策特别强调另一个核心理念——维系家庭的价值与稳定及其对于社会发展的推动力。法国政府对家庭中公私领域的定位以及对国家与家庭关系的解释一直比较明确，主张家庭在表面看来属于私人领域范畴，但家庭同时也是一个公共领域的概念，因为家庭状况的演变将对社会带来多重影响。法国家庭政策特别注重维护整个家庭的男女平等关系，鼓励父母双方在养育儿女过程中担负起同样的责任，其政策执行的机制就在于协调父母特别是母亲在照料家庭和职业工作之间的冲突和矛盾，通过津贴和补贴机制补偿因生育和照料年幼的孩子而产生的收入损失，同时还为生育和抚养子女设置带薪假期等。这一系列的家庭福利政策和经济补偿政策为维护家庭稳定和男女双方的就业权益发挥了重要作用。

第二，法国的家庭友好政策尤其注重加强女性家庭生活与职业工作之间的协调。女性由于其作为母亲的特殊性，通常要在工作和家庭中做选择，很多时候需要舍弃自己的工作来照顾家庭。法国的一些家庭支持政策特别关注到了这一点，并且还重点关注了家庭范畴的性别平等问题，既强调父母双方对于家庭责任应尽的同等义务，又针对女性自身的弱势给予特别支持和照顾，给外出工作的女性提供多种多样的儿童保育支持，从而让不同工作时间和工作性质的母亲进行多样化选择，以推动性别平等的实现。此外，由于男女双方在职业发展、收入水平等方面存在差异，以及双方在家庭责任方面的时间和精力的差别与职业工作存在冲突会导致对家庭稳定形成冲击，而诸多的家庭支持政策则就是为了防止这些冲击带来更多的负面影响。目前法国仍然在坚持鼓励生育、促进人口在生产的政策,这其中也包含着对家庭价值和社会公正因素的考量。

第三,法国的家庭友好政策注重儿童的权益保护,实行3—6岁幼儿的免费教育制度。具体而言,法国的家庭友好政策和儿童权益保障政策不仅涵盖了各类生育津贴、看护津贴、入学津贴等经济方面的支持,从而为父母减轻负担;除此之外,法国的儿童权益保障政策还以促进儿童健康成长为导向,通过不同渠道完善幼儿园建设,强化育婴保姆资质认定等,为儿童成长提供良好的环境。这一系列制度为年幼的孩子照看得到了有效保障,同时也缓和了女性育儿和工作之间的矛盾,不仅为女性减轻了负担,更为其劳动力市场参与权益提供了保障。

尽管不同国家家庭政策的目标不尽相同,但有共通之处,即通过促进性别平等、改善工作和家庭平衡来推动妇女就业,使妇女不因为家庭生活而放弃工作和职业发展,促进社会融合。

三 启示与思考

(一) 关于女性劳动力市场保护政策的启示与思考

第一,就业保障层面,要重视妇女"三期"保护政策的发展完善,肩负起促进妇幼健康发展的重任。妇女的"三期"保护是职场女性的特殊内容,无论是采用保险制度还是福利制度的方式,部分国家都积极承担起促进妇幼健康发展的责任。如德国,通过《就业母亲保护法》对生育期的女性就业和其他权益进行保障,停薪留职的育儿假设计,以及解雇和回归制度的约束,使保护女性生育、就业权益有了明确的依据。相比我国而言,女性的法定产假时间较短,但生育政策调整后各地区也纷纷出台了延长产假的措施,如北京市规定女职工在国家法定假期的基础上可以与用工单位协商适当延长产假,但具体的延长机制并不明确,延长产假如何协商、什么机制决定、工资待遇如何支付,也缺乏相应明确的规定,单位尚在等待和观望,同时是否应该设计育儿假制度,值得我们在未来思考解决。

第二，法律保护方面，要重视性别平等的法律操作，切实维护女性职场发展的权益。劳动力市场中的性别歧视是一个普遍现象，是各国都比较关注的议题。部分国家的法律实践，比较注重性别平等的法律操作，注重法律的细节和实施。如美国，一方面，通过国会立法、总统行政命令和政府规章等规范性法律文件规定了在就业领域禁止歧视的约束对象、具体要求、歧视的法律责任和救济途径；另一方面，通过法院的司法判例建立了判定就业性别歧视的具体方法和举证规则，这样就大大提高了法律的可操作性。相对我国而言，我国的性别平等进入宪法，是一项基本国策，无论是妇女权益保障法，还是一系列如《中华人民共和国劳动法》《中华人民共和国就业促进法》《女职工劳动保护特别规定》等劳动法律，都有关于性别平等和保护女性就业权益的表述，但这些法律规定过于原则化，多以宣示性为主，具体的可操作性不强，缺乏性别歧视的判定标准、举证规则等规定，也没有明确规定性别歧视应该承担的法律责任，这对于维护女性职场发展权益不利。

（二）关于女性生育的家庭福利政策启示与思考

第一，从支持和满足女性发展为根本出发，重视家庭友好政策的建设。国外关于生育的家庭福利政策或家庭友好政策内容显示，以生育假期和儿童托育为主要内容的家庭友好政策在减轻家庭生育负担、减少企业成本和缓解女性工作家庭冲突等方面都具有积极的作用。同时，通过多元化的津贴和补贴支持，不仅能够缓解女性生育的经济成本，也能够帮助家庭缓解一定的生育经济压力；社会化生育津贴的筹资模式在一定程度上也有助于降低企业的用工成本。从性别平等上看，生育假期的弹性设置和注重发展父育假的制度设置，总体上能够满足女性照看婴幼儿的需要，有助于促进男性分担育儿责任，也在制度规定上具有促进性别劳动力市场机会平等的作用。此外，家庭友好政策也有助于女性积累人力资本，一方面较长的生育假期有助于女性产后康复；非全职和与原单位保持联系的政策规定，既能帮助女性保持人力资本积累的连续，也保证了假期后返回原工作岗位；同时公共托育和教育体系的建立有助于儿童成长，对未来国家人才储备具有重要意义。

第二，国外的家庭生育福利政策可以为我们提供借鉴，但不能简单照搬。各国为减少女性就业障碍，提升女性就业机会，促进两性之间的性别平等，协调家庭与工作之间的矛盾，在女性职场发展的权益保障和家庭保障方面，都有自己的特点和值得借鉴的经验。通过对部分国家的分析，可以发现福利国家的目标是缓解高生育成本的压力，提高女性生育率，因此福利国家实行的是鼓励生育的政策，而我国现在的生育政策还是在计划生育范围内，不能简单照搬国外的家庭政策。此外，瑞典、法国的高福利离不开雄厚的经济实力支撑，以及比较成熟的税收体制。国外的经验总结，为我国妇女职场发展和权益保障提供了有益的借鉴，但因为国情、民情、社会制度和政策等不同，研究和制定出符合我国国情、具有中国特色的解决方案是我们需要关注的重点。

第三节　完善我国女性生育支持和劳动力市场保护的行动策略

一　宏观层面：重视政策法律的战略引导

（一）转变政策引领思路，构建生育成本社会化分担机制

首先，应建立全民覆盖的生育保障体系，促进政府生育成本分担责任的回归。生育权是一项基本人权，政府对其保障应普及全民。目前，我国生育保险的覆盖范围还比较有限，大多数的非标准就业形式的女性、农民工女性等都未能纳入保障中，这与国际劳工组织《保护生育公约》倡导的"保护劳动力中所有妇女平等享有母子健康与安全"要求还有一定差距，这就需要政府承担起这部分人群生育保障的责任，以完善制度的均衡性。此外，政府应加强对企业生育保险的缴费监督，对企业的违法违规行为进行处罚，保障生育保

险金按期支付给符合报销条件的女职工。

其次，要减轻用人单位生育成本，探索社会化生育津贴的分担机制。据不完全统计，世界上有130多个国家进行了生育保险立法，其中大多数将生育保险作为疾病保险制度的一部分（吕学静，2010）。实际上，已有学者通过对制度的精算分析，提出"将生育医疗费用纳入基本医疗保险制度，同时建立生育津贴制度，并将覆盖范围由工薪劳动者扩展到全体国民"的新生育保障体系设想（何文炯等，2014）。随着近期生育保险和职工基本医疗保险合并实施试点方案的不断推进，我国应针转换政策思路，将减轻企业生育成本纳入生育保险改革的考量范畴，探索全民分担的生育津贴来源机制，帮助减轻企业负担，也有助于缓解用人单位对女性的性别歧视。

（二）推进性别歧视立法，发挥法律先行的基础作用

加快研究可操作的反就业性别歧视立法。我国尚未有一部专门反就业性别歧视的法案，应该借鉴国际经验，积极开展反就业歧视立法研究，制定具体、可操作的法案。针对"隐性歧视"举证难等问题，我们可以借鉴美国关于保障女性平等就业权的相关制度，根据不同的歧视类别分别建立"差别对待原则"与"差别影响原则"，确立"真实职业资格"判断标准，并对雇用的每个环节都做出评价，从招聘广告到雇用过程到职业中再到后来的晋升、培训和福利待遇等，都纳入歧视的检验中，对每个环节雇主可以做什么和不可以做什么都做出具体规定。在举证过程中可采取"立案举证责任倒置原则"实施，以更好地保护妇女权益，并对违法用人单位严惩。同时，针对我国现行法律对性别歧视的界定比较笼统、操作困难的情况，要细化法律规定，具体化"不适合妇女的工种或者岗位"的各项规定，增设惩罚性赔偿、集团公益诉讼、就业性别歧视举证责任倒置、强制证人作证义务和防止报复的规定等。

二　中观层面：构建友好的工作家庭支持

（一）关注0—3岁儿童照料，支持和引导社会托育服务体系的发展

重视社会力量开展0—3岁儿童托育服务。针对学龄前，尤其是0—3岁儿童对女性劳动力市场惩罚效应的显著性，要重视0—3岁前幼儿托育建设。解决0—3岁托幼问题可考虑如下综合措施：将0—3岁托幼问题放到长远发展的战略高度，尽快开展深入调研，出台解决办法，有关政府部门要实现分工合作，明确部门职责，例如由市政府牵头，教育、卫生计生、消防、公安、工会等有关部门、群团组织共同参与，形成解决0—3岁托幼问题的领导体系、组织机构，明确各部门职责，出台发展托幼机构的综合性政策，明确现阶段托幼机构建设和管理标准；鼓励和支持企业参与解决0—3岁托幼问题，研究出台鼓励企业自办或者合办托幼机构的意见，鼓励有条件的企业提供场地、资金等，自办或者合办托幼机构；通过购买服务、减免税收等优惠措施，为社会力量参与0—3岁托幼服务提供各种便利。此外，要重点在居住社区加大对婴幼儿的集中看护和教育功能方面的投入，探索建设以社区为依托的0—3岁儿童看护服务网络，可以借鉴日本的做法，在社区开展"短时看护"服务，请有育儿经验的人士担任"保育妈妈"，在婴幼儿父母或看护者外出时代为照料，还可以鼓励社会力量参与社区看护服务。

（二）提供相对宽松的工作环境，帮助缓解女职工的工作——家庭冲突

工作与家庭冲突的根源在于人的资源和精力有限，如何将有限的资源和精力分配到工作与家庭当中，就成为职业女性的一大难题。对用人单位而言，承担生育的社会责任、促进女性人力资源作用有效发挥的关键是提供她们所需的工作灵活性以及对家庭的支持。在互联网快速发展、服务业快速聚集的背景下，用人单位可以尝试提供相对宽松的工作环境，转变管理方式，对职业女性采取人性化和宽松的管理方式，帮助女性缓解工作——家庭冲突。例如，用人单位要适当考虑生育的女职工照顾婴幼儿的特殊需求，允许她们采取弹性时间安排、弹性工作地点、兼职工作、灵活安排上下班时间、灵活安排工作任务等，通过衡量产出而不是在公司的时间来评估女性员工的工作水平，为女职工照顾家庭提供时间保障，进而缓减员工的工作——家庭冲突、促进工作与生活的平衡。

三 微观层面：树立正确的工作和家庭观念

（一）女性应理性对待职场和生育行为

人生中总有很多不确定因素，社会、经济、婚姻等风险随时有可能降临。女性自身要保持积极心态，努力提高自身的素质和能力，精神上独立自信，经济上自立自强，处理好性别角色和社会角色的矛盾，实现人生的社会价值。在女性生命周期中，由于生育期最佳时期和职业发展黄金期重合，这就需要女性根据自身实际情况，合理进行角色定位，尽早规划好自身的职业发展，尽量错开最佳生育期和事业高峰期。此外，在做出生育或者职场的选择时，要问清楚自己想要什么，学会智慧地对待人生，辩证地看待取舍得失；学会充分利用社会和家庭资源来维持工作与家庭的平衡，妥善处理工作与家庭、事业与孩子的时间安排，慎重对待退出工作岗位回归家庭的现象，谨慎对待辞职做全职太太的抉择，理性决策生育行为和理智地安排职场进退。

（二）女性应保持自我的精神独立

社会经济的发展和家庭生活水平的提高，为女性提供了工作方式和工作决策的多种选择。全面放开二孩，赋予了她们再次生育的选择权，也给厌倦了职场压力的女性一个回归家庭的充足理由。对选择回归家庭的女性来说，切忌在思想上过于依赖男性，要坚持思想独立、精神独立，才能在社会和家庭中拥有平等的地位；对兼顾事业和家庭的女性来说，尽量秉持夫妻平等的性别观念，在不同的职业阶段均能与自己的丈夫建立平等、合理、合作的性别关系，即使在生育和抚养孩子的职业休眠期，也要不断增强自身工作技能，提高自身的市场竞争能力。总之，无论选择哪种方式，女性都应该时刻保持精神层面的人格独立，有自己独立的思想、有自己的兴趣、有自己独立的时间和空间施展自己的理想和才华。

第四节　本章小结

本章在前文研究的基础上，首先对女性劳动力市场表现的生育影响效应进行总体判定和概括，主要结论：（1）生育行为对女性劳动力市场表现存在负向影响。生育将导致女性劳动力市场参与概率平均下降11.74%，导致女性就业不稳定的风险平均提高10.15%，导致工资率下降约70.4%。（2）生育数量增多女性劳动力市场表现负向影响效应越大。生育数量每增加一个，女性劳动力市场参与概率将平均下降6.67%，就业中断风险将显著提高3.96%。（3）0—3岁幼儿是影响女性劳动力市场表现的关键因素。0—3岁幼儿的存在会导致母亲的劳动力市场参与概率平均下降16.38%，导致女性就业中断的概率显著增加7.5%，但随着孩子年龄的增大，这种负向影响也逐渐消失。

在实证判定的基础上，结合理论形成机制，归纳生育对女性劳动力市场表现惩罚效应的原因，主要有以下几点：一是生育成本分担不均，固化劳动力市场性别歧视；二是劳动力市场保护政策过于笼统，缺乏可操作性降低了对女性劳动就业权益保护的有效性；三是儿童照料支持体系不足，且家庭中父育责任薄弱，不仅增加母职压力，还加大了劳动力市场的性别不平等；四是来自女性自身人力资本积累的不足以及价值观念的束缚。

基于以上原因，本章对女性劳动力市场保护、托育服务体系的典型国外经验进行梳理和总结，并结合我国的实际情况指出：在劳动力市场保障层面，要重视妇女"三期"保护政策的发展完善，肩负起促进妇幼健康发展的重任，重视性别平等的法律操作，切实维护女性职场发展的权益。在托育服务体系建设层面，应从支持和满足女性发展为根本出发，重视从家庭友好政策的建设，但也应该尊重我国的实际国情，国外的家庭生育福利政策可以为我们提供借鉴，但不能简单照搬。

综合以上分析，本书提出缓解生育对女性劳动力市场表现惩罚效应的主要策略是：宏观层面，重视政策法律的战略引导，首先转变政策引领思路，构建生育成本社会化分担机制，切实减轻企业雇佣女性的经济负担，其次，尽快推进性别歧视立法，发挥法律先行的基础作用。中观层面，要重视构建友好的工作家庭支持，一方面政府要关注0—3岁儿童照料，支持和引导社会托育服务体系的发展；另一方面鼓励用人单位提供相对宽松的工作环境，帮助缓解女职工的工作/家庭冲突。微观层面，女性还需持续提高自身的人力资本积累，同时梳理正确的工作和家庭观念，理性决策职场及生育行为。

附　　录

附录 A　生育对不同户籍女性劳动参与状况的回归结果

表 A.1　是否生育对不同户籍女性劳动参与的 Logit 回归结果

	农村			城镇		
	回归系数	几率比	平均边际效应	回归系数	几率比	平均边际效应
是否生育（参照组＝未生育）						
生育	-1.1832** (-2.23)	0.3063	-0.1558	0.1145 (0.19)	1.1213	0.0130
年龄	0.192 (1.77)	1.2115	0.0317	0.0472 (0.26)	1.0483	0.0052
年龄平方	-0.00195 (-1.20)	0.9981	-0.0003	-0.00034 (-0.13)	0.9997	0.0000
健康状况（参照组＝健康）						
一般	-0.0902 (-0.62)	0.9138	-0.0148	0.00359 (0.02)	1.0036	0.0004
不健康	-0.916*** (-3.69)	0.4000	-0.1718	-0.717 (-1.68)	0.4883	-0.0935

续表

	农村			城镇		
	回归系数	几率比	平均边际效应	回归系数	几率比	平均边际效应
婚姻状况（参照组＝未婚）						
已婚	-0.849 (-1.49)	0.4279	-0.1189	-1.092 (-1.47)	0.3355	-0.0946
家庭经济收入对数	0.248*** (3.60)	1.2818	0.0410	0.204 (1.67)	1.2260	0.0225
是否与父辈同住（参照组＝否）						
同住	0.214 (1.64)	1.2381	0.0349	0.343 (1.64)	1.4097	0.0366
受教育程度（参照组＝小学及以下）						
初中	0.160 (0.99)	1.1739	0.0294	-0.0549 (-0.13)	0.9466	-0.0093
高中、中专、技校等	0.450* (2.05)	1.5689	0.0779	0.305 (0.73)	1.3566	0.0475
大学及以上	1.725*** (4.30)	5.6102	0.2176	1.421** (3.23)	4.1422	0.1617
职业技能培训（参照组＝否）						
是	1.017** (3.19)	2.7655	0.1376	1.275*** (3.74)	3.5797	0.1109
职业技能证书（参照组＝否）						
是	0.0246 (0.10)	1.0249	0.0041	-0.0427 (-0.17)	0.9582	-0.0047
_cons	-4.161* (-2.37)	0.0156		-1.864 (-0.60)	0.1550	
N	1613			1043		
Wald chi2	124.52			95.31		
Prob > chi2	0.000			0.0000		
Pseudo R2	0.1062			0.1331		

注：括号内为 t 统计量；显著性水平 $^* p < 0.05$，$^{**} p < 0.01$，$^{***} p < 0.001$。

表 A.2　　生育数量对不同户籍女性劳动参与的 Logit 回归结果

	农村			城镇		
	回归系数	几率比	平均边际效应	回归系数	几率比	平均边际效应
生育数量连续型（参照组=1个）	-0.3664*** (-3.56)	0.6932	-0.0658	-0.5497** (-2.84)	0.5771	-0.0705
生育数量分类（参照组=1个）						
生育2个	-0.4383** (-3.05)	0.6452	-0.0771	-0.7545*** (-3.25)	0.4703	-0.1078
生育3个及以上	-0.6659** (-3.05)	0.5138	-0.1221	-0.4681 (-0.81)	0.6262	-0.0622
年龄	0.147 (1.38)	1.1325	0.0206	0.0666 (0.36)	1.0689	0.0074
年龄平方	-0.00127 (-0.80)	0.9990	-0.0002	-0.00063 (-0.23)	0.9994	-0.0001
健康状况（参照组=健康）						
一般	-0.145 (-1.00)	0.8659	-0.0239	0.00175 (0.01)	1.0017	0.0002
不健康	-0.879*** (-3.49)	0.4319	-0.1560	-0.640 (-1.44)	0.5275	-0.0822
婚姻状况（参照组=未婚）						
已婚	-1.815*** (-4.59)	0.1439	-0.2129	-0.875* (-2.07)	0.4167	-0.0798
家庭经济收入对数	0.246*** (3.63)	1.2878	0.0419	0.196 (1.57)	1.2160	0.0216
是否与父辈同住（参照组=否）						
是	0.173 (1.35)	1.1732	0.0262	0.292 (1.39)	1.3395	0.0314

续表

	农村			城镇		
	回归系数	几率比	平均边际效应	回归系数	几率比	平均边际效应
受教育程度（参照组=小学及以下）						
初中	0.149 (0.93)	1.1724	0.0292	-0.0798 (-0.20)	0.9233	-0.0136
高中、中专、技校等	0.389 (1.82)	1.5152	0.0724	0.266 (0.64)	1.3049	0.0417
大学及以上	1.669*** (4.19)	5.6979	0.2174	1.441** (3.26)	4.2252	0.1617
职业技能培训（参照组=否）						
是	1.034** (3.27)	2.8497	0.1403	1.207*** (3.55)	3.3428	0.1067
职业技能证书（参照组=否）		1.1382				
是	0.132 (0.54)	0.0519	0.0210	-0.00297 (-0.01)	0.9970	-0.0003
_cons		-3.408 (-1.95)			-2.062 (-0.64)	0.1271
N	1663			1017		
Wald chi2	120.60			94.50		
Prob > chi2	0.0000			0.0000		
Pseudo R2	0.1012			0.1344		

注：括号内为 t 统计量；显著性水平 * $p<0.05$，** $p<0.01$，*** $p<0.001$。

表 A.3 子女年龄对农村户籍女性劳动参与的 Logit 回归结果

变量	0—3 岁			4—6 岁			7—12 岁			13 岁及以上		
	回归系数	几率比	平均边际效应	回归系数	几率比	平均边际效应	回归系数	几率比	平均边际效应	回归系数	几率比	平均边际效应
0—3 岁: (参照组＝无0—3岁子女)	-1.1749*** (-7.94)	0.3088	-0.1996									
4—6 岁: (参照组＝无4—6岁子女)				-0.0024 (-0.02)	0.9976	-0.0004						
7—12 岁: (参照组＝无7—12岁子女)							0.1664 (1.48)	1.1810	0.0301			
13 岁及以上: (参照组＝无13岁及以上子女)										0.2081 (1.46)	1.2314	0.0375
年龄	0.0992 (0.83)	1.1043	0.0169	0.278* (2.38)	1.3202	0.0503	0.185 (1.42)	1.2038	0.0228	0.339** (2.72)	0.1713	0.0612
年龄平方	-0.00134 (-0.77)	0.9987	-0.0002	-0.0032 (-1.81)	0.9969	-0.0006	-0.0018 (-0.93)	0.9982	-0.0003	-0.0043* (-2.23)	0.9957	-0.0008
健康状况（参照组＝健康）												
一般	-0.167 (-1.07)	0.8466	-0.0283	-0.114 (-0.75)	0.8920	-0.0206	-0.117 (-0.77)	0.8898	-0.0211	-0.103 (-0.68)	0.9017	-0.0185
不健康	-0.939*** (-3.48)	0.3910	-0.1787	-0.895*** (-3.49)	0.4086	-0.1812	-0.876*** (-3.40)	0.4165	-0.1768	-0.946*** (-3.66)	0.3883	-0.1918

续表

变量	0—3 岁			4—6 岁			7—12 岁			13 岁及以上		
	回归系数	几率比	平均边际效应	回归系数	几率比	平均边际效应	回归系数	几率比	平均边际效应	回归系数	几率比	平均边际效应
婚姻状况（参照组＝未婚）												
已婚	-0.442 (-0.82)	0.6424	-0.0692	-0.391 (-0.81)	0.6765	-0.0654	-0.398 (-0.84)	0.6714	-0.0666	-0.408 (-0.84)	0.6653	-0.0677
家庭经济收入对数	0.213** (3.09)	1.2377	0.0363	0.255*** (3.46)	1.2910	0.0462	0.251*** (3.41)	1.2852	0.0454	0.257*** (3.45)	1.2932	0.0463
是否与父辈同住（参照组＝否）												
是	0.177 (1.28)	1.1934	0.0298	0.178 (1.33)	1.1951	0.0320	0.189 (1.41)	1.2079	0.0339	0.166 (1.23)	1.1804	0.0297
受教育程度（参照组＝小学及以下）												
初中	0.183 (1.10)	1.2007	0.0340	0.155 (0.94)	1.1681	0.0304	0.161 (0.97)	1.1749	0.0317	0.179 (1.07)	1.1965	0.0352
高中、中专、技校等	0.522* (2.23)	1.6848	0.0914	0.415 (1.83)	1.5144	0.0775	0.441 (1.93)	1.5547	0.0824	0.469* (2.04)	1.5977	0.0871
大专及以上	1.967*** (4.71)	7.1477	0.2501	1.629*** (3.87)	5.0980	0.2281	1.708*** (3.99)	5.5178	0.2362	1.672*** (3.96)	5.3241	0.2338

续表

变量	0—3岁			4—6岁			7—12岁			13岁及以上		
	回归系数	几率比	平均边际效应	回归系数	几率比	平均边际效应	回归系数	几率比	平均边际效应	回归系数	几率比	平均边际效应
职业技能培训（参照组=否）												
是	1.211*** (3.30)	3.3583	0.1649	1.188*** (3.38)	3.2802	0.1699	1.214*** (3.43)	3.3684	0.1729	1.161** (3.29)	3.1927	0.1663
技能证书（参照组=否）												
是	0.0192 (0.07)	1.0194	0.0033	0.0507 (0.20)	1.0520	0.0091	0.0411 (0.16)	1.0420	0.0074	0.0303 (0.12)	1.0307	0.0054
_cons	−2.491 (−1.18)	0.0829		−7.332*** (−3.53)	0.0007		−5.851** (−2.59)	0.0029		−8.198*** (−3.76)	0.0003	
N	1380			1380			1381			1370		
Wald chi2	154.63			96.15			96.66			97.83		
Prob > chi2	0.0000			0.0000			0.0000			0.0000		
Pseudo R2	0.1256			0.0806			0.0817			0.0820		

注：括号内为 t 统计量；显著性水平 * $p<0.05$，** $p<0.01$，*** $p<0.001$。

表 A.4 子女年龄对城镇户籍女性劳动参与的 Logit 回归结果

变量	0—3 岁			4—6 岁			7—12 岁			13 岁及以上		
	回归系数	几率比	平均边际效应	回归系数	几率比	平均边际效应	回归系数	几率比	平均边际效应	回归系数	几率比	平均边际效应
0—3 岁:(参照组=无0—3岁子女)	-0.6293** (-2.48)	0.5329	-0.0808									
4—6 岁:(参照组=无4—6岁子女)				-0.3118 (-1.23)	0.7321	-0.0404						
7—12 岁:(参照组=无7—12岁子女)							-0.0302 (-0.15)	0.9724	-0.0039			
13 岁及以上:(参照组=无13岁以上子女)										-0.0083 (-0.03)	0.9917	-0.0011
年龄	-0.0395 (-0.19)	0.9612	-0.0051	0.0953 (0.45)	1.1000	0.0123	0.0558 (0.25)	1.0574	0.0072	0.0695 (0.32)	1.0720	0.0090
年龄平方	0.0006 (0.20)	1.0006	0.0001	-0.0011 (-0.36)	0.9989	-0.0001	-0.0004 (-0.13)	0.9996	-0.0001	-0.0006 (-0.20)	0.9994	-0.0001
健康状况（参照组=健康）												
一般	0.0509 (0.21)	1.0523	0.0064	0.0680 (0.28)	1.0704	0.0086	0.0506 (0.21)	1.0519	0.0065	0.0452 (0.19)	1.0463	0.0058
不健康	-0.496 (-1.01)	0.6092	-0.0716	-0.420 (-0.86)	0.6571	-0.0603	-0.461 (-0.95)	0.6305	-0.0670	-0.443 (-0.91)	0.6422	-0.0639

续表

变量	0—3 岁			4—6 岁			7—12 岁			13 岁及以上		
	回归系数	几率比	平均边际效应	回归系数	几率比	平均边际效应	回归系数	几率比	平均边际效应	回归系数	几率比	平均边际效应
婚姻状况（参照组＝未婚）												
已婚	0.0849 (0.07)	1.0886	0.0111	0.134 (0.12)	1.1432	0.0179	0.113 (0.10)	1.1199	0.0151	0.0995 (0.09)	1.1047	0.0132
家庭经济收入对数	0.173 (1.35)	1.1892	0.0222	0.164 (1.27)	1.1786	0.0212	0.166 (1.28)	1.1805	0.0215	0.162 (1.24)	1.1754	0.0209
是否与父辈同住（参照组＝否）												
是	0.326 (1.44)	1.3850	0.0405	0.361 (1.60)	1.4347	0.0451	0.364 (1.61)	1.4385	0.0456	0.352 (1.56)	1.4215	0.0441
受教育程度（参照组＝小学及以下）												
初中	0.128 (0.30)	1.1363	0.0229	0.171 (0.40)	1.1867	0.0312	0.147 (0.34)	1.1586	0.0268	0.0753 (0.17)	1.0783	0.0135
高中、中专、技校等	0.250 (0.57)	1.2840	0.0437	0.347 (0.79)	1.4149	0.0609	0.322 (0.73)	1.3799	0.0565	0.245 (0.54)	1.2780	0.0423
大专及以上	1.403** (2.98)	4.0664	0.1817	1.384** (2.94)	3.9914	0.1854	1.360** (2.89)	3.8956	0.1815	1.282** (2.59)	3.6032	0.1672

续表

变量	0—3岁			4—6岁			7—12岁			13岁及以上		
	回归系数	几率比	平均边际效应	回归系数	几率比	平均边际效应	回归系数	几率比	平均边际效应	回归系数	几率比	平均边际效应
职业技能培训（参照组=否）												
是	1.163*** (3.30)	3.1991	0.1211	1.146** (3.26)	3.1461	0.1206	1.162*** (3.30)	3.1954	0.1223	1.168*** (3.32)	3.2140	0.1225
技能证书（参照组=否）												
是	0.0375 (0.14)	1.0382	0.0048	0.0054 (0.02)	1.0054	0.0007	0.0015 (0.01)	1.0015	0.0002	0.0046 (0.02)	1.0046	0.0006
_cons	−0.594 (−0.15)	0.5524		−3.273 (−0.84)	0.0379		−2.795 (−0.69)	0.0611		−2.887 (−0.73)	0.0557	
N	749			747			746			749		
Wald chi2	61.77			60.84			63.36			60.19		
Prob > chi2	0.0000			0.0000			0.0000			0.0000		
Pseudo R2	0.1140			0.1115			0.1115			0.1120		

注：括号内为 t 统计量；显著性水平 * $p<0.05$，** $p<0.01$，*** $p<0.001$。

附录 B 生育对不同所有制部门女性就业稳定性的回归结果

表 B.1 是否生育对不同所有制部门女性就业稳定性的 Logit 回归结果

	国有部门			私营部门			个体及其他		
	回归系数	几率比	平均边际效应	回归系数	几率比	平均边际效应	回归系数	几率比	平均边际效应
是否生育(参照组=未生育)	-0.0036 (-0.01)	0.9964	-0.0004	0.4891*** (3.55)	1.6308	0.1086	0.210 (0.50)	1.2342	0.0402
年龄	0.537 (1.91)	1.7106	0.0634	0.0698 (0.54)	1.0723	0.0155	0.107 (0.60)	1.1132	0.0205
年龄平方	-0.0084* (-2.05)	0.9916	-0.0010	-0.0014 (-0.72)	0.9986	-0.0003	-0.0017 (-0.64)	0.9983	-0.0003
户籍(参照组=农村)									
城镇	-0.837* (-2.40)	0.4331	-0.1096	-0.107 (-0.58)	0.8987	-0.0236	0.467* (1.97)	1.5945	0.0931
健康状况									
一般	0.0150 (0.04)	1.0151	0.0017	0.521** (3.07)	1.6844	0.1185	0.473* (2.10)	1.6054	0.0940
较差/很差	1.005 (1.44)	2.7329	0.1488	0.466 (1.12)	1.5935	0.1055	0.854 (1.84)	2.3500	0.1801

续表

	国有部门			私营部门			个体及其他		
	回归系数	几率比	平均边际效应	回归系数	几率比	平均边际效应	回归系数	几率比	平均边际效应
受教育程度（参照组＝小学及以下）									
初中	1.282 (1.36)	3.6023	0.2196	0.754** (2.81)	2.1255	0.1606	0.824** (2.83)	2.2793	0.1444
高中、中专、技校等	0.377 (0.38)	1.4576	0.0517	1.120*** (3.76)	3.0638	0.2478	0.736* (2.14)	2.0878	0.1264
大学及以上	-0.460 (-0.47)	0.6313	-0.0485	1.120*** (3.76)	1.3460	0.0587	0.487 (1.16)	1.6273	0.0784
家庭经济收入对数	0.0693 (0.50)	1.0717	0.0082	0.118 (1.39)	1.1249	0.0261	-0.184 (-1.58)	0.8323	-0.0350
是否与父母同住（参照组＝不同住）									
同住	0.649* (2.25)	1.9130	0.0795	0.111 (0.74)	1.1170	0.0246	0.141 (0.67)	1.1514	0.0272
家务劳动分钟对数	-0.125 (-0.59)	0.8829	-0.0147	0.0701 (0.76)	1.0727	0.0156	0.235 (1.87)	1.2655	0.0449
就业类型（参照组＝全职）									
非全职	-0.343 (-0.44)	0.7097	-0.0371	0.613 (1.62)	1.8450	0.1407	0.351 (1.14)	1.4210	0.0708
_cons	-9.916 (-1.82)	0.0000		-4.123 (-1.88)	0.0162		-2.847 (-0.90)	0.0580	

续表

	国有部门			私营部门			个体及其他		
	回归系数	几率比	平均边际效应	回归系数	几率比	平均边际效应	回归系数	几率比	平均边际效应
N		437			841			556	
wald chi2		49.08			51.68			26.74	
Prob > chi2		0.0000			0.0000			0.0135	
Pseudo R2		0.1307			0.0505			0.0401	

注：括号内为 t 统计量；显著性水平 * $p<0.05$, ** $p<0.01$, *** $p<0.001$。

表 B.2 生育数量对不同所有制部门女性就业稳定性的 Logit 回归结果

	国有部门			私营部门			个体及其他		
	回归系数	几率比	平均边际效应	回归系数	几率比	平均边际效应	回归系数	几率比	平均边际效应
生育数量（连续型）	0.254 (0.76)	1.2891	0.0302	0.249 (1.64)	1.2832	0.0571	-0.0911 (-0.54)	0.9129	-0.0176
生育数量（参照组=生育1个）									
生育2个	0.2160 (0.56)	1.2411	0.0266	0.0972 (0.50)	1.1021	0.0222	0.237 (1.04)	1.2670	0.0467
生育3个	0.7226 (0.66)	2.0597	0.1005	0.808* (2.15)	2.2443	0.1884	-0.787 (-1.58)	0.4554	-0.1224
年龄	0.638 (1.77)	1.8936	0.0759	-0.0810 (-0.47)	0.9222	-0.0185	-0.0389 (-0.19)	0.9619	-0.0075

续表

	国有部门			私营部门			个体及其他		
	回归系数	几率比	平均边际效应	回归系数	几率比	平均边际效应	回归系数	几率比	平均边际效应
年龄平方	-0.0098 (-1.89)	0.9902	-0.0012	0.0008 (0.31)	1.0008	0.0002	0.00045 (0.15)	1.0005	0.0001
户籍（参照组=农村）									
城镇	-0.852* (-2.09)	0.4265	-0.1135	-0.141 (-0.65)	0.8684	-0.0322	0.402 (1.60)	1.4944	0.0806
健康状况									
一般	-0.0684 (-0.18)	0.9339	-0.0080	0.396* (2.10)	1.4860	0.0917	0.370 (1.57)	1.4479	0.0739
较差/很差	0.653 (0.81)	1.9215	0.0906	0.243 (0.50)	1.2747	0.0557	0.315 (0.56)	1.3701	0.0623
受教育程度（参照组=小学及以下）									
初中	1.292 (1.32)	3.6406	0.2005	0.730** (2.67)	2.0750	0.1596	0.887** (2.97)	2.4280	0.1564
高中、中专、技校等	0.634 (0.59)	1.8845	0.0827	1.290*** (4.05)	3.6331	0.2954	0.766* (2.13)	2.1513	0.1312
大学及以上	-0.266 (-0.25)	0.7662	-0.0261	0.420 (1.19)	1.5216	0.0876	0.640 (1.47)	1.8957	0.1061

续表

	国有部门			私营部门			个体及其他		
	回归系数	几率比	平均边际效应	回归系数	几率比	平均边际效应	回归系数	几率比	平均边际效应
家庭经济收入对数	0.0525 (0.29)	1.0539	0.0062	0.130 (1.38)	1.1389	0.0298	-0.194 (-1.57)	0.8236	-0.0374
是否与父辈同住（参照组=不同住）									
同住	0.679* (2.11)	1.9725	0.0837	0.128 (0.74)	1.1366	0.0294	0.216 (0.99)	1.2410	0.0423
家务劳动分钟对数	0.0391 (0.16)	1.0398	0.0046	0.0489 (0.48)	1.0501	0.0112	0.289* (2.21)	1.3344	0.0557
就业类型（参照组=全职）									
非全职	-0.232 (-0.30)	0.7926	-0.0261	0.623 (1.44)	1.8642	0.1456	0.530 (1.65)	1.6997	0.1106
_cons	-12.71 (-1.79)	0.0000		-1.370 (-0.46)	0.2541		-0.232 (-0.06)	0.7930	
N	357			642			506		
wald chi2	43.47			36.27			28.35		
Prob > chi2	0.0000			0.0005			0.0128		
Pseudo R2	0.1446			0.0427			0.0503		

注：括号内为 t 统计量；显著性水平 $^* p<0.05$，$^{**} p<0.01$，$^{***} p<0.001$。

表 B.3　子女年龄对国有部门女性就业稳定性的 Logit 回归结果

	0—3 岁			4—6 岁			7—12 岁			13 岁及以上		
	回归系数	几率比	平均边际效应	回归系数	几率比	平均边际效应	回归系数	几率比	平均边际效应	回归系数	几率比	平均边际效应
0—3 岁（参照组=无0—3岁孩子）	-0.245 (-0.57)	0.7830	-0.0292									
4—6 岁（参照组=无4—6岁孩子）				0.362 (1.02)	1.4340	0.0430						
7—12 岁（参照组=无7—12岁孩子）							-0.3235⁺ (-1.67)	0.7236	-0.0410			
13 岁及以上（参照组=无13岁及以上孩子）										0.0127 (0.03)	1.0193	0.0023
年龄	0.633 (1.72)	1.8609	0.0740	0.646 (1.79)	1.8867	0.0757	0.709 (1.84)	2.0113	0.0835	0.705* (1.96)	2.0016	0.0826
年龄平方	-0.0099 (-1.87)	0.9904	-0.0012	-0.0097 (-1.86)	0.9905	-0.0011	-0.0108 (-1.94)	0.9894	-0.0013	-0.0108* (-2.04)	0.9894	-0.0013
户籍（参照组=农村）												
城镇	-0.914* (-2.27)	0.3984	-0.1240	-0.913* (-2.27)	0.3992	-0.1236	-0.914* (-2.28)	0.3985	-0.1240	-0.911* (-2.27)	0.3997	-0.1233

续表

	0—3 岁			4—6 岁			7—12 岁			13 岁及以上		
	回归系数	几率比	平均边际效应	回归系数	几率比	平均边际效应	回归系数	几率比	平均边际效应	回归系数	几率比	平均边际效应
健康状况（参照组=很好/较好）												
一般	-0.0786 (-0.20)	0.9215	-0.0096	-0.0889 (-0.23)	0.9126	-0.0107	-0.0898 (-0.23)	0.9108	-0.0109	-0.0849 (-0.22)	0.9157	-0.0103
较差/很差	0.573 (0.71)	1.8300	0.0833	0.597 (0.73)	1.8717	0.0869	0.560 (0.68)	1.8040	0.0814	0.547 (0.67)	1.7788	0.0788
受教育程度（参照组=小学及以下）												
初中	1.075 (1.08)	2.9608	0.1771	1.096 (1.12)	3.0175	0.1799	1.209 (1.24)	3.3827	0.1943	1.070 (1.08)	2.9364	0.1772
高中、中专、技校等	0.385 (0.37)	1.4607	0.0518	0.417 (0.40)	1.5061	0.0561	0.546 (0.53)	1.7155	0.0723	0.401 (0.38)	1.4812	0.0546
大学及以上	-0.464 (-0.44)	0.6255	-0.0495	-0.464 (-0.45)	0.6247	-0.0493	-0.356 (-0.35)	0.6967	-0.0364	-0.505 (-0.48)	0.6001	-0.0538
家庭经济收入对数	0.0300 (0.17)	1.0246	0.0029	0.0251 (0.14)	1.0195	0.0023	0.0363 (0.20)	1.0309	0.0036	0.0334 (0.19)	1.0279	0.0033
是否与父辈同住（参照组=不同住）												
同住	0.700* (2.22)	2.0103	0.0863	0.713* (2.28)	2.0373	0.0880	0.711* (2.23)	2.0342	0.0881	0.694* (2.21)	1.9982	0.0854

续表

	0—3 岁			4—6 岁			7—12 岁			13 岁及以上		
	回归系数	几率比	平均边际效应	回归系数	几率比	平均边际效应	回归系数	几率比	平均边际效应	回归系数	几率比	平均边际效应
家务劳动分钟对数	0.0746 (0.31)	1.0724	0.0083	0.0828 (0.35)	1.0811	0.0093	0.0895 (0.38)	1.0893	0.0102	0.0728 (0.31)	1.0704	0.0081
就业类型（参照组＝全职）												
非全职	-0.2214 (-0.28)	0.8014	-0.0250	-0.2112 (-0.26)	0.8096	-0.0239	-0.2189 (-0.28)	0.8034	-0.0248	-0.2184 (-0.28)	0.8038	-0.0247
_cons	-11.81 (-1.63)	0.0000		-12.60 (-1.78)	0.0000		-13.61 (-1.87)	0.0000		-13.25 (-1.90)	0.0000	
N	356			355			356			357		
wald chi2	44.24			44.12			42.48			43.54		
Prob > chi2	0.0000			0.0000			0.0001			0.000		
Pseudo R2	0.1455			0.1478			0.1445			0.1463		

注：括号内为 t 统计量；显著性水平 $^* p<0.05$，$^{**} p<0.01$，$^{***} p<0.001$。

表 B.4　子女年龄对私营部门女性就业稳定性的 Logit 回归结果

	0—3 岁			4—6 岁			7—12 岁			13 岁及以上		
	回归系数	几率比	平均边际效应	回归系数	几率比	平均边际效应	回归系数	几率比	平均边际效应	回归系数	几率比	平均边际效应
0—3 岁（参照组 = 无 0—3 岁孩子）	0.3216***(2.79)	1.3793	0.0737									
4—6 岁（参照组 = 无 4—6 岁孩子）				0.2470**(2.02)	1.2801	0.0568						
7—12 岁（参照组 = 无 7—12 岁孩子）							-0.0501(-0.45)	0.9511	-0.0115			
13 岁及以上（参照组 = 无 13 岁及以上孩子）										-0.4722***(-3.97)	0.6237	-0.1073
年龄	-0.0762(-0.44)	0.9266	-0.0176	-0.0847(-0.50)	0.9187	-0.0195	-0.166(-0.90)	0.8467	-0.0383	-0.152(-0.87)	0.8592	-0.0348
年龄平方	0.0007(0.29)	1.0007	0.0002	0.0008(0.33)	1.0008	0.0002	0.00198(0.73)	1.0020	0.0005	0.00216(0.82)	1.0022	0.0005
户籍（参照组 = 农村）												
城镇	-0.181(-0.85)	0.8347	-0.0414	-0.183(-0.86)	0.8331	-0.0419	-0.161(-0.75)	0.8514	-0.0369	-0.201(-0.93)	0.8179	-0.0458

续表

	0—3 岁			4—6 岁			7—12 岁			13 岁及以上		
	回归系数	几率比	平均边际效应	回归系数	几率比	平均边际效应	回归系数	几率比	平均边际效应	回归系数	几率比	平均边际效应
健康状况（参照组＝很好/较好）												
一般	0.379* (2.03)	1.4613	0.0882	0.384* (2.04)	1.4685	0.0894	0.411* (2.18)	1.5086	0.0956	0.431* (2.28)	1.5392	0.0999
较差/很差	0.313 (0.69)	1.3673	0.0725	0.304 (0.66)	1.3551	0.0704	0.327 (0.72)	1.3874	0.0758	0.342 (0.75)	1.4082	0.0790
受教育程度（参照组＝小学及以下）												
初中	0.692* (2.54)	1.9973	0.1540	0.674* (2.47)	1.9625	0.1505	0.669* (2.45)	1.9521	0.1486	0.640* (2.33)	1.8965	0.1429
高中、中专、技校等	1.205*** (3.79)	3.3368	0.2788	1.183*** (3.73)	3.2640	0.2741	1.186*** (3.74)	3.2732	0.2739	1.134*** (3.56)	3.1075	0.2622
大学及以上	0.350 (1.00)	1.4188	0.0742	0.331 (0.96)	1.3925	0.0705	0.368 (1.06)	1.4449	0.0785	0.264 (0.75)	1.3025	0.0561
家庭经济收入对数	0.133 (1.41)	1.1417	0.0305	0.134 (1.42)	1.1434	0.0309	0.146 (1.54)	1.1576	0.0337	0.140 (1.47)	1.1503	0.0321
是否与父辈同住（参照组＝不同住）												
同住	0.180 (1.05)	1.1969	0.0416	0.183 (1.07)	1.2012	0.0424	0.162 (0.95)	1.1758	0.0374	0.177 (1.03)	1.1941	0.0408

续表

	0—3 岁			4—6 岁			7—12 岁			13 岁及以上		
	回归系数	几率比	平均边际效应	回归系数	几率比	平均边际效应	回归系数	几率比	平均边际效应	回归系数	几率比	平均边际效应
家务劳动分钟对数	0.0548 (0.54)	1.0563	0.0126	0.0656 (0.65)	1.0678	0.0151	0.0719 (0.70)	1.0745	0.0165	0.0834 (0.81)	1.0870	0.0191
就业类型（参照组＝全职）												
非全职	0.702 (1.67)	2.0175	0.1646	0.695 (1.66)	2.0045	0.1630	0.723 (1.69)	2.0602	0.1690	0.708 (1.70)	2.0307	0.1651
_cons	-1.089 (-0.36)	0.3367		-0.976 (-0.33)	0.3769		-0.976 (-0.33)	1.1979		-0.259 (-0.09)	0.7715	
N	644			642			640			639		
wald chi2	32.80			33.01			33.42			35.38		
Prob > chi2	0.0018			0.0017			0.0015			0.0007		
Pseudo R2	0.0405			0.0409			0.0422			0.0446		

注：括号内为 t 统计量；显著性水平 $^{*}p<0.05$，$^{**}p<0.01$，$^{***}p<0.001$。

表 B.5　子女年龄对个体及其他部门女性就业稳定性的 Logit 回归结果

	0—3 岁			4—6 岁			7—12 岁			13 岁及以上		
	回归系数	几率比	平均边际效应	回归系数	几率比	平均边际效应	回归系数	几率比	平均边际效应	回归系数	几率比	平均边际效应
0—3 岁 (参照组=无0—3岁孩子)	0.0565 (0.20)	1.0581	0.0109									
4—6 岁 (参照组=无4—6岁孩子)				0.233 (0.95)	1.2623	0.0473						
7—12 岁 (参照组=无7—12岁孩子)							-0.0357 (-0.16)	0.9649	-0.0069			
13 岁及以上 (参照组=无13岁及以上孩子)										-0.636* (-2.06)	0.5296	-0.1217
年龄	-0.0485 (-0.24)	0.9527	-0.0094	-0.0505 (-0.25)	0.9508	-0.0098	-0.0260 (-0.12)	0.9743	-0.0051	-0.132 (-0.65)	0.8763	-0.0253
年龄平方	0.0006 (0.20)	1.0006	0.0001	0.0007 (0.22)	1.0007	0.0001	0.0002 (0.07)	1.0002	0.0000	0.0023 (0.76)	1.0023	0.0004
户籍（参照组=农村）												
城镇	0.443 (1.80)	1.5575	0.0893	0.457 (1.84)	1.5787	0.0924	0.443 (1.80)	1.5580	0.0899	0.409 (1.65)	1.5061	0.0817

续表

	0—3岁			4—6岁			7—12岁			13岁及以上		
	回归系数	几率比	平均边际效应	回归系数	几率比	平均边际效应	回归系数	几率比	平均边际效应	回归系数	几率比	平均边际效应
健康状况（参照组＝很好/较好）												
一般	0.346 (1.46)	1.4138	0.0690	0.360 (1.54)	1.4336	0.0722	0.351 (1.49)	1.4208	0.0705	0.355 (1.50)	1.4258	0.0703
较差/很差	0.341 (0.61)	1.4058	0.0678	0.336 (0.60)	1.3988	0.0670	0.321 (0.57)	1.3781	0.0640	0.352 (0.65)	1.4223	0.0697
受教育程度（参照组＝小学及以下）												
初中	0.844** (2.84)	2.3267	0.1492	0.836** (2.82)	2.3067	0.1487	0.851** (2.87)	2.3422	0.1515	0.779** (2.61)	2.1798	0.1402
高中、中专、技校等	0.749* (2.11)	2.1157	0.1294	0.727* (2.05)	2.0692	0.1261	0.741* (2.09)	2.0980	0.1285	0.571 (1.55)	1.7708	0.0979
大学及以上	0.605 (1.35)	1.8310	0.1007	0.602 (1.37)	1.8253	0.1012	0.596 (1.36)	1.8151	0.0997	0.443 (0.99)	1.5569	0.0735
家庭经济收入对数	−0.197 (−1.58)	0.8210	−0.0381	−0.203 (−1.62)	0.8160	−0.0394	−0.200 (−1.62)	0.8189	−0.0388	−0.160 (−1.28)	0.8520	−0.0307
是否与父辈同住（参照组＝不同住）												
同住	0.225 (1.03)	1.2524	0.0441	0.214 (0.98)	1.2390	0.0421	0.220 (1.01)	1.2456	0.0433	0.198 (0.90)	1.2195	0.0386

续表

	0—3 岁			4—6 岁			7—12 岁			13 岁及以上		
	回归系数	几率比	平均边际效应	回归系数	几率比	平均边际效应	回归系数	几率比	平均边际效应	回归系数	几率比	平均边际效应
家务劳动分钟对数	0.258* (2.00)	1.2948	0.0499	0.255* (2.00)	1.2911	0.0495	0.263* (2.06)	1.3014	0.0512	0.234 (1.81)	1.2632	0.0448
就业类型（参照组＝全职）												
非全职	0.533 (1.65)	1.7048	0.1114	0.524 (1.61)	1.6887	0.1096	0.519 (1.61)	1.6806	0.1088	0.525 (1.61)	1.6897	0.1086
_cons	−0.0153 (−0.00)	0.9848		−0.0081 (−0.00)	0.9919		−0.302 (−0.08)	0.7397		0.846 (0.23)	2.3302	
LR chi2	501			503			503			501		
Prob > chi2	22.76			23.13			22.53			25.66		
Pseudo R2	0.0446			0.0402			0.0477			0.0189		
N	0.0387			0.0401			0.0385			0.0444		

注：括号内为 t 统计量；显著性水平 $*p<0.05$，$**p<0.01$，$***p<0.001$。

附录 C 不同子女年龄对女性工资收入的回归结果

表 C.1　　0—3 岁孩子对女性工资收入的回归结果

	(1)	(2)	(3)	(4)	(5)	(6)
	ols	qr_10	qr_25	qr_50	qr_75	qr_90
0—3 岁（参照组 = 无 0—3 岁孩子）	-0.140*** (0.0491)	-0.261** (0.113)	-0.211*** (0.0496)	-0.119*** (0.0400)	-0.0124 (0.0492)	0.00168 (0.0818)
受教育程度（参照组 = 小学及以下）						
初中	-0.00618 (0.0723)	0.0843 (0.168)	0.000196 (0.0741)	-0.0182 (0.0597)	-0.0535 (0.0735)	0.0130 (0.122)
高中、中专、技校等	0.0794 (0.0844)	0.145 (0.195)	0.0632 (0.0858)	0.0229 (0.0692)	0.0618 (0.0851)	0.112 (0.141)
大学及以上	0.404*** (0.0892)	0.473** (0.211)	0.487*** (0.0929)	0.392*** (0.0749)	0.372*** (0.0921)	0.475*** (0.153)
婚姻状况（参照组 = 未婚）						
已婚	-0.130 (0.0973)	-0.576 (0.702)	-0.0815 (0.309)	-0.0840 (0.249)	0.126 (0.307)	0.285 (0.510)
健康状况（参照组 = 很好/较好）						
一般	-0.0929* (0.0543)	-0.236** (0.117)	0.0157 (0.0515)	-0.0544 (0.0415)	-0.0695 (0.0510)	-0.0272 (0.0848)
较差/很差	-0.329** (0.151)	-0.773*** (0.286)	-0.319** (0.126)	-0.0583 (0.102)	-0.134 (0.125)	-0.256 (0.208)
户籍（参照组 = 农村）						
城镇	0.157*** (0.0478)	0.201 (0.131)	0.220*** (0.0576)	0.171*** (0.0464)	0.123** (0.0571)	0.219** (0.0948)

续表

	(1)	(2)	(3)	(4)	(5)	(6)
	ols	qr_10	qr_25	qr_50	qr_75	qr_90
所在地区（参照组＝东部）						
中部	-0.134**	-0.249*	-0.198***	-0.146***	-0.134**	-0.178*
	(0.0600)	(0.140)	(0.0618)	(0.0498)	(0.0613)	(0.102)
西部	-0.217***	-0.282**	-0.138**	-0.148***	-0.169***	-0.307***
	(0.0586)	(0.129)	(0.0568)	(0.0458)	(0.0564)	(0.0937)
受雇类型（参照组＝雇主/自雇）						
雇员	-0.308***	-0.213	-0.0985	-0.222***	-0.473***	-0.676***
	(0.0968)	(0.192)	(0.0845)	(0.0681)	(0.0838)	(0.139)
就业类型（参照组＝全职就业）						
非全职就业	-0.232**	-0.464**	-0.344***	-0.272***	-0.208**	-0.0464
	(0.0998)	(0.220)	(0.0968)	(0.0780)	(0.0960)	(0.160)
单位类型（参照组＝国有部门）						
私营部门	0.0397	-0.0179	0.108*	0.0373	0.0179	0.0608
	(0.0554)	(0.138)	(0.0608)	(0.0490)	(0.0603)	(0.100)
个体或其他	-0.238***	-0.583***	-0.204**	-0.184***	-0.187**	-0.0622
	(0.0800)	(0.186)	(0.0820)	(0.0661)	(0.0813)	(0.135)
家庭经济收入对数	0.331***	0.426***	0.354***	0.339***	0.303***	0.257***
	(0.0419)	(0.0634)	(0.0280)	(0.0225)	(0.0277)	(0.0461)
是否与父辈同住（参照组＝不同住）						
不同住	-0.0924**	-0.187*	-0.124***	-0.0708*	-0.102**	-0.0580
	(0.0442)	(0.106)	(0.0467)	(0.0376)	(0.0463)	(0.0770)
家务劳动分钟对数	-0.0272	-0.0116	-0.0339	-0.0358	-0.0501*	-0.0775*
	(0.0290)	(0.0645)	(0.0284)	(0.0229)	(0.0282)	(0.0468)
_cons	7.034***	5.657***	6.108***	6.799***	7.706***	8.472***
	(0.502)	(1.077)	(0.475)	(0.383)	(0.471)	(0.782)
N	1151	1151	1151	1151	1151	1151

注：括号内数值表示稳健标准误，显著性水平 $^{*}p<0.05$，$^{**}p<0.01$，$^{***}p<0.001$。

表 C.2　　4—6 岁孩子对女性工资收入的回归结果

	(1)	(2)	(3)	(4)	(5)	(6)
	ols	qr_10	qr_25	qr_50	qr_75	qr_90
4—6 岁（参照组=无 4—6 岁孩子）	-0.0215 (0.0398)	0.0176 (0.0989)	-0.0731 (0.0544)	-0.0388 (0.0390)	-0.0140 (0.0438)	-0.0379 (0.0744)
受教育程度（参照组=小学及以下）						
初中	-0.0156 (0.0729)	-0.0235 (0.156)	-0.0428 (0.0860)	-0.0445 (0.0616)	-0.0328 (0.0692)	0.0572 (0.117)
高中、中专、技校等	0.0513 (0.0850)	0.0371 (0.180)	-0.0350 (0.0988)	-0.00738 (0.0708)	0.0615 (0.0795)	0.124 (0.135)
大学及以上	0.351*** (0.0876)	0.366* (0.191)	0.305*** (0.105)	0.340*** (0.0752)	0.380*** (0.0845)	0.484*** (0.143)
婚姻状况（参照组=未婚）						
已婚	-0.00530 (0.0665)	-0.447 (0.712)	-0.200 (0.392)	0.0790 (0.281)	0.295 (0.316)	0.594 (0.535)
健康状况（参照组=很好/较好）						
一般	-0.0890 (0.0546)	-0.211* (0.108)	0.0183 (0.0596)	-0.0538 (0.0427)	-0.0727 (0.0480)	-0.00658 (0.0814)
较差/很差	-0.315** (0.152)	-0.843*** (0.265)	-0.253* (0.146)	-0.0840 (0.104)	-0.126 (0.117)	-0.248 (0.199)
户籍（参照组=农村）						
城镇	0.176*** (0.0474)	0.264** (0.120)	0.255*** (0.0662)	0.156*** (0.0474)	0.124** (0.0533)	0.199** (0.0904)
所在地区（参照组=东部）						
中部	-0.149** (0.0598)	-0.316** (0.130)	-0.171** (0.0713)	-0.151*** (0.0511)	-0.155*** (0.0575)	-0.149 (0.0975)
西部	-0.229*** (0.0587)	-0.275** (0.120)	-0.184*** (0.0658)	-0.125*** (0.0471)	-0.174*** (0.0530)	-0.289*** (0.0899)

续表

	(1)	(2)	(3)	(4)	(5)	(6)
	ols	qr_10	qr_25	qr_50	qr_75	qr_90
受雇类型（参照组＝雇主/自雇）						
雇员	−0.326***	−0.298*	−0.146	−0.271***	−0.551***	−0.727***
	(0.0974)	(0.177)	(0.0976)	(0.0699)	(0.0786)	(0.133)
就业类型（参照组＝全职就业）						
非全职就业	−0.240**	−0.227	−0.330***	−0.220***	−0.216**	−0.00163
	(0.0993)	(0.204)	(0.112)	(0.0803)	(0.0903)	(0.153)
单位类型（参照组＝国有部门）						
私营部门	0.0232	−0.0374	0.0819	0.00430	0.0206	0.0533
	(0.0555)	(0.127)	(0.0700)	(0.0501)	(0.0564)	(0.0956)
个体或其他	−0.262***	−0.488***	−0.292***	−0.255***	−0.193**	−0.123
	(0.0805)	(0.172)	(0.0944)	(0.0676)	(0.0760)	(0.129)
家庭经济收入对数	0.332***	0.364***	0.360***	0.344***	0.303***	0.263***
	(0.0421)	(0.0588)	(0.0324)	(0.0232)	(0.0261)	(0.0442)
是否与父辈同住（参照组＝不同住）						
不同住	−0.0901**	−0.162	−0.114**	−0.0919**	−0.0921**	−0.0246
	(0.0448)	(0.0983)	(0.0541)	(0.0387)	(0.0436)	(0.0739)
家务劳动分钟对数	−0.0293	−0.0167	−0.0422	−0.0444*	−0.0512*	−0.0735
	(0.0295)	(0.0596)	(0.0328)	(0.0235)	(0.0264)	(0.0448)
_cons	6.920***	6.362***	6.329***	6.734***	7.613***	8.112***
	(0.502)	(1.047)	(0.576)	(0.413)	(0.464)	(0.787)
N	1149	1149	1149	1149	1149	1149

注：括号内数值表示稳健标准误，显著性水平 * $p<0.05$, ** $p<0.01$, *** $p<0.001$。

表 C.3　　7—12 岁孩子对女性工资收入的回归结果

	(1)	(2)	(3)	(4)	(5)	(6)
	ols	qr_10	qr_25	qr_50	qr_75	qr_90
7—12 岁（参照组 = 无 7—12 岁孩子）	0.0246 (0.0348)	-0.0144 (0.0818)	0.0411 (0.0444)	0.0387 (0.0307)	0.0341 (0.0365)	-0.0219 (0.0555)
受教育程度（参照组 = 小学及以下）						
初中	-0.0224 (0.0722)	-0.0563 (0.161)	-0.0384 (0.0873)	-0.0176 (0.0604)	-0.0575 (0.0717)	0.0248 (0.109)
高中、中专、技校等	0.0497 (0.0844)	0.0251 (0.185)	-0.0300 (0.100)	0.0346 (0.0695)	0.0520 (0.0825)	0.166 (0.126)
大学及以上	0.351*** (0.0868)	0.363* (0.197)	0.327*** (0.107)	0.361*** (0.0740)	0.361*** (0.0878)	0.490*** (0.134)
婚姻状况（参照组 = 未婚）						
已婚	-0.0173 (0.0708)	-0.444 (0.738)	-0.186 (0.401)	0.0814 (0.277)	0.268 (0.329)	0.514 (0.501)
健康状况（参照组 = 很好/较好）						
一般	-0.0877 (0.0546)	-0.186* (0.112)	0.0146 (0.0609)	-0.0698* (0.0421)	-0.0767 (0.0500)	-0.00572 (0.0761)
较差/很差	-0.309** (0.153)	-0.794*** (0.275)	-0.242 (0.149)	-0.110 (0.103)	-0.139 (0.122)	-0.242 (0.186)
户籍（参照组 = 农村）						
城镇	0.181*** (0.0472)	0.276** (0.124)	0.258*** (0.0674)	0.172*** (0.0466)	0.121** (0.0554)	0.176** (0.0843)
所在地区（参照组 = 东部）						
中部	-0.154*** (0.0596)	-0.310** (0.135)	-0.174** (0.0731)	-0.144*** (0.0506)	-0.134** (0.0601)	-0.156* (0.0915)
西部	-0.232*** (0.0587)	-0.279** (0.124)	-0.163** (0.0671)	-0.129*** (0.0464)	-0.169*** (0.0551)	-0.316*** (0.0840)

续表

	(1)	(2)	(3)	(4)	(5)	(6)
	ols	qr_10	qr_25	qr_50	qr_75	qr_90
受雇类型（参照组=雇主/自雇）						
雇员	-0.333***	-0.303*	-0.135	-0.222***	-0.542***	-0.713***
	(0.0970)	(0.184)	(0.0996)	(0.0689)	(0.0818)	(0.125)
就业类型（参照组=全职就业）						
非全职就业	-0.235**	-0.248	-0.290**	-0.235***	-0.204**	-0.0561
	(0.0999)	(0.211)	(0.115)	(0.0792)	(0.0940)	(0.143)
单位类型（参照组=国有部门）						
私营部门	0.0192	-0.0196	0.0685	0.00506	0.00467	-0.00255
	(0.0556)	(0.132)	(0.0715)	(0.0495)	(0.0588)	(0.0895)
个体或其他	-0.273***	-0.451**	-0.307***	-0.231***	-0.171*	-0.142
	(0.0803)	(0.178)	(0.0965)	(0.0668)	(0.0793)	(0.121)
家庭经济收入对数	0.330***	0.371***	0.365***	0.340***	0.306***	0.238***
	(0.0422)	(0.0612)	(0.0332)	(0.0230)	(0.0272)	(0.0415)
是否与父辈同住（参照组=不同住）						
不同住	-0.0906**	-0.160	-0.126**	-0.0962**	-0.0788*	-0.0624
	(0.0448)	(0.102)	(0.0553)	(0.0383)	(0.0454)	(0.0692)
家务劳动分钟对数	-0.0285	-0.0142	-0.0430	-0.0477**	-0.0495*	-0.0611
	(0.0295)	(0.0618)	(0.0335)	(0.0232)	(0.0275)	(0.0419)
_cons	6.942***	6.284***	6.183***	6.667***	7.560***	8.472***
	(0.506)	(1.088)	(0.590)	(0.408)	(0.485)	(0.738)
N	1147	1147	1147	1147	1147	1147

注：括号内数值表示稳健标准误，显著性水平 * $p<0.05$, ** $p<0.01$, *** $p<0.001$。

表 C.4　　13 岁及以上孩子对女性工资收入的回归结果

	(1)	(2)	(3)	(4)	(5)	(6)
	ols	qr_10	qr_25	qr_50	qr_75	qr_90
13 岁及以上（参照组 = 无 13 岁及以上孩子）	0.0632 * (0.0364)	0.188 *** (0.0722)	0.122 *** (0.0416)	0.0500 (0.0318)	0.0084 (0.0370)	0.0359 (0.0593)
受教育程度（参照组 = 小学及以下）						
初中	0.00250 (0.0755)	0.136 (0.146)	0.0503 (0.0843)	0.00697 (0.0644)	−0.0593 (0.0750)	0.0409 (0.120)
高中、中专、技校等	0.0927 (0.0893)	0.194 (0.172)	0.0968 (0.0991)	0.0583 (0.0758)	0.0745 (0.0882)	0.163 (0.141)
大学及以上	0.400 *** (0.0951)	0.624 *** (0.185)	0.503 *** (0.107)	0.405 *** (0.0816)	0.381 *** (0.0950)	0.501 *** (0.152)
婚姻状况（参照组 = 未婚）						
已婚	−0.0185 (0.0733)	−0.458 (0.651)	−0.208 (0.375)	0.0913 (0.286)	0.275 (0.333)	0.457 (0.534)
健康状况（参照组 = 很好/较好）						
一般	−0.105 * (0.0539)	−0.200 ** (0.0998)	−0.0105 (0.0575)	−0.0817 * (0.0439)	−0.0841 (0.0511)	−0.0531 (0.0818)
较差/很差	−0.332 ** (0.150)	−0.783 *** (0.240)	−0.248 * (0.138)	−0.0777 (0.106)	−0.137 (0.123)	−0.275 (0.197)
户籍（参照组 = 农村）						
城镇	0.177 *** (0.0471)	0.250 ** (0.110)	0.208 *** (0.0632)	0.163 *** (0.0483)	0.135 ** (0.0562)	0.199 ** (0.0899)
所在地区（参照组 = 东部）						
中部	−0.149 ** (0.0597)	−0.402 *** (0.118)	−0.184 *** (0.0683)	−0.140 *** (0.0522)	−0.120 ** (0.0607)	−0.122 (0.0972)
西部	−0.234 *** (0.0586)	−0.207 * (0.109)	−0.182 *** (0.0628)	−0.170 *** (0.0480)	−0.174 *** (0.0559)	−0.281 *** (0.0895)

续表

	(1)	(2)	(3)	(4)	(5)	(6)
	ols	qr_10	qr_25	qr_50	qr_75	qr_90
受雇类型（参照组＝雇主/自雇）						
雇员	−0.303***	−0.122	−0.146	−0.196***	−0.455***	−0.666***
	(0.0964)	(0.162)	(0.0935)	(0.0715)	(0.0832)	(0.133)
就业类型（参照组＝全职就业）						
非全职就业	−0.239**	−0.321*	−0.416***	−0.202**	−0.203**	0.0236
	(0.0996)	(0.186)	(0.107)	(0.0819)	(0.0953)	(0.153)
单位类型（参照组＝国有部门）						
私营部门	0.0313	0.0390	0.0830	0.0028	0.0164	0.0351
	(0.0547)	(0.117)	(0.0674)	(0.0515)	(0.0599)	(0.0959)
个体或其他	−0.254***	−0.376**	−0.278***	−0.234***	−0.168**	−0.100
	(0.0797)	(0.157)	(0.0905)	(0.0692)	(0.0805)	(0.129)
家庭经济收入对数	0.328***	0.416***	0.347***	0.338***	0.295***	0.267***
	(0.0424)	(0.0540)	(0.0311)	(0.0238)	(0.0277)	(0.0443)
是否与父辈同住（参照组＝不同住）						
不同住	−0.0924**	−0.199**	−0.135***	−0.0799**	−0.0885*	−0.0709
	(0.0446)	(0.0901)	(0.0519)	(0.0397)	(0.0462)	(0.0739)
家务劳动分钟对数	−0.0350	−0.0167	−0.0541*	−0.0458*	−0.0461*	−0.0820*
	(0.0295)	(0.0547)	(0.0315)	(0.0241)	(0.0280)	(0.0448)
_cons	6.919***	5.302***	6.370***	6.638***	7.571***	8.145***
	(0.512)	(0.961)	(0.554)	(0.423)	(0.493)	(0.788)
N	1147	1147	1147	1147	1147	1147

注：括号内数值表示稳健标准误，显著性水平 *$p<0.05$，**$p<0.01$，***$p<0.001$。

附录 D　生育对不同地区女性工资收入的回归结果

表 D.1　生育数量对东部地区女性工资收入的回归结果

	(1)	(2)	(3)	(4)	(5)	(6)
	ols	qr_10	qr_25	qr_50	qr_75	qr_90
生育数量（参照组＝未生育）						
生育 1 个	-0.118	-0.380	-0.240	-0.0492	-0.271**	-0.119
	(0.124)	(0.282)	(0.162)	(0.115)	(0.132)	(0.223)
生育 2 个	-0.186	-0.394	-0.283*	-0.129	-0.341**	-0.133
	(0.131)	(0.298)	(0.171)	(0.121)	(0.140)	(0.236)
生育 3 个及以上	-0.162	-0.576	-0.503**	-0.102	-0.178	0.181
	(0.165)	(0.378)	(0.217)	(0.153)	(0.177)	(0.298)
受教育程度（参照组＝小学及以下）						
初中	-0.131	-0.0550	-0.0489	-0.108	-0.161*	-0.145
	(0.0910)	(0.208)	(0.120)	(0.0844)	(0.0975)	(0.164)
高中、中专、技校等	0.0498	0.104	0.101	0.0487	0.00791	0.0561
	(0.108)	(0.247)	(0.142)	(0.100)	(0.116)	(0.195)
大学及以上	0.434***	0.590**	0.529***	0.425***	0.304**	0.382*
	(0.120)	(0.274)	(0.157)	(0.111)	(0.128)	(0.216)
婚姻状况（参照组＝未婚）						
已婚	-0.124	0.0865	0.140	-0.183	0.0646	-0.172
	(0.126)	(0.287)	(0.165)	(0.116)	(0.135)	(0.227)
健康状况（参照组＝很好/较好）						
一般	-0.0568	-0.0979	-0.0119	-0.0320	-0.0588	-0.00286
	(0.0537)	(0.123)	(0.0705)	(0.0498)	(0.0575)	(0.0970)
较差/很差	-0.213*	-0.821***	-0.161	0.0178	-0.0708	-0.215
	(0.118)	(0.269)	(0.155)	(0.109)	(0.126)	(0.213)

续表

	(1)	(2)	(3)	(4)	(5)	(6)
	ols	qr_10	qr_25	qr_50	qr_75	qr_90
户籍（参照组＝农村）						
城镇	0.0365	0.0646	0.0759	0.0567	0.0524	0.132
	(0.0587)	(0.134)	(0.0771)	(0.0545)	(0.0629)	(0.106)
受雇类型（参照组＝雇主/自雇）						
雇员	−0.261***	0.130	−0.162	−0.138	−0.414***	−0.763***
	(0.0954)	(0.218)	(0.125)	(0.0884)	(0.102)	(0.172)
就业类型（参照组＝全职就业）						
非全职就业	−0.362***	−0.277	−0.387***	−0.242**	−0.330***	−0.164
	(0.109)	(0.249)	(0.143)	(0.101)	(0.116)	(0.196)
工龄	0.0811***	0.123***	0.0626***	0.0597***	0.071***	0.0742***
	(0.0132)	(0.0301)	(0.017)	(0.0122)	(0.0141)	(0.0238)
工龄平方	−0.0021***	−0.0029***	−0.0015***	−0.0015***	−0.002***	−0.002***
	(0.0004)	(0.0009)	(0.0005)	(0.0004)	(0.0004)	(0.0007)
单位类型（参照组＝国有部门）						
私营部门	−0.00637	0.0781	0.0741	0.0287	−0.0173	−0.0290
	(0.0594)	(0.136)	(0.0780)	(0.0651)	(0.0636)	(0.107)
个体或其他	−0.309***	−0.421**	−0.327***	−0.204***	−0.242***	−0.272*
	(0.0840)	(0.192)	(0.110)	(0.0779)	(0.0899)	(0.152)
家庭经济收入对数	0.293***	0.398***	0.306***	0.315***	0.310***	0.233***
	(0.0259)	(0.0591)	(0.0339)	(0.0240)	(0.0277)	(0.0467)
是否与父辈同住（参照组＝不同住）						
同住	−0.0951**	−0.259**	−0.113*	−0.0627	−0.0694	0.0365
	(0.0456)	(0.104)	(0.0598)	(0.0423)	(0.0488)	(0.0823)
家务劳动分钟对数	−0.0638**	−0.0323	−0.0514	−0.0623**	−0.065**	−0.0963*
	(0.0286)	(0.0653)	(0.0375)	(0.0265)	(0.0306)	(0.0516)
_cons	7.107***	4.266***	6.323***	6.837***	7.560***	9.073***
	(0.344)	(0.788)	(0.452)	(0.320)	(0.369)	(0.622)
N	888	888	888	888	888	888

注：括号内数值表示稳健标准误，显著性水平 * $p<0.05$, ** $p<0.01$, *** $p<0.001$。

表 D.2　　0—3 岁对东部地区女性工资收入的回归结果

	(1)	(2)	(3)	(4)	(5)	(6)
	ols	qr_10	qr_25	qr_50	qr_75	qr_90
0—3 岁	-0.158**	-0.316**	-0.220***	-0.0857	-0.0496	0.00870
（参照组=无0—3岁）	(0.0629)	(0.125)	(0.0720)	(0.0538)	(0.0738)	(0.100)
受教育程度（参照组=小学及以下）						
初中	-0.0081	0.0686	0.0389	-0.0094	-0.0562	-0.0311
	(0.091)	(0.172)	(0.099)	(0.074)	(0.102)	(0.138)
高中、中专、技校等	0.0701	0.143	0.117	0.0457	0.0974	0.116
	(0.101)	(0.203)	(0.117)	(0.0872)	(0.120)	(0.163)
大学及以上	0.468***	0.487**	0.573***	0.435***	0.384***	0.496***
	(0.116)	(0.224)	(0.129)	(0.097)	(0.133)	(0.180)
婚姻状况（参照组=未婚）						
已婚	-0.134	-0.567	-0.383	-0.0751	0.173	0.320
	(0.118)	(0.635)	(0.366)	(0.273)	(0.375)	(0.510)
健康状况（参照组=很好/较好）						
一般	-0.0696	-0.153	0.0026	-0.0589	0.0098	0.0021
	(0.0587)	(0.128)	(0.0738)	(0.0551)	(0.0757)	(0.103)
较差/很差	-0.233	-1.238***	-0.176	0.0704	-0.0142	-0.107
	(0.203)	(0.292)	(0.168)	(0.126)	(0.172)	(0.234)
户籍（参照组=农村）						
城镇	0.131**	0.241*	0.186**	0.0994	0.0264	0.0050
	(0.0558)	(0.142)	(0.0816)	(0.0610)	(0.0837)	(0.114)
受雇类型（参照组=雇主/雇员）						
雇员	-0.242*	-0.0408	-0.122	-0.173*	-0.328**	-0.622***
	(0.129)	(0.217)	(0.125)	(0.0936)	(0.128)	(0.175)
就业类型（参照组=全职就业）						
非全职就业	-0.281**	-0.0621	-0.217	-0.231**	-0.319**	-0.203
	(0.109)	(0.244)	(0.140)	(0.105)	(0.144)	(0.196)

续表

	(1)	(2)	(3)	(4)	(5)	(6)
	ols	qr_10	qr_25	qr_50	qr_75	qr_90
单位类型（参照组=国有部门）						
私营部门	0.0175	0.140	0.165*	0.0523	-0.0294	-0.118
	(0.0643)	(0.154)	(0.0885)	(0.0661)	(0.0907)	(0.123)
个体或其他	-0.302***	-0.476**	-0.174	-0.244***	-0.271**	-0.265
	(0.0998)	(0.209)	(0.120)	(0.0898)	(0.123)	(0.168)
家庭经济收入对数	0.319***	0.520***	0.342***	0.348***	0.342***	0.256***
	(0.0601)	(0.0672)	(0.0387)	(0.0289)	(0.0397)	(0.0540)
是否与父辈同住（参照组=不同住）						
同住	-0.0801	-0.128	-0.103	-0.0901*	-0.104	-0.0335
	(0.0535)	(0.114)	(0.0656)	(0.0490)	(0.0673)	(0.0915)
家务劳动分钟对数	-0.0416	0.0282	-0.0138	-0.0562*	-0.0137	-0.0620
	(0.0347)	(0.0699)	(0.0403)	(0.0301)	(0.0413)	(0.0561)
_cons	7.173***	4.111***	6.406***	6.761***	7.066***	8.601***
	(0.693)	(1.069)	(0.616)	(0.460)	(0.631)	(0.858)
N	674	674	674	674	674	674

注：括号内数值表示稳健标准误，显著性水平 *$p<0.05$，**$p<0.01$，***$p<0.001$。

表D.3　　4—6岁对东部地区女性工资收入的回归结果

	(1)	(2)	(3)	(4)	(5)	(6)
	ols	qr_10	qr_25	qr_50	qr_75	qr_90
4—6岁 （参照组=无4—6岁）	-0.0170	0.0358	-0.0862	-0.0299	-0.00849	-0.0396
	(0.0470)	(0.115)	(0.0658)	(0.0485)	(0.0607)	(0.102)
受教育程度（参照组=小学及以下）						
初中	-0.0118	0.0857	-0.00320	-0.0286	-0.0179	0.0125
	(0.0912)	(0.180)	(0.103)	(0.0755)	(0.0947)	(0.159)

续表

	(1)	(2)	(3)	(4)	(5)	(6)
	ols	qr_10	qr_25	qr_50	qr_75	qr_90
高中、中专、技校等	0.0485 (0.104)	0.0749 (0.211)	0.102 (0.121)	0.0295 (0.0888)	0.132 (0.111)	0.123 (0.186)
大学及以上	0.416*** (0.117)	0.340 (0.229)	0.462*** (0.131)	0.401*** (0.0962)	0.407*** (0.121)	0.523*** (0.202)
婚姻状况（参照组=未婚）						
已婚	0.0388 (0.0875)	-0.606 (0.732)	-0.210 (0.418)	0.0457 (0.308)	0.283 (0.386)	0.594 (0.646)
健康状况（参照组=很好/较好）						
一般	-0.0662 (0.0593)	-0.163 (0.133)	0.0103 (0.0759)	-0.0131 (0.0559)	-0.00186 (0.0700)	-0.00486 (0.117)
较差/很差	-0.221 (0.208)	-1.138*** (0.302)	-0.0454 (0.172)	0.0751 (0.127)	-0.0408 (0.159)	-0.0742 (0.267)
户籍（参照组=农村）						
城镇	0.137** (0.0566)	0.296** (0.147)	0.159* (0.0842)	0.114* (0.0620)	0.0515 (0.0777)	0.0289 (0.130)
受雇类型（参照组=雇主/雇员）						
雇员	-0.272** (0.130)	-0.0411 (0.224)	-0.0875 (0.128)	-0.163* (0.0943)	-0.356*** (0.118)	-0.727*** (0.198)
就业类型（参照组=全职就业）						
非全职就业	-0.291*** (0.110)	-0.0489 (0.252)	-0.248* (0.144)	-0.216** (0.106)	-0.334** (0.133)	-0.174 (0.223)
单位类型（参照组=国有部门）						
私营部门	-0.00210 (0.0652)	0.0250 (0.158)	0.0910 (0.0903)	0.0153 (0.0665)	-0.0446 (0.0833)	-0.0785 (0.140)
个体或其他	-0.327*** (0.101)	-0.512** (0.215)	-0.244** (0.123)	-0.269*** (0.0904)	-0.274** (0.113)	-0.251 (0.190)

续表

	(1)	(2)	(3)	(4)	(5)	(6)
	ols	qr_10	qr_25	qr_50	qr_75	qr_90
家庭经济收入对数	0.321***	0.471***	0.363***	0.348***	0.359***	0.263***
	(0.0605)	(0.0697)	(0.0398)	(0.0293)	(0.0367)	(0.0615)
是否与父辈同住（参照组=不同住）						
同住	−0.0798	−0.150	−0.0849	−0.0746	−0.143**	0.0194
	(0.0544)	(0.118)	(0.0673)	(0.0495)	(0.0621)	(0.104)
家务劳动分钟对数	−0.0465	0.0158	−0.0265	−0.0409	−0.0161	−0.0723
	(0.0360)	(0.0717)	(0.0410)	(0.0301)	(0.0378)	(0.0633)
_cons	7.011***	4.777***	6.017***	6.526***	6.690***	8.369***
	(0.696)	(1.162)	(0.664)	(0.489)	(0.612)	(1.027)
N	672	672	672	672	672	672

注：括号内数值表示稳健标准误，显著性水平 *$p<0.05$，**$p<0.01$，***$p<0.001$。

表 D.4　　　7—12 岁对东部地区女性工资收入的回归结果

	(1)	(2)	(3)	(4)	(5)	(6)
	ols	qr_10	qr_25	qr_50	qr_75	qr_90
7—12 岁（参照组=无 7—12 岁孩子）	0.0288	−0.0492	0.0267	0.00522	0.0387	0.0246
	(0.0402)	(0.0882)	(0.0501)	(0.0374)	(0.0483)	(0.0783)
受教育程度（参照组=小学及以下）						
初中	−0.0132	0.0711	0.0200	−0.0235	−0.00537	0.0128
	(0.0907)	(0.174)	(0.0991)	(0.0740)	(0.0954)	(0.155)
高中、中专、技校等	0.0474	0.0317	0.0825	0.0293	0.130	0.127
	(0.102)	(0.205)	(0.116)	(0.0868)	(0.112)	(0.182)
大学及以上	0.416***	0.437*	0.488***	0.407***	0.432***	0.539***
	(0.115)	(0.223)	(0.127)	(0.0945)	(0.122)	(0.198)
婚姻状况（参照组=未婚）						
已婚	0.0237	−0.456	−0.225	0.0393	0.162	0.576
	(0.0924)	(0.719)	(0.409)	(0.305)	(0.393)	(0.638)

续表

	(1)	(2)	(3)	(4)	(5)	(6)
	ols	qr_10	qr_25	qr_50	qr_75	qr_90
健康状况（参照组＝很好/较好）						
一般	-0.0684	-0.191	-0.0147	-0.0192	-0.0202	0.00252
	(0.0595)	(0.131)	(0.0743)	(0.0554)	(0.0715)	(0.116)
较差/很差	-0.215	-1.020***	-0.00498	0.0781	-0.0108	-0.0703
	(0.208)	(0.296)	(0.168)	(0.126)	(0.162)	(0.263)
户籍（参照组＝农村）						
城镇	0.139**	0.254*	0.193**	0.111*	0.0489	0.0214
	(0.0563)	(0.144)	(0.0818)	(0.0610)	(0.0787)	(0.128)
受雇类型（参照组＝雇主/雇员）						
雇员	-0.268**	-0.0183	-0.113	-0.161*	-0.334***	-0.684***
	(0.130)	(0.221)	(0.125)	(0.0936)	(0.121)	(0.196)
就业类型（参照组＝全职就业）						
非全职就业	-0.288***	-0.178	-0.216	-0.216**	-0.328**	-0.217
	(0.111)	(0.247)	(0.141)	(0.105)	(0.135)	(0.220)
单位类型（参照组＝国有部门）						
私营部门	-0.00785	0.0355	0.0950	0.0163	-0.0531	-0.0841
	(0.0655)	(0.155)	(0.0884)	(0.0659)	(0.0850)	(0.138)
个体或其他	-0.330***	-0.468**	-0.227*	-0.280***	-0.260**	-0.261
	(0.101)	(0.211)	(0.120)	(0.0895)	(0.115)	(0.187)
家庭经济收入对数	0.318***	0.449***	0.342***	0.336***	0.336***	0.237***
	(0.0608)	(0.0688)	(0.0391)	(0.0292)	(0.0377)	(0.0611)
是否与父辈同住（参照组＝不同住）						
同住	-0.0802	-0.199*	-0.0870	-0.0699	-0.122*	0.00965
	(0.0545)	(0.116)	(0.0659)	(0.0491)	(0.0634)	(0.103)
家务劳动分钟对数	-0.0478	0.00263	-0.0380	-0.0340	-0.0292	-0.0669
	(0.0361)	(0.0704)	(0.0400)	(0.0299)	(0.0385)	(0.0625)

续表

	(1)	(2)	(3)	(4)	(5)	(6)
	ols	qr_10	qr_25	qr_50	qr_75	qr_90
_cons	7.049***	4.914***	6.302***	6.616***	7.110***	8.582***
	(0.703)	(1.146)	(0.652)	(0.486)	(0.627)	(1.017)
N	671	671	671	671	671	671

注：括号内数值表示稳健标准误，显著性水平 $^*p<0.05$，$^{**}p<0.01$，$^{***}p<0.001$。

表 D.5　　13 岁及以上对东部地区女性工资收入的回归结果

	(1)	(2)	(3)	(4)	(5)	(6)
	ols	qr_10	qr_25	qr_50	qr_75	qr_90
13 岁及以上（参照组 = 无 13 岁及以上）	0.0859**	0.174**	0.140***	0.0967**	0.0240	0.00331
	(0.0423)	(0.0860)	(0.0540)	(0.0389)	(0.0522)	(0.0790)
受教育程度（参照组 = 小学及以下）						
初中	0.0210	0.177	0.0782	0.0569	0.00155	−0.0908
	(0.0945)	(0.161)	(0.101)	(0.0727)	(0.0976)	(0.148)
高中、中专、技校等	0.105	0.258	0.192	0.123	0.138	0.0653
	(0.108)	(0.192)	(0.121)	(0.0870)	(0.117)	(0.177)
大学及以上	0.480***	0.638***	0.532***	0.551***	0.427***	0.448**
	(0.120)	(0.212)	(0.133)	(0.0957)	(0.128)	(0.194)
婚姻状况（参照组 = 未婚）						
已婚	0.0190	−0.510	−0.290	0.0649	0.307	0.423
	(0.0978)	(0.635)	(0.399)	(0.287)	(0.386)	(0.583)
健康状况（参照组 = 很好/较好）						
一般	−0.0930	−0.179	−0.0504	−0.0592	−0.00501	−0.0693
	(0.0599)	(0.117)	(0.0733)	(0.0528)	(0.0709)	(0.107)
较差/很差	−0.244	−1.037***	−0.186	0.102	−0.0270	−0.138
	(0.211)	(0.263)	(0.165)	(0.119)	(0.160)	(0.242)

续表

	(1)	(2)	(3)	(4)	(5)	(6)
	ols	qr_10	qr_25	qr_50	qr_75	qr_90
户籍（参照组=农村）						
城镇	0.137**	0.282**	0.202**	0.0919	0.0480	-0.0257
	(0.0558)	(0.127)	(0.0799)	(0.0575)	(0.0772)	(0.117)
受雇类型（参照组=雇主/雇员）						
雇员	-0.242*	-0.0514	-0.130	-0.187**	-0.372***	-0.589***
	(0.128)	(0.196)	(0.123)	(0.0884)	(0.119)	(0.180)
就业类型（参照组=全职就业）						
非全职就业	-0.287**	-0.154	-0.237*	-0.214**	-0.347***	-0.250
	(0.111)	(0.219)	(0.138)	(0.0990)	(0.133)	(0.201)
单位类型（参照组=国有部门）						
私营部门	0.0133	0.190	0.152*	0.0258	-0.0378	-0.185
	(0.0645)	(0.139)	(0.0871)	(0.0627)	(0.0842)	(0.127)
个体或其他	-0.316***	-0.270	-0.171	-0.276***	-0.292**	-0.361**
	(0.0999)	(0.187)	(0.118)	(0.0848)	(0.114)	(0.172)
家庭经济收入对数	0.320***	0.463***	0.364***	0.346***	0.335***	0.246***
	(0.0619)	(0.0609)	(0.0383)	(0.0275)	(0.0370)	(0.0559)
是否与父辈同住（参照组=不同住）						
同住	-0.0834	-0.139	-0.127*	-0.0634	-0.129**	-0.0907
	(0.0542)	(0.103)	(0.0647)	(0.0466)	(0.0625)	(0.0946)
家务劳动分钟对数	-0.0577	-0.0326	-0.0654*	-0.0583**	-0.0325	-0.0917
	(0.0354)	(0.0626)	(0.0393)	(0.0283)	(0.0380)	(0.0575)
_cons	6.978***	4.633***	6.178***	6.472***	7.028***	8.834***
	(0.717)	(1.019)	(0.640)	(0.461)	(0.618)	(0.936)
N	669	669	669	669	669	669

注：括号内数值表示稳健标准误，显著性水平 * $p<0.05$，** $p<0.01$，*** $p<0.001$。

表 D.6　　生育数量对中部地区女性工资收入的回归结果

	(1)	(2)	(3)	(4)	(5)	(6)
	ols	qr_10	qr_25	qr_50	qr_75	qr_90
生育数量（参照组＝未生育）						
生育1个	-0.547 (0.350)	-1.037* (0.566)	-0.272 (0.532)	-0.377 (0.345)	-0.644 (0.400)	-0.605 (0.605)
生育2个	-0.529 (0.362)	-0.905 (0.586)	-0.280 (0.550)	-0.441 (0.357)	-0.500 (0.414)	-0.499 (0.626)
生育3个及以上	-0.828* (0.443)	-1.333* (0.717)	-0.410 (0.674)	-0.191 (0.437)	-0.494 (0.507)	-0.626 (0.767)
受教育程度（参照组＝小学及以下）						
初中	-0.126 (0.204)	-0.368 (0.396)	0.0102 (0.325)	-0.0110 (0.208)	-0.0115 (0.229)	0.458 (0.427)
高中、中专、技校等	-0.0540 (0.248)	-0.427 (0.459)	-0.0098 (0.377)	-0.139 (0.240)	0.216 (0.266)	0.355 (0.495)
大学及以上	0.230 (0.243)	0.0893 (0.483)	0.268 (0.397)	0.130 (0.253)	0.403 (0.280)	0.808 (0.521)
婚姻状况（参照组＝未婚）						
已婚	-0.251 (0.176)	-0.471 (0.352)	-0.172 (0.289)	-0.0801 (0.184)	-0.173 (0.204)	-0.234 (0.379)
健康状况（参照组＝很好/较好）						
一般	0.00815 (0.103)	0.0609 (0.204)	0.0147 (0.167)	-0.0648 (0.107)	-0.107 (0.118)	-0.0924 (0.220)
较差/很差	-0.735*** (0.240)	-0.459 (0.517)	-0.900** (0.424)	-0.805*** (0.271)	-0.817*** (0.299)	-0.673 (0.557)
户籍（参照组＝农村）						
城镇	0.123 (0.121)	0.0759 (0.229)	0.203 (0.188)	0.282** (0.120)	0.128 (0.133)	0.0512 (0.247)

续表

	(1)	(2)	(3)	(4)	(5)	(6)
	ols	qr_10	qr_25	qr_50	qr_75	qr_90
受雇类型（参照组＝雇主/自雇）						
雇员	-0.447**	-0.353	-0.489*	-0.422**	-0.586***	-0.710*
	(0.221)	(0.336)	(0.276)	(0.176)	(0.195)	(0.362)
就业类型（参照组＝全职就业）						
非全职就业	-0.184	-0.204	-0.345	-0.659***	-0.269	0.350
	(0.242)	(0.376)	(0.309)	(0.197)	(0.218)	(0.405)
工龄	0.0739**	0.135**	0.0672	0.00047	0.0251	0.0345
	(0.0302)	(0.0553)	(0.0454)	(0.0290)	(0.0320)	(0.0596)
工龄平方	-0.0019**	-0.0039**	-0.00155	-0.00001	-0.0006	-0.0005
	(0.0009)	(0.0016)	(0.0013)	(0.0009)	(0.0009)	(0.0018)
单位类型（参照组＝国有部门）						
私营部门	0.0116	-0.331	-0.0133	0.112	0.258**	0.234
	(0.102)	(0.218)	(0.179)	(0.114)	(0.126)	(0.235)
个体或其他	-0.0164	-0.220	-0.181	-0.0423	0.173	0.219
	(0.204)	(0.347)	(0.284)	(0.182)	(0.201)	(0.374)
家庭经济收入对数	0.370***	0.425***	0.335***	0.372***	0.347***	0.303**
	(0.0709)	(0.112)	(0.0922)	(0.0589)	(0.0651)	(0.121)
是否与父辈同住（参照组＝不同住）						
同住	-0.147	-0.231	-0.299**	-0.122	-0.0162	-0.150
	(0.107)	(0.184)	(0.151)	(0.0961)	(0.106)	(0.198)
家务劳动分钟对数	-0.0266	0.0255	-0.161*	0.00907	0.0383	-0.0122
	(0.0621)	(0.111)	(0.0913)	(0.0583)	(0.0645)	(0.120)
_cons	6.311***	4.787***	6.874***	6.341***	6.690***	7.531***
	(0.843)	(1.356)	(1.112)	(0.710)	(0.785)	(1.461)
N	260	260	260	260	260	260

注：括号内数值表示稳健标准误，显著性水平 $^*p<0.05$，$^{**}p<0.01$，$^{***}p<0.001$。

表 D.7　　0—3 岁对中部地区女性工资收入的回归结果

	(1)	(2)	(3)	(4)	(5)	(6)
	ols	qr_10	qr_25	qr_50	qr_75	qr_90
0—3 岁（参照组 = 无 0—3 岁）	-0.0827	-0.0284	-0.173	-0.100	0.221	0.148
	(0.130)	(0.250)	(0.184)	(0.114)	(0.167)	(0.175)
受教育程度（参照组 = 小学及以下）						
初中	-0.151	-0.459	-0.202	-0.134	-0.266	0.277
	(0.177)	(0.408)	(0.300)	(0.186)	(0.274)	(0.285)
高中、中专、技校等	-0.113	-0.383	-0.344	-0.174	-0.248	0.146
	(0.226)	(0.473)	(0.348)	(0.216)	(0.317)	(0.331)
大学及以上	0.147	-0.0279	0.0907	0.128	-0.0769	0.336
	(0.189)	(0.480)	(0.353)	(0.219)	(0.321)	(0.335)
婚姻状况（参照组 = 未婚）						
已婚	0.254	0.989	0.702	0.304	-0.267	-0.926
	(0.257)	(0.938)	(0.690)	(0.428)	(0.628)	(0.655)
健康状况（参照组 = 很好/较好）						
一般	0.0160	-0.177	-0.0304	-0.0813	0.0174	0.0877
	(0.123)	(0.263)	(0.193)	(0.120)	(0.176)	(0.184)
较差/很差	-0.677**	-0.658	-0.390	-0.348	-0.650	-0.606
	(0.298)	(0.656)	(0.483)	(0.300)	(0.440)	(0.459)
户籍（参照组 = 农村）						
城镇	0.325**	0.0428	0.456**	0.379***	0.511**	0.615***
	(0.137)	(0.295)	(0.217)	(0.135)	(0.198)	(0.206)
受雇类型（参照组 = 雇主/雇员）						
雇员	-0.412	-0.279	-0.692**	-0.287	-0.609**	-0.712**
	(0.253)	(0.403)	(0.297)	(0.184)	(0.270)	(0.282)
就业类型（参照组 = 全职就业）						
非全职就业	-0.157	-0.0167	-0.802**	-0.365*	-0.326	0.548*
	(0.261)	(0.432)	(0.318)	(0.197)	(0.289)	(0.302)

续表

	(1)	(2)	(3)	(4)	(5)	(6)
	ols	qr_10	qr_25	qr_50	qr_75	qr_90
单位类型（参照组＝国有部门）						
私营部门	0.148	-0.200	-0.0367	0.200	0.324*	0.470**
	(0.117)	(0.288)	(0.212)	(0.131)	(0.193)	(0.201)
个体及其他	0.179	-0.252	-0.0718	0.314	0.316	0.658**
	(0.221)	(0.427)	(0.314)	(0.195)	(0.286)	(0.299)
家庭经济收入对数	0.442***	0.395***	0.571***	0.467***	0.343***	0.251**
	(0.0792)	(0.142)	(0.105)	(0.0650)	(0.0955)	(0.0996)
是否与父辈同住（参照组＝不同住）						
同住	-0.149	-0.436*	-0.206	-0.0346	-0.0514	0.0229
	(0.128)	(0.237)	(0.175)	(0.108)	(0.159)	(0.166)
家务劳动分钟对数	-0.0464	-0.0794	-0.134	-0.0397	-0.0433	-0.102
	(0.0764)	(0.139)	(0.102)	(0.0633)	(0.0929)	(0.0969)
_cons	5.759***	6.598***	4.699***	5.154***	7.208***	8.221***
	(0.935)	(1.738)	(1.279)	(0.793)	(1.165)	(1.214)
N	199	199	199	199	199	199

注：括号内数值表示稳健标准误，显著性水平 * $p<0.05$，** $p<0.01$，*** $p<0.001$。

表 D.8　　4—6 岁对中部地区女性工资收入的回归结果

	(1)	(2)	(3)	(4)	(5)	(6)
	ols	qr_10	qr_25	qr_50	qr_75	qr_90
4—6 岁（参照组＝无 4—6 岁）	-0.154	-0.0839	-0.187	-0.0191	-0.139	-0.182
	(0.109)	(0.274)	(0.161)	(0.102)	(0.130)	(0.164)
受教育程度（参照组＝小学及以下）						
初中	-0.144	-0.366	-0.157	-0.108	-0.0976	0.0930
	(0.167)	(0.498)	(0.292)	(0.185)	(0.236)	(0.298)
高中、中专、技校等	-0.140	-0.166	-0.109	-0.232	-0.0556	-0.184
	(0.224)	(0.592)	(0.347)	(0.220)	(0.280)	(0.354)

续表

	(1)	(2)	(3)	(4)	(5)	(6)
	ols	qr_10	qr_25	qr_50	qr_75	qr_90
大学及以上	0.126	0.303	0.0707	0.123	0.221	-0.0466
	(0.174)	(0.569)	(0.334)	(0.211)	(0.270)	(0.340)
婚姻状况（参照组=未婚）						
已婚	-0.131	-1.236	-0.348	-0.167	0.300	0.789
	(0.183)	(1.974)	(1.159)	(0.733)	(0.935)	(1.181)
健康状况（参照组=很好/较好）						
一般	-0.00428	0.203	0.00469	-0.0886	-0.0655	0.0826
	(0.115)	(0.322)	(0.189)	(0.120)	(0.153)	(0.193)
较差/很差	-0.681**	-0.502	-0.655	-0.358	-0.726*	-0.963*
	(0.292)	(0.829)	(0.487)	(0.308)	(0.393)	(0.496)
户籍（参照组=农村）						
城镇	0.348***	-0.0186	0.417**	0.350***	0.324*	0.587***
	(0.127)	(0.355)	(0.208)	(0.132)	(0.168)	(0.212)
受雇类型（参照组=雇主/雇员）						
雇员	-0.424*	-0.126	-0.390	-0.366**	-0.476**	-0.710**
	(0.238)	(0.498)	(0.292)	(0.185)	(0.236)	(0.298)
就业类型（参照组=全职就业）						
非全职就业	-0.144	-0.0801	-0.544*	-0.470**	-0.0304	0.286
	(0.260)	(0.546)	(0.321)	(0.203)	(0.259)	(0.327)
单位类型（参照组=国有部门）						
私营部门	0.129	-0.327	0.0957	0.110	0.350**	0.358*
	(0.106)	(0.347)	(0.204)	(0.129)	(0.164)	(0.208)
个体及其他	0.151	-0.265	0.0761	0.125	0.298	0.720**
	(0.204)	(0.520)	(0.305)	(0.193)	(0.246)	(0.311)
家庭经济收入对数	0.429***	0.415**	0.488***	0.426***	0.385***	0.259**
	(0.0761)	(0.179)	(0.105)	(0.0664)	(0.0847)	(0.107)

续表

	(1)	(2)	(3)	(4)	(5)	(6)
	ols	qr_10	qr_25	qr_50	qr_75	qr_90
是否与父辈同住（参照组＝不同住）						
同住	-0.148	-0.322	-0.314*	-0.0180	-0.0170	-0.0124
	(0.122)	(0.288)	(0.169)	(0.107)	(0.136)	(0.172)
家务劳动分钟对数	-0.0563	0.00443	-0.114	-0.0349	-0.0269	-0.0648
	(0.0722)	(0.170)	(0.0997)	(0.0630)	(0.0804)	(0.102)
_cons	6.008***	6.384**	5.530***	5.910***	6.187***	7.671***
	(0.831)	(2.778)	(1.631)	(1.031)	(1.315)	(1.662)
N	204	204	204	204	204	204

注：括号内数值表示稳健标准误，显著性水平 * $p<0.05$，** $p<0.01$，*** $p<0.001$。

表 D.9　　7—12 岁对中部地区女性工资收入的回归结果

	(1)	(2)	(3)	(4)	(5)	(6)
	ols	qr_10	qr_25	qr_50	qr_75	qr_90
7—12 岁（参照组＝无 7—12 岁孩子）	0.149*	0.400**	0.217	0.0861	-0.0125	0.187
	(0.0882)	(0.199)	(0.150)	(0.104)	(0.103)	(0.170)
受教育程度（参照组＝小学及以下）						
初中	-0.155	-0.427	-0.128	-0.0242	-0.204	0.412
	(0.163)	(0.377)	(0.283)	(0.197)	(0.195)	(0.321)
高中、中专、技校等	-0.147	-0.642	-0.202	-0.176	-0.137	0.519
	(0.224)	(0.447)	(0.336)	(0.234)	(0.231)	(0.380)
大学及以上	0.132	0.123	0.0334	0.156	0.0997	0.614*
	(0.175)	(0.429)	(0.323)	(0.225)	(0.222)	(0.365)
婚姻状况（参照组＝未婚）						
已婚	-0.111	-0.757	-0.216	-0.107	0.0992	0.917
	(0.186)	(1.496)	(1.125)	(0.783)	(0.774)	(1.273)
健康状况（参照组＝很好/较好）						
一般	0.0114	0.0821	-0.00962	-0.108	0.0225	0.0391
	(0.116)	(0.242)	(0.182)	(0.127)	(0.125)	(0.206)

续表

	(1)	(2)	(3)	(4)	(5)	(6)
	ols	qr_10	qr_25	qr_50	qr_75	qr_90
较差/很差	-0.658**	-1.028	-0.824*	-0.336	-0.675**	-0.504
	(0.307)	(0.625)	(0.470)	(0.327)	(0.324)	(0.532)
户籍（参照组=农村）						
城镇	0.349***	0.137	0.557***	0.421***	0.343**	0.303
	(0.128)	(0.268)	(0.201)	(0.140)	(0.138)	(0.228)
受雇类型（参照组=雇主/雇员）						
雇员	-0.494**	-0.307	-0.767***	-0.333*	-0.716***	-0.655**
	(0.230)	(0.379)	(0.285)	(0.198)	(0.196)	(0.322)
就业类型（参照组=全职就业）						
非全职就业	-0.125	-0.215	-0.590*	-0.422*	-0.271	0.349
	(0.259)	(0.413)	(0.311)	(0.216)	(0.214)	(0.352)
单位类型（参照组=国有部门）						
私营部门	0.134	0.00764	0.0222	0.163	0.369***	0.429*
	(0.108)	(0.262)	(0.197)	(0.137)	(0.136)	(0.223)
个体及其他	0.0531	-0.0578	-0.175	0.163	0.168	0.233
	(0.203)	(0.394)	(0.297)	(0.206)	(0.204)	(0.335)
家庭经济收入对数	0.437***	0.456***	0.457***	0.449***	0.397***	0.265**
	(0.0760)	(0.135)	(0.102)	(0.0708)	(0.0699)	(0.115)
是否与父辈同住（参照组=不同住）						
同住	-0.151	-0.308	-0.264	-0.00720	-0.0105	-0.116
	(0.123)	(0.218)	(0.164)	(0.114)	(0.113)	(0.185)
家务劳动分钟对数	-0.0463	-0.0380	-0.165*	-0.0337	-0.00100	-0.0535
	(0.0704)	(0.129)	(0.0971)	(0.0676)	(0.0668)	(0.110)
_cons	5.821***	5.551***	6.194***	5.408***	6.330***	6.937***
	(0.848)	(2.110)	(1.587)	(1.105)	(1.092)	(1.795)
N	203	203	203	203	203	203

注：括号内数值表示稳健标准误，显著性水平 * $p<0.05$，** $p<0.01$，*** $p<0.001$。

表 D.10　　13 岁及以上对中部地区女性工资收入的回归结果

	(1)	(2)	(3)	(4)	(5)	(6)
	ols	qr_10	qr_25	qr_50	qr_75	qr_90
13 岁及以上孩子（参照组＝无 13 岁及以上孩子）	0.0454 (0.111)	-0.0489 (0.180)	0.0565 (0.136)	0.0239 (0.0807)	0.126 (0.111)	-0.0797 (0.152)
受教育程度（参照组＝小学及以下）						
初中	-0.126 (0.183)	-0.478 (0.403)	-0.160 (0.304)	-0.0799 (0.180)	0.000181 (0.248)	0.396 (0.340)
高中、中专、技校等	-0.0886 (0.233)	-0.254 (0.484)	-0.148 (0.365)	-0.177 (0.216)	0.0779 (0.298)	0.264 (0.408)
大学及以上	0.173 (0.205)	0.227 (0.485)	0.0629 (0.366)	0.143 (0.217)	0.373 (0.299)	0.439 (0.410)
婚姻状况（参照组＝未婚）						
已婚	-0.156 (0.193)	-1.194 (1.544)	-0.371 (1.165)	-0.152 (0.690)	0.199 (0.950)	0.548 (1.303)
健康状况（参照组＝很好/较好）						
一般	0.00279 (0.121)	0.142 (0.254)	0.00221 (0.192)	-0.0951 (0.113)	-0.107 (0.156)	0.0903 (0.214)
较差/很差	-0.699** (0.304)	-0.647 (0.653)	-0.285 (0.493)	-0.366 (0.292)	-0.727* (0.402)	-0.377 (0.551)
户籍（参照组＝农村）						
城镇	0.333** (0.128)	-0.0151 (0.277)	0.435** (0.209)	0.373*** (0.124)	0.347** (0.170)	0.564** (0.234)
受雇类型（参照组＝雇主/雇员）						
雇员	-0.434* (0.233)	-0.146 (0.390)	-0.588** (0.295)	-0.379** (0.175)	-0.368 (0.240)	-0.651** (0.330)
就业类型（参照组＝全职就业）						
非全职就业	-0.190 (0.266)	-0.0615 (0.435)	-0.754** (0.328)	-0.506*** (0.194)	-0.0169 (0.268)	0.481 (0.367)

续表

	(1)	(2)	(3)	(4)	(5)	(6)
	ols	qr_10	qr_25	qr_50	qr_75	qr_90
单位类型（参照组＝国有部门）						
私营部门	0.127	-0.166	0.0605	0.121	0.319*	0.429*
	(0.109)	(0.273)	(0.206)	(0.122)	(0.168)	(0.231)
个体及其他	0.129	-0.0994	-0.128	0.136	0.444*	0.707**
	(0.203)	(0.406)	(0.307)	(0.182)	(0.250)	(0.343)
家庭经济收入对数	0.429***	0.413***	0.556***	0.420***	0.393***	0.240**
	(0.0768)	(0.140)	(0.106)	(0.0625)	(0.0861)	(0.118)
是否与父辈同住（参照组＝不同住）						
同住	-0.144	-0.138	-0.319*	-0.0242	0.0422	-0.108
	(0.123)	(0.225)	(0.170)	(0.101)	(0.138)	(0.190)
家务劳动分钟对数	-0.0571	-0.0724	-0.121	-0.0369	-0.00842	-0.0106
	(0.112)	(0.0729)	(0.133)	(0.100)	(0.0595)	(0.0819)
_cons	5.955***	6.614***	5.002***	5.926***	5.755***	7.382***
	(0.870)	(2.207)	(1.666)	(0.987)	(1.359)	(1.864)
N	204	204	204	204	204	204

注：括号内数值表示稳健标准误，显著性水平 $^{*}p<0.05$，$^{**}p<0.01$，$^{***}p<0.001$。

表 D.11　　生育数量对西部地区女性工资收入的回归结果

	(1)	(2)	(3)	(4)	(5)	(6)
	ols	qr_10	qr_25	qr_50	qr_75	qr_90
生育数量（参照组＝未生育）						
生育1个	-0.0133	0.548	-0.343	-0.372*	-0.00645	0.0495
	(0.263)	(0.734)	(0.299)	(0.217)	(0.187)	(0.290)
生育2个	-0.213	0.117	-0.434	-0.444*	-0.0383	-0.0812
	(0.275)	(0.767)	(0.312)	(0.226)	(0.195)	(0.303)
生育3个及以上	-0.166	0.627	-0.291	-0.372	0.0208	-0.180
	(0.426)	(1.187)	(0.484)	(0.350)	(0.302)	(0.470)

续表

	(1)	(2)	(3)	(4)	(5)	(6)
	ols	qr_10	qr_25	qr_50	qr_75	qr_90
受教育程度（参照组=小学及以下）						
初中	0.145	-0.0836	0.114	0.138	-0.0464	-0.0129
	(0.154)	(0.590)	(0.185)	(0.154)	(0.138)	(0.226)
高中、中专、技校等	0.256	0.144	0.252	0.298*	0.112	0.186
	(0.171)	(0.656)	(0.205)	(0.171)	(0.153)	(0.252)
大学及以上	0.374**	0.127	0.585**	0.577***	0.335*	0.296
	(0.184)	(0.730)	(0.229)	(0.190)	(0.171)	(0.280)
婚姻状况（参照组=未婚）						
已婚	0.00443	0.226	-0.0716	-0.0421	-0.0339	0.0622
	(0.133)	(0.568)	(0.178)	(0.148)	(0.133)	(0.218)
健康状况（参照组=很好/较好）						
一般	-0.211	-0.283	-0.0664	-0.0452	-0.0897	-0.222*
	(0.133)	(0.340)	(0.106)	(0.0885)	(0.0794)	(0.130)
较差/很差	-0.466**	-0.703	-0.157	-0.438**	-0.378**	-0.590*
	(0.230)	(0.785)	(0.246)	(0.205)	(0.184)	(0.301)
户籍（参照组=农村）						
城镇	0.210**	0.407	0.209*	0.107	0.196**	0.148
	(0.0950)	(0.380)	(0.119)	(0.0990)	(0.0888)	(0.146)
受雇类型（参照组=雇主/自雇）						
雇员	-0.285*	0.0294	0.00576	-0.218	-0.513***	-0.654***
	(0.155)	(0.512)	(0.160)	(0.133)	(0.120)	(0.196)
就业类型（参照组=全职就业）						
非全职就业	-0.120	-0.746	-0.503**	0.167	0.0651	0.0262
	(0.210)	(0.665)	(0.208)	(0.173)	(0.155)	(0.255)
工龄	-0.0180	-0.0187	0.0178	0.0244	-0.0076	-0.0031
	(0.0234)	(0.0780)	(0.0244)	(0.0203)	(0.0182)	(0.0299)

续表

	(1)	(2)	(3)	(4)	(5)	(6)
	ols	qr_10	qr_25	qr_50	qr_75	qr_90
工龄平方	0.0009	0.0011	0.00007	-0.0003	0.0005	0.0004
	(0.0007)	(0.0024)	(0.0007)	(0.0006)	(0.0006)	(0.0009)
单位类型（参照组=国有部门）						
私营部门	0.00817	0.0960	0.0363	-0.0804	-0.0257	0.0670
	(0.101)	(0.396)	(0.124)	(0.103)	(0.0925)	(0.152)
个体或其他	-0.267**	-0.256	-0.235	-0.286**	-0.202*	-0.134
	(0.126)	(0.472)	(0.148)	(0.123)	(0.110)	(0.181)
家庭经济收入对数	0.307***	0.301	0.363***	0.237***	0.298***	0.272***
	(0.0559)	(0.187)	(0.0587)	(0.0488)	(0.0438)	(0.0718)
是否与父辈同住（参照组=不同住）						
同住	-0.0258	-0.0989	-0.0973	-0.119	-0.0952	-0.00404
	(0.0909)	(0.297)	(0.0932)	(0.0775)	(0.0695)	(0.114)
家务劳动分钟对数	0.0526	0.119	-0.0017	-0.0637	-0.0637	-0.0520
	(0.0724)	(0.199)	(0.0623)	(0.0518)	(0.0465)	(0.0763)
_cons	6.624***	5.363**	5.345***	7.621***	7.823***	8.400***
	(0.699)	(2.346)	(0.735)	(0.611)	(0.548)	(0.900)
N	357	357	357	357	357	357

注：括号内数值表示稳健标准误，显著性水平 *$p<0.05$，**$p<0.01$，***$p<0.001$。

表 D.12　　　　0—3 岁对西部地区女性工资收入的回归结果

	(1)	(2)	(3)	(4)	(5)	(6)
	ols	qr_10	qr_25	qr_50	qr_75	qr_90
0—3 岁（参照组=无 0—3 岁孩子）	-0.179*	-0.585*	-0.261**	-0.177*	-0.0802	-0.0278
	(0.107)	(0.309)	(0.109)	(0.0930)	(0.0848)	(0.145)
受教育程度（参照组=小学及以下）						
初中	0.0911	0.507	-0.00622	0.00747	-0.0661	-0.0172
	(0.157)	(0.505)	(0.179)	(0.152)	(0.139)	(0.238)

续表

	（1）	（2）	（3）	（4）	（5）	（6）
	ols	qr_10	qr_25	qr_50	qr_75	qr_90
高中、中专、技校等	0.154	0.214	0.0118	0.109	0.0841	0.103
	(0.173)	(0.542)	(0.192)	(0.163)	(0.149)	(0.255)
大学及以上	0.298*	0.402	0.365*	0.407**	0.305*	0.177
	(0.177)	(0.589)	(0.208)	(0.177)	(0.162)	(0.277)
婚姻状况（参照组=未婚）						
已婚	0.183	0.897	0.172	0.433	0.556*	-0.337
	(0.362)	(1.097)	(0.389)	(0.331)	(0.302)	(0.517)
健康状况（参照组=很好/较好）						
一般	-0.227	-0.405	-0.0882	-0.0742	-0.131	-0.222
	(0.147)	(0.311)	(0.110)	(0.0937)	(0.0855)	(0.146)
较差/很差	-0.390	-0.568	-0.609*	-0.347	-0.289	-0.591
	(0.283)	(0.916)	(0.324)	(0.276)	(0.252)	(0.431)
户籍（参照组=农村）						
城镇	0.184*	0.337	0.197	0.142	0.160*	0.291*
	(0.103)	(0.352)	(0.125)	(0.106)	(0.0968)	(0.166)
受雇类型（参照组=雇主/雇员）						
雇员	-0.247	-0.174	0.0292	-0.230	-0.506***	-0.560**
	(0.174)	(0.487)	(0.172)	(0.147)	(0.134)	(0.229)
就业类型（参照组=全职就业）						
非全职就业	-0.0808	-0.380	-0.625***	0.0767	0.0633	-0.146
	(0.239)	(0.633)	(0.224)	(0.191)	(0.174)	(0.298)
单位类型（参照组=国有部门）						
私营部门	-0.0734	-0.105	-0.0703	-0.155	-0.123	-0.0727
	(0.118)	(0.383)	(0.136)	(0.115)	(0.105)	(0.180)
个体及其他	-0.341**	-0.605	-0.371**	-0.348***	-0.250**	-0.190
	(0.137)	(0.440)	(0.156)	(0.132)	(0.121)	(0.207)

续表

	(1)	(2)	(3)	(4)	(5)	(6)
	ols	qr_10	qr_25	qr_50	qr_75	qr_90
家庭经济收入对数	0.280***	0.414**	0.285***	0.224***	0.272***	0.211**
	(0.0603)	(0.183)	(0.0646)	(0.0550)	(0.0502)	(0.0859)
是否与父辈同住（参照组=不同住）						
同住	−0.0568	−0.181	−0.124	−0.172**	−0.113	−0.0357
	(0.105)	(0.288)	(0.102)	(0.0866)	(0.0791)	(0.135)
家务劳动分钟对数	0.0189	0.162	−0.0498	−0.0957*	−0.0634	−0.145*
	(0.0748)	(0.184)	(0.0653)	(0.0556)	(0.0507)	(0.0868)
_cons	6.878***	3.222	6.735***	7.883***	7.617***	9.780***
	(0.835)	(2.573)	(0.911)	(0.775)	(0.708)	(1.211)
N	297	297	297	297	297	297

注：括号内数值表示稳健标准误，显著性水平 $^{*}p<0.05$, $^{**}p<0.01$, $^{***}p<0.001$。

表 D.13　　4—6 岁对西部地区女性工资收入的回归结果

	(1)	(2)	(3)	(4)	(5)	(6)
	ols	qr_10	qr_25	qr_50	qr_75	qr_90
4—6 岁（参照组=无 4—6 岁孩子）	0.00180	−0.0885	−0.0695	−0.0543	−0.00512	0.0934
	(0.0920)	(0.376)	(0.121)	(0.102)	(0.0897)	(0.148)
受教育程度（参照组=小学及以下）						
初中	0.0691	0.0333	−0.102	0.0462	−0.0653	−0.103
	(0.160)	(0.553)	(0.178)	(0.151)	(0.132)	(0.218)
高中、中专、技校等	0.0924	−0.0477	−0.0993	0.112	0.0271	0.0761
	(0.173)	(0.582)	(0.187)	(0.159)	(0.139)	(0.230)
大学及以上	0.215	0.0695	0.110	0.395**	0.270*	0.167
	(0.169)	(0.626)	(0.201)	(0.170)	(0.149)	(0.247)
婚姻状况（参照组=未婚）						
已婚	0.109	0.973	0.0395	0.354	0.516*	−0.369
	(0.372)	(1.196)	(0.385)	(0.326)	(0.286)	(0.472)

续表

	(1)	(2)	(3)	(4)	(5)	(6)
	ols	qr_10	qr_25	qr_50	qr_75	qr_90
健康状况（参照组=很好/较好）						
一般	−0.219	−0.344	−0.0832	−0.0367	−0.134*	−0.277**
	(0.149)	(0.341)	(0.110)	(0.0928)	(0.0814)	(0.134)
较差/很差	−0.356	−0.670	−0.547*	−0.224	−0.259	−0.593
	(0.281)	(1.001)	(0.322)	(0.273)	(0.239)	(0.395)
户籍（参照组=农村）	0	0	0	0	0	0
城镇	0.234**	0.521	0.300**	0.203**	0.154*	0.326**
	(0.102)	(0.373)	(0.120)	(0.102)	(0.0892)	(0.147)
受雇类型（参照组=雇主/雇员）						
雇员	−0.250	0.0576	0.132	−0.271*	−0.513***	−0.421**
	(0.175)	(0.535)	(0.172)	(0.146)	(0.128)	(0.211)
就业类型（参照组=全职就业）						
非全职就业	−0.122	−0.653	−0.531**	0.0319	0.0320	−0.137
	(0.227)	(0.689)	(0.222)	(0.188)	(0.165)	(0.272)
单位类型（参照组=国有部门）						
私营部门	−0.0918	−0.0595	−0.0591	−0.129	−0.125	−0.0968
	(0.115)	(0.418)	(0.135)	(0.114)	(0.0999)	(0.165)
个体及其他	−0.358***	−0.470	−0.382**	−0.375**	−0.242**	−0.0624
	(0.138)	(0.481)	(0.155)	(0.131)	(0.115)	(0.190)
家庭经济收入对数	0.290***	0.390*	0.291***	0.212***	0.269***	0.201**
	(0.0624)	(0.199)	(0.0640)	(0.0542)	(0.0475)	(0.0785)
是否与父辈同住（参照组=不同住）						
同住	−0.0524	−0.242	−0.138	−0.136	−0.105	−0.00242
	(0.105)	(0.315)	(0.101)	(0.0858)	(0.0752)	(0.124)
家务劳动分钟对数	0.0274	0.198	−0.0470	−0.0774	−0.0549	−0.153*
	(0.0733)	(0.202)	(0.0652)	(0.0551)	(0.0484)	(0.0799)
_cons	6.786***	3.178	6.704***	7.955***	7.657***	9.809***
	(0.861)	(2.815)	(0.906)	(0.767)	(0.672)	(1.111)
N	297	297	297	297	297	297

注：括号内数值表示稳健标准误，显著性水平 * $p<0.05$，** $p<0.01$，*** $p<0.001$。

表 D.14　　7—12 岁对西部地区女性工资收入的回归结果

	(1)	(2)	(3)	(4)	(5)	(6)
	ols	qr_10	qr_25	qr_50	qr_75	qr_90
7—12 岁（参照组＝无 7—12 岁孩子）	-0.0865	-0.163	-0.00681	0.0468	0.0391	-0.112
	(0.0883)	(0.284)	(0.101)	(0.0737)	(0.0713)	(0.0905)
受教育程度（参照组＝小学及以下）						
初中	0.0522	-0.0387	-0.170	0.0279	-0.0719	-0.191
	(0.159)	(0.569)	(0.202)	(0.147)	(0.143)	(0.181)
高中、中专、技校等	0.0825	0.0780	-0.176	0.0638	0.0244	-0.0768
	(0.173)	(0.600)	(0.213)	(0.155)	(0.150)	(0.191)
大学及以上	0.198	0.152	0.0248	0.401**	0.267	0.0670
	(0.168)	(0.646)	(0.230)	(0.167)	(0.162)	(0.206)
婚姻状况（参照组＝未婚）						
已婚	0.129	1.129	0.0507	0.356	0.523*	-0.324
	(0.371)	(1.231)	(0.438)	(0.319)	(0.309)	(0.392)
健康状况（参照组＝很好/较好）						
一般	-0.220	-0.193	-0.122	-0.0530	-0.146*	-0.181
	(0.147)	(0.349)	(0.124)	(0.0905)	(0.0875)	(0.111)
较差/很差	-0.362	-0.562	-0.608*	-0.213	-0.268	-0.507
	(0.277)	(1.031)	(0.366)	(0.267)	(0.258)	(0.328)
户籍（参照组＝农村）						
城镇	0.238**	0.514	0.291**	0.180*	0.153	0.365***
	(0.102)	(0.384)	(0.136)	(0.0995)	(0.0962)	(0.122)
受雇类型（参照组＝雇主/雇员）						
雇员	-0.253	-0.0110	0.131	-0.267*	-0.548***	-0.653***
	(0.170)	(0.545)	(0.194)	(0.141)	(0.137)	(0.174)
就业类型（参照组＝全职就业）						
非全职就业	-0.118	-0.724	-0.527**	0.0306	0.0401	-0.103
	(0.224)	(0.709)	(0.252)	(0.184)	(0.178)	(0.226)

续表

	(1)	(2)	(3)	(4)	(5)	(6)
	ols	qr_10	qr_25	qr_50	qr_75	qr_90
单位类型（参照组=国有部门）						
私营部门	-0.0952	-0.00214	-0.113	-0.138	-0.162	-0.0309
	(0.114)	(0.431)	(0.153)	(0.112)	(0.108)	(0.137)
个体及其他	-0.356**	-0.420	-0.426**	-0.355***	-0.276**	-0.137
	(0.137)	(0.495)	(0.176)	(0.128)	(0.124)	(0.158)
家庭经济收入对数	0.289***	0.395*	0.281***	0.228***	0.264***	0.209***
	(0.0611)	(0.204)	(0.0726)	(0.0529)	(0.0512)	(0.0650)
是否与父辈同住（参照组=不同住）						
同住	-0.0591	-0.193	-0.115	-0.165*	-0.116	-0.0731
	(0.105)	(0.325)	(0.115)	(0.0842)	(0.0814)	(0.103)
家务劳动分钟对数	0.0294	0.155	-0.0829	-0.102*	-0.0554	-0.105
	(0.0743)	(0.207)	(0.0738)	(0.0538)	(0.0520)	(0.0661)
_cons	6.827***	3.184	7.058***	7.895***	7.748***	9.820***
	(0.848)	(2.892)	(1.028)	(0.750)	(0.725)	(0.921)
N	297	297	297	297	297	297

注：括号内数值表示稳健标准误，显著性水平 * $p<0.05$，** $p<0.01$，*** $p<0.001$。

表 D.15　　13 岁及以上对西部地区女性工资收入的回归结果

	(1)	(2)	(3)	(4)	(5)	(6)
	ols	qr_10	qr_25	qr_50	qr_75	qr_90
13 岁及以上（参照组=无 13 岁及以上孩子）	0.0710	0.227	0.101	0.0585	0.0542	0.0786
	(0.0771)	(0.223)	(0.0848)	(0.0613)	(0.0595)	(0.0938)
受教育程度（参照组=小学及以下）						
初中	0.0757	0.431	-0.0402	0.0950	-0.0842	-0.195
	(0.158)	(0.523)	(0.199)	(0.144)	(0.139)	(0.220)
高中、中专、技校等	0.141	0.305	-0.0165	0.108	0.124	0.0935
	(0.177)	(0.567)	(0.215)	(0.156)	(0.151)	(0.238)

续表

	(1)	(2)	(3)	(4)	(5)	(6)
	ols	qr_10	qr_25	qr_50	qr_75	qr_90
大学及以上	0.274 (0.191)	0.640 (0.613)	0.208 (0.233)	0.387** (0.169)	0.306* (0.164)	0.204 (0.258)
婚姻状况（参照组＝未婚）	0	0	0	0	0	0
已婚	0.160 (0.377)	1.109 (1.127)	0.122 (0.428)	0.377 (0.310)	0.544* (0.300)	-0.245 (0.473)
健康状况（参照组＝很好/较好）						
一般	-0.226 (0.138)	-0.212 (0.321)	-0.146 (0.122)	-0.0352 (0.0882)	-0.127 (0.0855)	-0.178 (0.135)
较差/很差	-0.363 (0.243)	-0.666 (0.875)	-0.388 (0.332)	-0.476** (0.240)	-0.269 (0.233)	-0.562 (0.367)
户籍（参照组＝农村）	0	0	0	0	0	0
城镇	0.243** (0.0999)	0.300 (0.351)	0.285** (0.133)	0.232** (0.0963)	0.178* (0.0934)	0.313** (0.147)
受雇类型（参照组＝雇主/雇员）						
雇员	-0.229 (0.171)	-0.0868 (0.498)	0.0740 (0.189)	-0.203 (0.137)	-0.341** (0.133)	-0.466** (0.209)
就业类型（参照组＝全职就业）						
非全职就业	-0.101 (0.232)	-0.790 (0.648)	-0.411* (0.246)	0.147 (0.178)	0.124 (0.173)	-0.0877 (0.272)
单位类型（参照组＝国有部门）						
私营部门	-0.0843 (0.116)	-0.244 (0.392)	-0.0878 (0.149)	-0.169 (0.108)	-0.0935 (0.104)	-0.0711 (0.165)
个体及其他	-0.358** (0.139)	-0.560 (0.449)	-0.408** (0.171)	-0.381*** (0.123)	-0.220* (0.120)	-0.0878 (0.189)
家庭经济收入对数	0.274*** (0.0588)	0.273 (0.186)	0.275*** (0.0708)	0.225*** (0.0512)	0.248*** (0.0496)	0.199** (0.0782)

续表

	(1)	(2)	(3)	(4)	(5)	(6)
	ols	qr_10	qr_25	qr_50	qr_75	qr_90
是否与父辈同住（参照组=不同住）						
同住	-0.0552	-0.0371	-0.123	-0.139*	-0.0903	-0.121
	(0.105)	(0.294)	(0.112)	(0.0809)	(0.0785)	(0.124)
家务劳动分钟对数	0.0270	0.110	-0.0523	-0.0770	-0.0528	-0.133*
	(0.0795)	(0.190)	(0.0722)	(0.0522)	(0.0506)	(0.0798)
_cons	6.820***	4.490*	6.781***	7.641***	7.603***	9.629***
	(0.838)	(2.616)	(0.994)	(0.719)	(0.697)	(1.099)
N	298	298	298	298	298	298

注：括号内数值表示稳健标准误，显著性水平 * $p<0.05$，** $p<0.01$，*** $p<0.001$。

参考文献

一 中文著作

李晓曼:《家庭生产、社会网络与自选择——非正规就业决策因素与影响》,中国劳动社会保障出版社2014年版,第102—108页。

廖泉文:《人力资源管理》,高等教育出版社2003年版,第236页。

佟新:《异化与抗争——中国女工工作史研究》,中国社会科学出版社2002年版,第166—185页。

王震:《劳动力市场中的性别分析:理论、方法与实证研究》,经济管理出版社2014年版,第1—14页。

杨燕绥、岳公正、杨丹:《医疗服务治理结构和运行机制——走进社会化管理型医疗》,中国劳动社会保障出版社2008年版,第77页。

张抗私:《劳动力市场性别歧视与社会性别排斥》,科学出版社2010年版,第26—56页。

二 期刊论文

陈琳:《生育保险、女性就业与儿童照料——基于中国微观数据的分析》,《经济学家》2011年第7期。

陈瑛、江鸿泽:《子女数量对我国流动女性劳动参与的影响——基于M型与倒U型劳动参与曲线的分析》,《南方人口》2018年第2期。

程怡璇、何晓波：《初婚年龄、女性就业与家庭地位：基于 1990、2000、2010 年的调查数据》，《产业经济评论》2017 年第 6 期。

邓子鹃：《近 10 年国内女性职业生涯发展研究综述》，《妇女研究论丛》2013 年第 3 期。

丁宁、蒋媛媛：《学龄前儿童照料方式对中国城镇女性劳动参与的影响》，《现代经济信息》2018 年第 21 期。

丁赛、董晓媛、李实：《经济转型下的中国城镇女性就业、收入及其对家庭收入不平等的影响》，《经济学（季刊）》2007 年第 4 期。

杜凤莲：《家庭结构、儿童看护与女性劳动参与：来自中国非农村的证据》，《世界经济文汇》2008 年第 2 期。

杜凤莲、张胤钰、董晓媛：《儿童照料方式对中国城镇女性劳动参与率的影响》，《世界经济文汇》2018 年第 3 期。

范红丽、陈璐：《替代效应还是收入效应？——家庭老年照料对女性劳动参与率的影响》，《人口与经济》2015 年第 1 期。

风笑天：《"单独二孩"：生育政策调整的社会影响前瞻》，《国家行政学院学报》2014 年第 5 期。

冯其云、朱彤：《贸易开放与女性劳动参与率——基于省级面板数据的经验研究》，《南开经济研究》2013 年第 4 期。

甘春华：《"生育工资惩罚"的表现及作用机理：研究现状梳理》，《劳动经济研究》2017 年第 3 期。

甘春华、杨幅英：《孩子数量对城市已婚女性劳动供给的影响》，《中华女子学院学报》2018 年第 6 期。

高媛：《职场女性生育成本分担模式的重构——从二孩引发的就业歧视问题着眼》，《中国劳动关系学院学报》2016 年第 3 期。

顾和军、吕林杰：《中国农村女性劳动参与对生育行为的影响》，《人口与发展》2015 年第 5 期。

顾辉：《城市职业女性职位晋升影响因素分析》，《调研世界》2013 年第 9 期。

郭鹏飞、周英男：《基于扎根理论的中国城市绿色转型政策评价指标提取及建构研究》,《管理评论》2018 年第 8 期。

郭志刚:《中国低生育进程的主要特征——2015 年 1% 人口抽样调查结果的启示》,《中国人口科学》2017 年第 4 期。

国云丹:《高知女性、生育与职业发展——以上海市 21 位女性为例》,《妇女研究论丛》2009 年第 2 期。

郝翠红、李建民:《技术进步、研发投入与性别工资差距——基于 CGSS 数据的实证分析》,《贵州财经大学学报》2018 年第 5 期。

郝君富:《OECD 国家职业中断女性养老金缴费的减免机制和政策实践》,《深圳大学学报(人文社会科学版)》2018 年第 4 期。

何文炯、杨一心、王璐莎、徐琳:《中国生育保障制度改革研究》,《浙江大学学报(人文社会科学版)》2014 年第 4 期。

和建花:《法国家庭政策及其对支持妇女平衡工作家庭的作用》,《妇女研究论丛》2008 年第 6 期。

侯猛:《性别工资差异与工资歧视——基于 RIF 回归的分解方法》,《南方人口》2016 年第 1 期。

胡仙芝:《基于性别公平基础上的就业政策及其改革——以女性职业生涯发展为视角》,《新视野》2006 年第 6 期。

黄枫:《人口老龄化视角下家庭照料与城镇女性就业关系研究》,《财经研究》2012 年第 9 期。

黄桂霞:《生育支持对女性职业中断的缓冲作用——以第三期中国妇女社会地位调查为基础》,《妇女研究论丛》2014 年第 4 期。

黄乾:《城市农民工的就业稳定性及其工资效应》,《人口研究》2009 年第 3 期。

蒋美华:《当代中国社会转型过程中女性职业变动的现状审视》,《郑州大学学报(哲学社会科学版)》2009 年第 1 期。

蒋永萍:《世纪之交关于"阶段就业"、"妇女回家"的大讨论》,《妇女研究论丛》2001 年第 2 期。

孔静珣:《美国妇女就业问题研究》,《中华女子学院山东分院学报》2010 年第 2 期。

李芬、风笑天：《"对母亲的收入惩罚"现象：理论归因与实证检验》，《国外理论动态》2016年第3期。

李芬：《工作母亲的职业新困境及其化解——以单独二孩政策为背景》，《东南大学学报（哲学社会科学版）》2015年第4期。

李宏彬、孟岭生、施新政、吴斌珍：《父母的政治资本如何影响大学生在劳动力市场中的表现？——基于中国高校应届毕业生就业调查的经验研究》，《经济学（季刊）》2012年第3期。

李萍、谌新民：《人力资本投资、就业稳定性与产业转型升级——基于东莞市的经验数据》，《学术研究》2012年第9期。

李宜鸿：《全面二孩政策下女职工生育成本分担问题的探析——基于政府责任与企业社会责任的视角》，《民商法争鸣》2018年第0期。

李云娥、文博：《金融行为与劳动参与决策——基于CHARLS 2011年的实证分析》，《财经问题研究》2018年第11期。

刘爱玉：《制度、机会结构与性别观念：城镇已婚女性的劳动参与何以可能》，《妇女研究论丛》2018年第6期。

刘岚、齐良书、董晓媛：《中国城镇中年男性和女性的家庭照料提供与劳动供给》，《世界经济文汇》2016年第1期。

刘娜、卢玲花：《生育对城镇体制内女性工资收入的影响》，《人口与经济》2018年第5期。

刘世敏、刘淼：《领导对"玻璃天花板"的认知对女性下属职业生涯发展的影响》，《妇女研究论丛》2014年第4期。

刘妍、脱继强：《江苏省农村已婚女性劳动力非农就业的影响因素分析》，《中国人口科学》2008年第2期。

刘志国、宋海莹：《中国不同所有制部门间的性别歧视——基于收入角度的分析》，《人口与经济》2018年第4期。

卢洪友、余锦亮、杜亦譞：《老年父母照料家庭与成年子女劳动供给——基于CFPS微观数据的分析》，《财经研究》2017年第12期。

吕学静：《生育保险他山石》，《中国社会保障》2010年第8期。

罗楚亮:《城镇居民工资不平等的变化:1995—2013 年》,《世界经济》2018 年第 11 期。

马双、李雪莲、蔡栋梁:《最低工资与已婚女性劳动参与》,《经济研究》2017 年第 6 期。

毛宇飞、曾湘泉、胡文馨:《互联网使用能否减小性别工资差距?——基于 CFPS 数据的经验分析》,《财经研究》2018 年第 7 期。

毛宇飞、曾湘泉:《互联网使用是否促进了女性就业——基于 CGSS 数据的经验分析》,《经济学动态》2017 年第 6 期。

南国铉、李天国:《子女教育对韩国妇女就业影响的实证研究——基于 8700 户家庭的调查》,《人口与经济》2014 年第 1 期。

宁本荣:《新时期女性职业发展的困境及原因分析》,《西北人口》2005 年第 4 期。

宁光杰、马俊龙:《互联网使用对女性劳动供给的影响》,《社会科学战线》2018 年第 2 期。

潘锦棠:《女性就业保护政策亟待完善》,《中华女子学院学报》2014 年第 2 期。

钱学锋、魏朝美:《出口与女性的劳动参与率——基于中国工业企业数据的研究》,《北京师范大学学报》(社会科学版)2014 年第 6 期。

沈可、章元、鄢萍:《中国女性劳动参与率下降的新解释:家庭结构变迁的视角》,《人口研究》2012 年第 5 期。

盛亦男、童玉芬:《生育政策调整对女性劳动力供需的影响研究》,《北京社会科学》2018 年第 12 期。

舒扬、付渊文:《计划生育异质性与农村母亲的"收入惩罚"》,《开发研究》2017 年第 3 期。

宋健、周宇香:《全面两孩政策执行中生育成本的分担——基于国家、家庭和用人单位三方视角》,《中国人民大学学报》2016 年第 6 期。

宋健、周宇香:《中国已婚妇女生育状况对就业的影响——兼论经济支持和照料支持的调节作用》,《妇女研究论丛》2015年第4期。

宋全成、文庆英:《我国单独二胎人口政策实施的意义、现状与问题》,《南通大学学报(社会科学版)》2015年第1期。

孙芬、曹杰:《从女性劳动参与率审视我国社会政策的调整》,《社会科学家》2011年第6期。

孙昊、张炜炜:《二孩政策背景下女性劳动权益的法律保护》,《行政与法》2016年第4期。

孙磊、张航空:《影响我国女性劳动参与状况因素研究——基于微观数据的分析》,《兰州学刊》2010年第5期。

谭琳:《欧盟国家女性在劳动力市场中的参与状况研究》,《妇女研究论丛》2001年第1期。

童光荣、翟照杰:《基于家庭养老视域的我国城镇女性劳动力供给研究》,《商业研究》2016年第8期。

王广州、周玉娇、张楠:《低生育陷阱:中国当前的低生育风险及未来人口形势判断》,《青年探索》2018年第5期。

王姮、董晓媛:《农村贫困地区家庭幼儿照料对女性非农就业的影响》,《人口与发展》2010年第3期。

王靖雯、魏思琦:《"婚姻法司法解释三"对女性劳动力供给的影响》,《经济学动态》2016年第7期。

王萍:《已婚妇女劳动力供给行为研究》,《经济问题探索》2002年第6期。

王倩、姜德波:《国有部门与非国有部门性别收入差距的比较与分解》,《南方人口》2017年第5期。

王小波:《试析中国女性群体的分化与分层》,《妇女研究论丛》2005年第5期。

王小波:《影响我国女性就业参与的因素分析》,《社会》2004年第3期。

魏宁、苏群:《生育对农村已婚妇女非农就业的影响研究》,《农业经济问题》2013年第7期。

吴帆：《全面放开二孩后的女性发展风险与家庭政策支持》，《西安交通大学学报（社会科学版）》2016年第36卷第6期。

吴伟平、章元、刘乃全：《房价与女性劳动参与决策——来自CHNS数据的证据》，《经济学动态》2016年第11期。

吴小英：《市场化背景下性别话语的转型》，《中国社会科学》2009年第2期。

吴小英：《主妇化的兴衰——来自个体化视角的阐释》，《南京社会科学》2014年第2期。

吴愈晓：《影响城镇女性就业的微观因素及其变化：1995年与2002年比较》，《社会》2010年第6期。

武中哲：《市场转型与劳动力市场中的性别不平等》，《经济理论与政策研究》2009年第00期。

肖洁：《家务劳动对性别收入差距的影响——基于第三期中国妇女社会地位调查数据的分析》，《妇女研究论丛》2017年第6期。

熊海珠、袁国敏：《生育二孩对不同地区女性工资率的影响——基于匹配法及Oaxaca-Blinder分解的分析》，《绥化学院学报》2017年第12期。

许琪：《外出务工对农村男女性别观念的影响》，《妇女研究论丛》2016年第6期。

鄢萍、章元：《中国女性劳动参与率下降的新解释—家庭结构变迁的视角》，《人口研究》2012年第5期。

杨慧：《全面二孩政策下生育对城镇女性就业的影响机理研究》，《人口与经济》2017年第4期。

杨菊华：《"单独两孩"政策对女性就业的潜在影响及应对思考》，《妇女研究论丛》2014年第4期。

杨菊华、李红娟、朱格：《近20年中国人性别观念的变动趋势与特点分析》，《妇女研究论丛》2014年第6期。

杨菊华、孙超：《论劳动力市场的"性别-母职双重税赋"》，《北京行政学院学报》2019 年第 1 期。

姚先国、谭岚：《家庭收入与中国城镇已婚妇女劳动参与决策分析》，《经济研究》2005 年第 7 期。

於嘉、谢宇：《生育对我国女性工资率的影响》，《人口研究》2014 年第 38 卷第 1 期。

袁晓燕、石磊：《受教育程度对女性劳动时间配置的影响研究》，《上海经济研究》2017 年第 6 期。

张川川：《子女数量对已婚女性劳动供给和工资的影响》，《人口与经济》2011 年第 5 期。

张沛莹、冯照晴：《生育数量对女性工资收入的边际影响——基于多值处理效应模型的实证分析》，《南方金融》2019 年第 1 期。

张琪、张琳：《生育政策变化对女性权益影响的实证分析——基于北京市妇女的调查数据》，《山东女子学院学报》2016 年第 3 期。

张琪、张琳：《生育支持对女性职业稳定的影响机制研究》，《北京社会科学》2017 年第 7 期。

张樨樨、生光旭：《全面二孩政策背景下的城镇女性劳动参与：理论、实证与政策框架》，《华东师范大学学报》（哲学社会科学版）2017 年第 4 期。

张翔：《经济发展与女性劳动力参与——基于跨国面板数据的实证研究》，《经济与管理评论》2017 年第 6 期。

张银锋、侯佳伟：《中国人口实际与理想的生育年龄》，《人口与发展》2016 年第 2 期。

张原：《中国农村留守妇女的劳动供给模式及其家庭福利效应》，《农业经济问题》2011 年第 5 期。

张喆、徐红：《参政女性职业生涯发展影响因素分析》，《上海管理科学》2010 年第 2 期。

赵宁、李永杰：《贸易全球化对女性劳动参与率的影响》，《中国人口科学》2015 年第 4 期。

赵小仕、于大川：《健康对新生代农民工劳动力市场表现的影响——

基于广东省 335 份调查问卷的实证分析》,《当代经济管理》2017 年第 7 期。

赵媛媛:《企业间职业隔离对性别工资差异的影响》,《浙江社会科学》2016 年第 8 期。

郑美琴、王雅鹏:《试论城镇女性的教育与劳动参与之间的关系》,《经济评论》2006 年第 6 期。

郑向敏、刘丹:《高校知识女性职业发展困境与出路——以福建省某高校为例》,《中华女子学院学报》2010 年第 2 期。

周春芳:《儿童看护、老人照料与农村已婚女性非农就业》,《农业技术经济》2013 年第 11 期。

周庆行、孙慧君:《我国女性劳动参与率的变化趋势及效应分析》,《经济经纬》2006 年第 1 期。

邹红、彭争呈、栾炳江:《隔代照料与女性劳动供给——兼析照料视角下全面二孩与延迟退休悖论》,《经济学动态》2018 年第 7 期。

三 英文文献

Adair L., Guilkey D., Bisgrove E., et al., "Effect of childbearing on Filipino Women's Work Hours and Earnings", *Journal of Population Economics*, Vol. 15, No. 4, 2002, pp. 625–645.

Agüero, Jorge M., Marks M. S., Motherhood and Female Labor Force Participation: Evidence from Infertility Shocks, *American Economic Review*, Vol. 98, No. 2, 2008, pp. 500–504.

Aly, Y. H., Quisi. J. A., Determination of Woman Labor Force Participation in Kuwait: A Lofit Analyses, *The Middle East Business and Economic Review*, Vol. 8, No. 2, 1996, pp. 1–9.

Amuedo-Dorantes C., Kimmel J., "The Motherhood Wage Gap for Women in the United States: The Importance of College and Fertility Delay", *Review of Economics of the Household*, Vol. 3, No. 1, 2005, pp. 17–48.

Anderson D., Binder M., Krause K., The Motherhood Wage Penalty Revisited: Experience, Heterogeneity, Work Effort And Work-Schedule Flexibility, *Industrial & Labor Relations Review*, Vol. 56, No. 2, 2003, pp. 273 – 294.

Anderson S., Eswaran M., What Determines Female Autonomy? Evidence from Bangladesh, *Journal of Development Economics*, Vol. 90, No. 2, 2009, pp. 1 – 191.

Angrist J. D., Evans W. N., Children and Their Parents' Labor Supply: Evidence from Exogenous Variation in Family Size, *American Economic Review*, Vol. 88, No. 3, 1998, pp. 450 – 477.

Anna Matysiak, Daniele Vignoli, Fertility and Women's Employment: A Meta-analysis, *European Journal of Population / Revue européenne de Démographie*, Vol. 24, No. 4, 2008, pp. 363 – 384.

Becker G. S., Fertility and the Economy, *Journal of Population Economics*, Vol. 5, No. 3, 1992, pp. 185 – 201.

Berger L. M., Waldfogel J., Maternity Leave and the Employment of New Mothers in the United States, *Journal of Population Economics*, Vol. 17, No. 2, 2004, pp. 331 – 349.

Bertrand M., Pan J., Kamenica E., Gender Identity and Relative Income within Households, *NBER Working Papers*, Vol. 130, No. 2, 2013.

Bick, Alexander, The Quantitative Role of Child Care For Female Labor Force Participation And Fertility, *Journal of the European Economic Association*, Vol. 14, No. 3, 2016, pp. 639 – 668.

Blau F. D., Kahn L. M., Female Labor Supply: Why Is the United States Falling Behind?, *American Economic Review*, Vol. 103, No. 3, 2013, pp. 251 – 256.

Bolzendahl C. I., Myers D. J., Feminist Attitudes and Support for Gender Equality: Opinion Change in Women and Men, 1974 – 1998, *Social*

Forces, Vol. 83, No. 2, 2004, pp. 759 – 789.

Borck R., Adieu Rabenmutter-culture, Fertility, Female Labour Supply, the Gender Wage Gap and Childcare, *Journal of Population Economics*, Vol. 27, No. 3, 2014, pp. 739 – 765.

Budig M. J., Are Womens Employment and Fertility Histories Interdependent? An Examination of Causal Order Using Event History Analysis, *Social Science Research*, Vol. 32, No. 3, 2003, pp. 376 – 401.

Budig M. J., England P., The Wage Penalty for Motherhood, *American Sociological Review*, Vol. 66, No. 2, 2001, pp. 204 – 225.

Budig M. J., Hodges M. J., Differences in Disadvantage: Variation in the Motherhood Penalty across White Women's Earnings Distribution, *American Sociological Review*, Vol. 75, No. 5, 2010, pp. 705 – 728.

Cardoso A. R., Guimarães, Paulo, Portugal P., Everything You Always Wanted to Know about Sex Discrimination, *Evolutionary Anthropology Issues News & Reviews*, Vol. 22, No. 5, 2013, pp. 270 – 271.

Cardoso A. R., Paulo Guimarães, Portugal P., et al., The Sources of the Gender Wage Gap, *Economic Bulletin & Financial Stability Report Articles*, 2016.

Cerrutti M., Economic Reform, Structural Adjustment and Female Labor Force Participation in Buenos Aires, Argentina, *World Development*, Vol. 28, No. 5, 2000, pp. 879 – 891.

Cheng B. S., Nwachukwu S. L. S., The Effect of Education on Fertility in Taiwan: A Time Series Analysis, *Economics Letters*, Vol. 56, No. 1, 1997, pp. 95 – 99.

Claudia Goldin, *Understanding the Gender Gap: An Economic History of American Women*, New York: Oxford University Press, 1990, pp. 381 – 394.

Connelly R., The Effect of Child Care Costs on Married Women's Labor Force Participation, *The Review of Economics and Statistics*, Vol. 74,

No. 1, 1992, pp. 83 – 90.

Correll S., Getting a Job: Is There a Motherhood Penalty? *American Journal of Sociology*, Vol. 112, No. 5, 2007, pp. 1297 – 1338.

Daniela D. B., Silvia P., Chiara P., The Impact Of Institutions On Motherhood And Work, *Department of Economics & Stats Cognetti De Martiis Working Papers*, 2006.

Daniela Del Boca, Marilena Locatelli, Silvia Pasqua, Employment Decisions of Married Women, Evidence and Explanations, *Labour*, Vol. 14, No. 1, 2010, pp. 35 – 52.

Daniel Hallberg, Anders Klevmarken, Time for Children: A Study of Parent's Time Allocation, *Journal of Population Economics*, Vol. 16, No. 2, pp. 205 – 226.

David C., Rute C. A., Patrick K. Bargaining, Sorting, and the Gender Wage Gap: Quantifying the Impact of Firms on the Relative Pay of Women, *Quarterly Journal of Economics*, No. 2, 2015, p. 38.

Degler C. N. At Odds: Women and the Family in America from the Revolution to the Present, *Signs Journal of Women in Culture & Society*, Vol. 138, No. 4, 1981, pp. 551 – 552.

Ebenstein A., The "Missing Girls" of China and the Unintended Consequences of the One Child Policy, *Journal of Human Resources*, Vol. 45, No. 1, 2010, pp. 87 – 115.

England P., Edin K., The Declining Significance of Gender? *Contemporary Sociology*, Vol. 36, No. 3, 2006, pp. 238 – 239.

Felfe C., The motherhood wage gap: What about job amenities? *Labour Economics*, Vol. 19, No. 1, 2012, pp. 1 – 67.

Fitzenberger, B. et al., Causal Effects on Employment after First birth: A Dynamic Treatment Approach, *Labor Economics*, Vol. 25, 2013, pp. 49 – 62.

Francine D. Blau, Lawrence M. Kahn, The Gender Wage Gap: Extent,

Trends, and Explanations, *Journal of Economic Literature*, Vol. 55, No. 3, 2017, pp. 789 – 857.

Gangl, Markus, and A. Ziefle, "Motherhood, Labor Force Behavior, and Women's Careers: An Empirical Assessment of the Wage Penalty for Motherhood in Britain, Germany, and the United States", *Demography*, Vol. 46, No. 2, 2009, pp. 341 – 369.

Gary S. Becker, Human Capital, Effort, and the Sexual Division of Labor, *Journal of Labor Economics*, Vol. 3, No. 1, 1985, Part 2, pp. S33 – S58.

Gayle G. L., Golan L., Miller R. A., Gender Differences in Executive Compensation and Job Mobility, *Journal of Labor Economics*, Vol. 30, No. 4, 2012, pp. 829 – 872.

Glass J., Housewives and Employed Wives: Demographic and Attitudinal Change, 1972 – 1986, *Journal of Marriage and Family*, Vol. 54, No. 3, 1992, pp. 559 – 569.

Glauber R., Marriage and the Motherhood Wage Penalty among African Americans, Hispanics, and Whites, *Journal of Marriage and Family*, Vol. 69, No. 4, 2007, pp. 951 – 961.

Gleason S. M., Publicly Provided Goods and Intrafamily Resource Allocation: Female Child Survival in India, *Review of Development Economics*, Vol. 7, No. 1, 2003, pp. 71 – 85.

Goldin C. A., Grand Gender Convergence: Its Last Chapter, *American Economic Review*, Vol. 104, No. 4, 2014, pp. 1091 – 1119.

Gustafsson S. S., Wetzels C. M. M. P., Vlasblom J. D., et al. Women's Labor Force Transitions in Connection with Childbirth: A Panel Data Comparison between Germany, Sweden and Great Britain, *Journal of Population Economics*, Vol. 9, No. 3, 1996, pp. 223 – 246.

Hersch J., Home Production and Wages: Evidence from the American Time Use Survey, *Review of Economics of the Household*, Vol. 7,

No. 2, 2009, pp. 159 – 178.

Horst Feldmann, Real Interest Rate and Labor Market Performance in Developing Countries, *Economics Letters*, Vol. 117, No. 1, 2012.

José Alberto Molina, Víctor M. Montuenga, The Motherhood Wage Penalty in Spain, *Journal of Family and Economic Issues*, Vol. 30, No. 3, 2009, pp. 237 – 251.

José Ignacio Antón, Rafael Muñoz de Bustillo, Miguel Carrera, Labor Market Performance of Latin American and Caribbean Immigrants in Spain, *Journal of Applied Economics*, Vol. 13, No. 2, 2010, pp. 233 – 261.

Juhn C., Potter S., Changes in Labor Force Participation in the United States, *Journal of Economic Perspectives*, Vol. 20, No. 3, 2006, pp. 27 – 46.

Kahn B. L. M., The Gender Pay Gap: Have Women Gone as Far as They Can? *Academy of Management Perspectives*, Vol. 21, No. 1, 2007, pp. 7 – 23.

Kahn, L., Wage compression and the gender pay gap, *IZA World of Labor*, Vol. 150, 2015, pp. 1 – 10.

Kalwij A. S., The Effects of Female Employment Status on the Presence and Number of Children, *Journal of Population Economics*, Vol. 13, No. 2, 2000, pp. 221 – 239.

Klasen S., Pieters J., Push or Pull? Drivers of Female Labor Force Participation during India's Economic Boom, *Iza Discussion Papers*, 2012.

Kolodinsky J., Shirey L., The Impact of Living with an Elder Parent on Adult Daughter's Labor Supply and Hours of Work, *Journal of Family & Economic Issues*, Vol. 21, No. 2, 2000, pp. 149 – 175.

Lehrer, Evelyn L., "The Impact of Children on Married Women's Labor Supply: Black-White Differentials Revisited", *Journal of Human Resources*, Vol. 27, No. 3, 1992, pp. 422 – 444.

Lillsunde P. , Kivinen A. , Minna Mäkinen, et al. , The Effects of Female Employment Status on the Presence and Number of Children, *Journal of Population Economics*, Vol. 13, No. 2, 2000, pp. 221 – 239.

Mandel H. , Semyonov M. , Gender Pay Gap and Employment Sector: Sources of Earnings Disparities in the United States, 1970 – 2010, *Demography*, Vol. 51, No. 5, 2014, pp. 1597 – 1618.

Marit Rønsen, Marianne Sundström, Family Policy and After-Birth Employment Among New Mothers – A Comparison of Finland, Norway and Sweden, *European Journal of Population/ Revue Europenne de Démographie*, Vol. 18, No. 2, 2002, pp. 121 – 152.

Max Friedrich Steinhardt, Jan Wedemeier, The Labor Market Performance of Naturalized Immigrants in Switzerland—New Findings from the Swiss Labor Force Survey, *Journal of International Migration and Integration*, Vol. 13, No. 2, 2012.

Mincer J. , Human Capital and the Labor Market: A Review of Current Research, *Educational Researcher*, Vol. 18, No. 4, 1989, pp. 27 – 34.

Mincer J. , Polachek S. W. , Family Investments in Human Capital: Earnings of Women, *In: The Economics of Women and Work*, Vol. 82, No. 2, 1980, pp. 76 – 76.

Monica Das Gupta, Jiang Zhenghua, Li Bohua, et al. , Why is Son Preference So Persistent in East and South Asia? a Cross-country Study of China, India and the Republic of Korea, *Journal of Development Studies*, Vol. 40, No. 2, 2003, pp. 153 – 187.

Neumark D. , Korenman S. , Sources of Bias in Women's Wage Equations: Results Using Sibling Data, *Nber Working Papers*, Vol. 29, 1992, pp. 379 – 405.

Ogawa N. , Ermisch J. F. , Family Structure, Home Time Demands, and the Employment Patterns of Japanese Married Women, *Journal of Labor*

Economics, Vol. 14, No. 4, 1996, pp. 26.

Oishi, A. S., and Oshio, T., Coresidence with Parents and a Wife's Decision to Work in Japan, *The Japanese Journal of Social Security Policy*, No. 5, 2006.

Pacheo, et al., Empirical Evidence of the Gender Pay Gap in N. Z., *Auckland University of Technology Working Paper*, Vol. 5, 2017.

Pampel F. C., Tanaka K., Economic Development and Female Labor Force Participation: a Reconsideration, *Social Forces*, Vol. 64, No. 3, 1986, pp. 599 – 619.

Paul Fronstin, David H., Greenberg, Philip K. Robins, Parental Disruption and the Labour Market Performance of Children When They Reach Adulthood, *Journal of Population Economics*, Vol. 14, No. 1, 2001, pp. 137 – 72.

Phelps E. S., The Statistical Theory of Racism and Sexism, *American Economic Review*, Vol. 62, No. 4, 1972, pp. 659 – 661.

Pierre Cahuc, Fabien Postel-Vinay, Temporary Jobs, Employment Protection and Labor Market Performance, *Labour Economics*, Vol. 9, No. 1, 2002.

Posadas J., Marian Vidal Fernández, Grandparents' Childcare and Female Labor Force Participation, *Iza Journal of Labor Policy*, Vol. 2, No. 1, 2013, pp. 14.

Pronzato, Chiara Daniela, Employment Decisions of European Women after Childbirth, *a Conference of the European Panel Users Network, Institute of Social and Economic Research*, June. 2005.

Rhys, Davies, Gaelle Pierre, The Family Gap in Pay in Europe: a Cross-country Study, *Labour Economics*, Vol. 12, No. 4, 2005, pp. 469 – 486.

Schneider, Barbara, The Rise of Women: The Growing Gender Gap in Education and What It Means for American Schools, *Population & Development Review*, Vol. 39, No. 4, 2013, pp. 715 – 717.

Skipper, Simonsen Lars, "The Costs of Motherhood: An Analysis Using Matching Estimators", *Journal of Applied Econometrics*, Vol. 21, No. 7, 2006, pp. 919 – 934.

Spyros Konstantopoulos, Amelie Constant, The Gender Gap Reloaded: Are School Characteristics Linked to Labor Market Performance? *Social Science Research*, Vol. 37, No. 2, 2008.

Tavares C. J., Assessing the "Engines of Liberation": Home Appliances and Female Labor Force Participation, *Review of Economics and Statistics*, Vol. 90, No. 1, 2008, pp. 81 – 88.

Thornton A., Others A., Causes and Consequences of Sex-Role Attitudes and Attitude Change, *American Sociological Review*, Vol. 48, No. 2, 1983, pp. 211 – 227.

Viitanen T., The Motherhood Wage Gap in the UK Over the Life Cycle, *Review of Economics of the Household*, Vol. 12, No. 2, 2012, pp. 259 – 276.

Waldfogel, Jane, Understanding the 'Family Gap' in Pay for Women with Children, *Journal of Economic Perspectives*, Vol. 12, No. 1, 1998, pp. 137 – 156.

Waldfogel J., The Effect of Children on Women's Wages, *American Sociological Review*, Vol. 62, No. 2, 1997, pp. 209 – 217.

Waldfogel J., The Price of Motherhood: Family Status and Women's Pay in Young British Cohort, *Oxford Economic Papers (New Series)*, Vol. 47, No. 4, 1995, pp. 584 – 610.

Weller R. H., Wife's Employment and Cumulative Family Size in the United States, 1970 and 1960, *Demography*, Vol. 14, No. 1, 1977, pp. 43 – 65.

Yu XinYao, Jan C. van Ours, Language Skills and Labor Market Performance of Immigrants in the Netherlands, *Labour Economics*, Vol. 34, 2015.

索　引

C

产假　4，9，35，40，43，58，78，83－85，153，202，203，205，213－215，217，220

F

妇女"三期"保护　220，227

G

工资收入　3，5－8，11，12，15，17－19，24，32－37，41－44，75，88，167－176，178－183，185－189，193－198，200，201，252，254，256，258，260，262，263，265，267，269，271，272，274，276，277，279，281，283，284

工作家庭边界理论　69，86，90

工作—家庭冲突　225

J

家庭分工比较优势理论　67，90，92

家庭生育福利　197，212，222，227

家庭友好政策　35，216，219－221，227

L

劳动参与　2，7，8，11，12，15，19－28，35－39，44，59，60，66，68，69，88，91－99，102，103，105－112，116－129，197，198，201，228，230

劳动力市场 1-27,29,32,34-46,58,59,61,63,65-68,70-78,80-83,85,87-103,105-107,109-112,116-124,126-133,137-139,142,145,151,156,162-168,170,175,179-181,187,193,194,196-202,206,211,213,215,216,220,221,224,226,227

劳动力市场性别歧视理论 7,45,70,81

劳动生产率 11,81,82

R

人力资本理论 7,32,73,88,90,167,187

S

社会性别分工 29,81,91

生育成本 32,59,78,83,84,187,215,222,223,226,227

生育惩罚 88,89,127,175

生育津贴 4,78,84,202,217,220,221,223

生育数量 7,10,37,39-41,44,45,48,69,77,91,92,94,96-101,106-108,110,116-125,127-132,134,136-138,142,143,145,150,152,153,156-158,160,163-171,173-176,182-189,193-196,198-201,226,230,260,269,277

生育行为 7,10,30,37,39-43,46,58,67,77,92-94,103,116,119,127-129,139,153,156,163,165,166,175,193,196-199,201,225-227

生育政策 1,2,4-6,9,16,31,44,46-55,57-59,65,66,78,80,95,117,153,215,217,220,222

Z

职业稳定性 11,15,29,39,40,58,145,198,199

职业中断 5,15,31,40,43,63,76,90,153,173

子女年龄 7,10,42,45,91,94,96-101,106,110,111,

116，117，119 - 121，127，
129 - 132，134 - 138，145，
149，151 - 153，156，163，
165 - 167，169 - 172，174，

180 - 182，186，194 - 196，
198，252

总和生育率 55 - 57

后　　记

　　本书关注我国现阶段生育政策调整下的女性就业问题，从女性生育和女性劳动力市场表现入手，通过文献梳理，聚焦生育对女性劳动力市场表现影响的三大方面：即反映女性劳动力市场表现初始状态的劳动参与、反映劳动力市场表现过程的就业稳定性，以及反映劳动力市场表现结果的工资收入水平，研究生育对女性劳动力市场表现的影响效应。在对我国生育政策调整历史演变、女性生育状况和劳动力市场表现的特点进行宏观描述的基础上，初步判定女性生育和劳动力市场表现存在一定的负向影响。同时，结合相关理论基础，从理论视角分析生育对女性劳动力市场表现影响的形成机制，并从实证检验的视角分别验证生育对女性劳动力市场表现三大方面的具体影响。

　　总的来说，本书系统化了国内关于生育对女性劳动力市场表现"惩罚"效应的研究内容。从已有的文献分析中可以发现，生育对女性劳动力市场表现的影响，大多只从某一个方面进行展开。然而，理论上，生育对女性劳动力市场表现的影响贯穿女性职业发展生涯的始终，不仅仅体现在进入劳动力市场环节，或者劳动力市场表现的结果方面，还表现在女性劳动力市场过程中。但目前关于生育对女性劳动力市场表现过程——就业稳定性的研究比较少，尤其是生育对女性就业稳定性的实证检验不足，从而使女性劳动力市场表现的研究缺乏系统性。本书通过梳理相关文献材料并进行细致的归纳，对女性"劳动力市场表现"做出概念界定和研究框架设计，并从实证研究的视角检验生育对女性劳动力市场表现的影响效应，弥补了以往研究视角和实证研究的不足。此外，本书还从生育的多个视角，包括是否生育、生育数量、子女年龄三个不同方面，将女性劳动力市场表现的影响进行了比较精细化的测量。其中是否生育和生育数量是已有实证研究中的常用测量指标，但这种分类不足以全面反映生育对女性劳动力市场表现"惩罚"效应的全貌。虽然有学者指出子女年龄会对女性劳动力市场表现带来影响，但目前国内的研究仅停留在理论推理层面，尚未有实证研究的客观结论。本书根据国内不同学龄阶段，对子女年龄进行分类，进一步细化了"生育"的实证测量指标，使生育对女性劳动力市场表现的影响研究更加细致。

囿于个人理论功底、科研能力的实际限制，不可避免地存在一定不足之处。本书立足女性劳动力市场表现的整个过程，选择劳动参与、就业稳定性和工资收入三个方面衡量生育对女性劳动力市场表现的影响，但实际上，女性在劳动力市场中的表现比较广泛，不仅有女性视角的劳动力市场表现，也有雇主或用人单位作用在女性身上而产生的表现，如性别歧视，而本书仅从女性自身的视角考察劳动力市场表现具有一定的局性限。此外，女性生育和女性劳动力市场表现，不仅涉及女性个体或家庭等微观主体，同时也对国家整体劳动供给状况相关，这也是今后生育政策调整方向和劳动力市场调控的关键依据。

本书依托于我的博士学位论文。书稿的完成首先得益于恩师张琪教授的教诲，在博士学习阶段，恩师严谨的学术态度和高屋建瓴的学术认知，时常让我燃起对知识的渴望，从复杂的事物中迅速抓住问题的本质，从繁乱的知识素材中梳理出清晰的脉络，从缺失的思路框架中准确定位待续的逻辑，这是恩师最擅长也是我最钦佩的地方。在我博士论文选题、写作和各阶段答辩过程中无不凝聚着恩师的悉心指导，无论在素材收集、在思路梳理、在逻辑构建等方面遇到的困境，都在恩师敏锐的洞察力和缜密的思维方式指导下得以解决。感谢中国人民大学杨菊华教授，中国社会科学院王广州教授，首都经济贸易大学杨河清教授、冯喜良教授、童玉芬教授，北京师范大学赖德胜教授，对外经济贸易大学孙洁教授、苏丽锋教授及其他评审专家在繁忙的工作中出席我们博士论文的开题、预答辩和答辩等重要环节，对我完成博士毕业论文提供了诸多指导和中肯意见，正是诸位学者专家的指导和意见，促使我的论证逐渐完善。

本书得以顺利完成和出版，还要特别感谢全国哲学社会科学工作办公室的支持，非常荣幸能够获得国家社科基金优秀博士论文出版资助；感谢中国社会科学出版社王莎莎老师严谨的工作态度及对本书提出的宝贵修改意见；感谢中国农业大学人文与发展学院张栋老师、清华大学社会科学学院吴传琦博士、首都经济贸易大学劳动经济学院蔡鑫宇博士等，他们承担了本书部分章节修改完善的资料搜集和整理工作。

张琳
2021 年 8 月